GONGYI CHUANGYE
JIAOYU JIAZHI YANJIU

公益创业
教育价值研究

杨 超◎著

人 民 出 版 社

公益创业教育:新时代催生下的一种教育形态

唐亚阳　湖南商学院党委书记

新时代呼唤新理念,新公益孕育新实践。诚如习近平总书记所言,“生活从不眷顾因循守旧、满足现状者;从不等待不思进取、坐享其成者,而是将更多机遇留给善于和勇于创新的人们。”要实现中国公益事业的“变革与持续”发展,理应“因时而变,随事而制”,用创新的思维和创新的方法手段,促进中国公益事业的发展。

我从2006年开始在国内提出和倡导公益创业教育,到今年已经走过十二个年头了,见证了公益创业教育从无到有、从小到大的发展壮大过程。我作为杨超的硕士和博士导师,曾于2012年到2017年间指导他围绕公益创业教育进行了较长时间的学习和研究。如今欣闻其博士论文即将公开出版,欣慰之余,更有几分感慨。借此机会也请教于各位同行。

一、浇灌青年大学生内心的“善根”是大学的一种责任

每个人天生具有“善根”的基因。“善根”一词为佛家用语,指一个人有向

善、向佛、向道的心，也就是内在的善性，通过修行可以被挖掘、被开发。中国古代哲人孟子的“四端之心”也强调“恻隐之心、羞恶之心、辞让之心、恭敬之心”人皆有之。“善根”深深植于人的内心、精神和信仰之中，但未经识别和开发的“善根”只能以“自在”的状态存在，不可能转变为个人价值观的一部分，影响人的社会行为。

向上尚善是人天然的本性。“人性向善，犹水就下”。正是秉赋了向善性，教育方才具有实施的必要性与可能性；遂向善成为教育的应有之义，而这种“向善”更是经历了不同时代的文化碰撞后发生了转义：从其本义使人善良，转义为个人完善发展，后又转义至使个人成为完善发展的社会人。正是这种“向善”的转义使得人性与整个教育发生了关联：人性奠定了教育的人学理路，指明了教育的终极关怀；同时，理想的教育亦能照亮人性，促其趋于完善并得以全面发展。

大学是浇灌“善根”开花结果的重要场域。高等教育的根本目标是“立德树人”，就是要帮助学生用人类历史上优秀的思想道德来发展自己，唤醒和催生深藏于内心的“善根”，培养新一代“公益人”，让“全民公益”具备深厚的人才基础，让“快乐公益”发展为社会的潮流风尚，让“科学公益”为公益事业的永续发展提供不竭动力，让“微公益”成为打通世界与中国、历史与当代、虚拟社会与现实社会之间鸿沟的桥梁……

二、用创业为公益插上持续飞翔的翅膀

我国公益事业面临转型升级的重要关口。如何实现公益事业的长续发展？当然，需要社会“理论家”“布道者”“夸夸其谈者”的大肆鼓吹，但更重要的还是在于筑牢公益事业发展的根基，这是力量之源泉、发展之根据。在遭遇“红十字会”事件的负面冲击后，我国的公益事业近年来从低谷中缓缓走出，但总体来说

只是差强人意。由此,公益事业亟须创新性的变革。

创业是公益事业实现持续发展的关键风口。在大众创业万众创新的时代里,创业成为这个时代最响亮的口号和最前沿的时髦。将公益与创业结合起来,将公益置于时代的"风口",可以说是大势所趋、形势所然。公益创业的提出,是对传统"商业创业"和"公益"的发展与超越,它实现了以下几个结合:

个人价值实现与社会价值实现的结合

物质财富积累与精神财富创造的结合

创业精神增强与创业技能提高的结合

公益志愿活动开展与公司企业创办的结合

公益创业正成为当今世界关注的热点话题。目前,世界知名的公益创业项目,莫过于孟加拉国穆罕默德·尤努斯博士创建的格莱珉银行,荣获 2006 年诺贝尔和平奖,后多次访问中国,将其"小额贷款"模式介绍到中国;而在中国,由媒体人邓飞创建的"免费午餐"项目,短短的 4 年时间为中国 6100 万留守儿童的营养改善做出巨大贡献,对中国的公益创业发展产生了深远影响。

三、公益创业教育逐渐发展为一种崭新的教育形态

公益创业的迅速发展,对公益创业专业人才提出了明确要求。哈佛大学商学院自 1993 年开始公益创业教育的实践探索,培养了一大批具有全球影响力的公益活动者,催生了一大批具有创新性的社会企业,目前在美国、加拿大、英国、德国、法国、瑞士、印度等几十个国家的顶尖高校相继开设公益创业教育课程。公益创业教育于 2008 年左右进入中国。经过将近二十年的发展,公益创业教育逐渐发展为一种崭新的教育形态。

从教育理念来说,就是要"培养有社会责任感的高素质人才",即实现学生

的“知行合一”,不仅使学生掌握扎实的专业理论知识,也提高学生实现知识资源向知识资本的转化;让学生“道器并重”,不仅要为未来职业生涯做好技能培训的准备,更重要的在于促进学生对于生命意义的理解、对于自我发展与实现的认识;让学生“义利并举”,培养学生正确的义利观,处理好个人价值与社会价值、个人利益与集体利益、局部利益与整体利益之间的关系。

从教育内容来说,(1)公益精神,可从社会责任感、团结互助意识、社会参与精神等方面着手,以中华传统慈善文化和当代公益理念为基本内容展开。(2)创新意识,具体包括识别机会、转化计划的意识;适应岗位与创造岗位相结合的意识等。(3)创业能力,包括建立战略性的服务愿景,制定企业式的竞争战略,建立合作伙伴与联盟的合作战略,构建董事化的企业化管理模式,制定可行的收益战略,组织发展与变革的管理能力等等。

从教育方法来看,(1)以实践强化理论,通过参与社会服务,学生可以在冲突解决、人际沟通、角色扮演、目标确立、项目等管理方面有所收获;(2)以科研助推教学,鼓励学生参加校内外项目,通过亲身实践获取一手资料,推动学术研究的进一步发展;(3)引入案例教学、成立兴趣讨论小组等方式展开,如邀请国际知名公益创业者、社会企业家进课堂,分享各自的成功经验与教训。

公益创业教育经过这些年来大家的共同努力,已经有了一定的基础。但在我国,它毕竟还是个新兴事物,要成为全社会的共识,要充分体现它的地位和价值,还有很长一段路要走,也必然会遇到一些困难和问题。这些困难和问题主要表现在:

一是思想认识问题,包括:(1)有些人还不能完全接受和理解“公益创业教育”的概念,认为这是标新立异,没有什么丰富的内涵;(2)有些人虽然认同“公益创业教育”,但觉得在现阶段来推进它,现实条件还不是特别具备;(3)还有些人认为,大学的教育主要是知识的传授、技能的训练和专业的培养,而忽视了立德树人,特别是社会责任感和创新精神的培养。这些认识从原点和价值层面,一定程度上影响了公益创业教育的深入开展。

二是社会环境问题,包括:(1)目前我国公益事业虽有所发展,但发展规模和质量与其他西方国家相比,还存在较大差距。和美国相比,在体量上,2012 年中国的捐赠总额(款物合计)约 817 亿元,美国是 3162 亿美元,相差 24 倍;在个体捐赠上,中国人均捐赠 60. 4 元,而美国是 1007. 6 美元,相差 103 倍。(2)政策保障还很不完善。目前虽出台了《慈善法》,但相关的具体政策仍处于空白状态,对实际执行不具有规范性和强制性。

三是学校经验问题,包括:(1)实践经验不足,高校公益创业教育尚处于起步阶段,没有现成的经验可以借鉴。(2)教师队伍匮乏。当前我国高校从事公益创业教育的师资队伍极为短缺,质量远远不能适应人才培养的需要,经过系统而专业的公益创业教育教学方法学习的教师很少。(3)教学条件不足,现主要限于公益创业计划大赛和学生社团活动,而对围绕如何纳入人才培养的全过程,取得实实在在的成效,还有待深入探索。

新时代下发展新公益,我国公益事业也迎来了发展的新契机。习近平新时代中国特色社会主义思想是指导我国当代公益事业发展的指导思想,要求公益事业作为推进国家现代化治理的重要帮手。同时当前我国社会基本矛盾的转变要求当代中国公益事业的根本任务发生变化,要求其在“精准扶贫”和“美丽中国”的国家战略中发挥更大作用。与此同时当前社会企业、社会影响力投资、公益创投、公益基金等新公益形态撬动社会资源涌入公益“新蓝海”,传统慈善、志愿等活动将面临着转型、升级的时代挑战,公益事业面临着历史性的发展机遇。随着互联网络技术的快速发展,“互联网+公益”已成为公益创新的重要发展模式,利用互联网络的开放性、共享性、实时性进一步提升公益行业的透明度、公信度、影响力,已成为大势所趋!

我们有理由相信,公益创业教育必将在实现“中国梦”和“两个一百年”的伟大征程中,在波浪壮阔的社会主义建设事业中,发挥更大的教人育人作用,为培养社会主义事业合格的建设者和接班人作出应有贡献!

是为序!

目 录

导 论……………………………………………………………………………… 001

第一章 国内外公益创业教育发展回顾…………………………………………… 008

第一节 国外公益创业教育发展……………………………………………… 009

一、国外公益创业教育发展概况……………………………………………… 009

二、以哈佛大学为例…………………………………………………………… 013

三、经验与启示………………………………………………………………… 017

第二节 中国公益创业教育发展……………………………………………… 019

一、中国公益创业教育发展概况……………………………………………… 020

二、以湖南大学为例…………………………………………………………… 021

三、经验与启示………………………………………………………………… 024

第二章 公益创业教育价值的概念辨析…………………………………………… 030

第一节 审视“公益”的概念 ………………………………………………… 030

一、西方学界理解……………………………………………………………… 031

二、中国学界理解……………………………………………………………… 033

第二节　追问“公益创业”的概念 …… 035
一、中外学界理解 …… 035
二、具体概念分解 …… 037
三、具体概念厘定 …… 042
第三节　发展“公益创业教育”概念 …… 043
一、概念的提出及阐释 …… 043
二、概念的学理性论证 …… 045
三、概念的尝试性厘定 …… 046
第四节　构建“公益创业教育价值”概念 …… 049
一、价值的哲学内涵 …… 050
二、内涵澄清 …… 052
三、内涵认识 …… 055

第三章　公益创业教育价值的理论基础 …… 058
第一节　公益慈善理论 …… 059
一、马克思主义公益观 …… 059
二、中国传统公益慈善观 …… 068
三、西方近现代公益慈善观 …… 073
第二节　价值理论 …… 084
一、马克思主义的人本价值论 …… 086
二、杜威的事实价值论 …… 090
三、迈农的情感体验论 …… 091
第三节　创业理论 …… 093
一、让·萨伊的领导观 …… 094

二、熊彼特的创新观……………………………………………………………… 095
三、德鲁克的管理观……………………………………………………………… 096

第四章　公益创业教育价值的要素与互动机理…………………………… 098
第一节　公益创业教育的价值构成要素……………………………………… 099
一、作为价值主体的教育对象…………………………………………………… 099
二、作为价值客体的教育者……………………………………………………… 108
三、作为价值介体的教育实践…………………………………………………… 112
四、作为价值环体的教育环境…………………………………………………… 115
第二节　公益创业教育的价值要素互动机理………………………………… 122
一、人与环体间的渗透…………………………………………………………… 122
二、人与介体间的互促…………………………………………………………… 125
三、主体与客体间的交互………………………………………………………… 127

第五章　公益创业教育价值的主要形态……………………………………… 132
第一节　公益创业教育的个体价值…………………………………………… 134
一、发展人的创业技能，夯实生存价值 ……………………………………… 135
二、厚实人的社会资本，提升发展价值 ……………………………………… 139
三、促进人的道德自觉，挖掘意义价值 ……………………………………… 143
第二节　公益创业教育的社会价值…………………………………………… 150
一、培养现代公民，促进政治民主转型 ……………………………………… 152
二、升级就业结构，孵化经济增长新极 ……………………………………… 158
三、弘扬友善风尚，引领社会新风养成 ……………………………………… 164
四、优化生存环境，倡导绿色中国理念 ……………………………………… 168

第六章　公益创业教育价值实现的内在矛盾…………………………………… 174
第一节　价值主体间的龃龉……………………………………………………… 176
一、动机之争:利己抑或利他 ………………………………………………… 176
二、自由之争:个体抑或整体 ………………………………………………… 181
三、目的之争:财富抑或道德 ………………………………………………… 184
第二节　价值创造中的纷争……………………………………………………… 188
一、对象之争:普遍抑或特殊 ………………………………………………… 189
二、条件之争:压制抑或催发 ………………………………………………… 191
三、方法之争:理论抑或实践 ………………………………………………… 199
第三节　价值结果上的分歧……………………………………………………… 201
一、性质之争:公益抑或公害 ………………………………………………… 202
二、定位之争:工具抑或目的 ………………………………………………… 204
三、评价之争:过程抑或结果 ………………………………………………… 208

第七章　公益创业教育价值提升的实践路径…………………………………… 211
第一节　明确公益创业教育使命………………………………………………… 212
一、道器并立,立德树人 ……………………………………………………… 213
二、知行合一,践实笃行 ……………………………………………………… 217
三、义利兼收,义行天下 ……………………………………………………… 219
第二节　优化公益事业发展环境………………………………………………… 223
一、厘清政社关系……………………………………………………………… 224
二、完善公益生态……………………………………………………………… 229
三、鼓励跨界合作……………………………………………………………… 232
第三节　唤醒个体现代公民意识………………………………………………… 236

一、尊重现实需要的人性…… 238
二、崇尚科学公益的理性…… 242
三、养成关怀社会的德性…… 245

第八章 公益创业教育价值提升的现实选择…… 249
第一节 公益创业教育的主要类型…… 249
一、课堂教学…… 250
二、科学研究…… 255
三、社会实践…… 261
第二节 公益创业实践的主要类型…… 263
一、公益志愿活动…… 264
二、非营利组织参与(NPO) …… 270
三、社会企业创办(Social Enterprise)…… 273
四、社会责任型企业(CSR)实践…… 275
第三节 案例:公益创业实践的新机遇 …… 276
一、社会创新模式多样,推动公益创业本土化 …… 277
二、社交网络技术深入,促进公益创业大众化 …… 280
三、国家法规政策出台,保障公益创业制度化 …… 282

结 论…… 285

参考文献…… 287
附录 调查问卷…… 307
后 记…… 314

导　论

面对当代全球社会日益严峻的社会问题，传统的教育理念与教育模式已逐渐失去其原有的魅力，对所爆发出来的社会公正、环境保护、贫困救助、养老服务、青年发展、社区治理等社会诉求手足无措。为此学术界开始反思，并开始进行社会创新和教育改革的探索。20 世纪 90 年代末，以哈佛大学、杜克大学等为首的美国学者在创业教育与非营利组织管理的基础上提出了“公益创业教育”，致力于培养具有社会责任、创新意识和实践能力的社会领袖。公益创业教育自 20 世纪 90 年代末一经提出便迅速风靡开来，在美国、英国、德国、意大利、西班牙、爱尔兰等几十个国家和地区的高校纷纷开设相关课程。自 2006 年公益创业教育被引进中国，以湖南大学为首的中国高校也开始进行了公益创业教育的发展探索。

公益创业教育着重培养学生采用市场运作方式解决社会问题的能力，帮助学生养成社会责任意识、精准发现社会问题、找到合理解决措施、取得积极社会价值，从而实现个体价值与社会价值、物质价值与精神价值的有机结合。但作为一种新生事物，其本身发展的不完善和我们认识水平的相对滞后，使得对公益创业教育存在较多的争议和误解，集中体现为对公益创业教育价值认识的保留、怀疑、动摇甚至否定。因此从学理层面客观深入地分析公益创业教育价值，尤其是回答好公益创业教育价值的现实形态及内在矛盾尤为必要,有助于厘清社会各界认识偏颇的根源所在,推动公益创业教育的社会化、学科化发展。

(一)国外研究概况

公益创业教育(Social Entrepreneurship Education)的概念由哈佛大学教授格雷格·笛茨于2005年在论文“Social Entrepreneurship and Education”中首次公开提出,将开展“培养能够识别机会、充分利用现有资源、创造社会价值的社会企业家”的教育活动统称为“公益创业教育”。公益创业教育发端于欧美等发达国家,后被引入中国。本研究以“Social entrepreneurship+education”为关键词,采用Google Scholar Search检索引擎,结合专业学术数据库“Springer”“Wiley”“Sage”“Web of Science”“Elsevier”等,经检索发现,直接研究公益创业教育的文献数量仅有45篇(包括期刊论文、会议报告、Working Paper等),目前具有世界影响力的研究机构主要有杜克大学的公益创业发展中心(Center for the Advancement of Social Entrepreneurship)和牛津大学的斯科尔公益创业研究中心(Skoll Center for Social Entrepreneurship)、哈佛大学的社会企业计划研究中心(The Social Enterprise Initiative)等,其中笛茨教授更被尊称为“公益创业教育之父”(沃舍姆,2012),其在公益创业教育领域所作出的开拓性贡献得到举世公认,包括第一个将创业(enterprise)和公益(social)两词结合起来发现了创业的新形态,第一个将公益创业内容引入高校课堂,第一个对公益创业教育的体系进行探索,第一个编撰公益创业教育教材*Enterprising Nonprofits:A Toolkit for Social Entrepreneurs*(2001),笛茨教授于2013年溘然长逝。

目前该领域已得到学界的普遍认可,逐渐发展为国外学术研究的新热点。但也存在诸多不足,包括:(1)过分重视规则导向而忽视社会问题导向,发展思维僵化限制了公益创业的创新发展,使得公益创业组织使命与社会需求脱节;

(2)过多的量化分析而缺乏相应的规范分析，虽对具体问题有了准确的判断和分析，但缺乏宏观的把握与深层的思考，特别是规范分析的缺乏，使得对公益创业教育发展的整体布局与宏观思考不够；(3)研究的科学理性有余但人文关怀不足，目前学界对公益创业教育在社会风气优化、公民意识培养、个体社会责任感与使命精神等方面的探索不够，特别是对于青年大学生的思想道德和精神状态影响等方面学界涉足较少；(4)个案分析居多，社会关系网络的复杂性研究不够，目前的案例分析以个案分析居多，具有可操作性和典型性，但对于复杂社会组织间的关系网络，特别是组织间的社会关系研究不够，进而限制了认知的整体性。

(二)国内研究概况

“公益创业教育”的中文概念由湖南大学的唐亚阳教授于2009年在《公益创业——高校创业教育的新天地》(《人民日报》理论版，2009年6月17日)首次公开提出，并对其内涵理解为：“公益创业教育，就是对大学生进行公益创业所需要的意识、精神、知识、能力以及相应实践活动的教育。公益创业教育是公共利益和社会利益导向型的教育，完整的公益创业教育组织体系包括教学、研究和实践体系。”经过将近十年的发展历程，中国公益创业教育在理论和实践两个方面均取得了一定成绩，但从整体来看与西方的发展水平仍然存在较大的差距。

但经过审慎分析，现有研究仍具有较多的不足与较大的改进空间，一些重、难点问题也亟待回答或解决，主要表现为以下几个方面：(1)对公益创业教育的价值讨论主题分散，但缺乏整体构建。研究主题与研究逻辑是学术研究发展的核心要素，但该领域研究主题相对零散，尚未形成理论研究的学术自觉。(2)对公益创业教育价值的具体分析实证居多、规范分析不足。现有的研究成果着眼于公益创业教育的具体价值存在的可能性与必要性，但由此维度开展的研究只能说明其存在的合理性,但对于其准确的量级分析则缺乏判断,由此对其的实际价值只能进行主观的、人为的判断,缺乏实际依据的支撑。(3)对公益创业教育价值的研究缺乏规范理论的指导与创新。由于我国人文社科研究的传统缺乏对理论范式的采用,也深刻影响了公益创业教育这个崭新的领域。对理论基础的"盲目"导致研究成为"无本之木,无源之水",进而导致实践探索的混乱与模糊。另外现有研究也对公益创业教育的元理论缺乏探讨,削弱了其理论的说服力。

(三)基本思路

本书论证公益创业教育价值,摒弃了以往论证教育价值的传统讨论,不再着眼于论证价值的正确性或积极性来试图构建一个宏观而庞大的体系;而着重于从公益创业教育价值的合理性和现实表现性层面,通过分析价值的构成要素及其内在矛盾,充分说明公益创业教育价值何以存在及现实表现。如此,公益创业教育才具有充足的理论底气和现实说服力。

本书聚焦的问题是公益创业教育价值"何以存在",也就是从学理上说明这一新兴事物的存在根据与现实表现形态。为此首先系统梳理中西历史上的公益慈善思想,以说明公益创业教育价值在发展中的来龙去脉;其次尝试性对核心概念包括"公益""公益创业""公益创业教育价值"进行界定,以保证研究的统一;在对公益创业教育价值的表现形态进行具体分析时,不仅从构成要素及其互动进行分析,更重要的是从个体和社会两个层面对价值的现实形态进行分析,以充分说明公益创业教育本身的合理性与必要性;随后进一步对公益创业教育价值的内部矛盾及其化解路径展开分析,说明这种价值内在的作用机制,以更为深刻和科学地把握与理解公益创业教育价值。由此,就实现了对公益创业教育价值的构建。

另外,为更好地佐证"公益创业教育价值",本书也尝试性在几个具体知识点上进行了尝试性努力:(1)较为系统、科学、全面地梳理了国内外公益创业教育发展概况,有助于更深刻地理解这一崭新的学科形态;(2)在一些具体概念上进行了尝试性厘清和界定,包括“公益创业教育价值”“马克思主义公益观”等均为首次提出,“公益”“公益创业”、中西方公益慈善思想梳理等进行了厘清和整理;(3)在构建公益创业教育价值的过程中,深入价值内部中的矛盾各要素展开具体分析,能够从根源上说明公益创业教育现实中的矛盾与分歧,为彻底解决问题提供思路。

本书的论证的具体过程中所坚持的研究方法:(1)始终坚持逻辑的严密性与顺序性,即保证言之有理、言之有物,包括在章、节、目的安排上,在具体论点的佐证上;(2)在论证材料的组织上,保证最新、系统、权威,包括案例选用的典型性、数据的严肃性、观点的客观性等,充分了解各领域的主要代表人物及研究者,经常性学习权威期刊的经典和最新论文;(3)保持与同行及相关专家学者的经常性沟通,包括与马克思主义哲学、西方哲学、工商管理学、非营利组织学、政治学、中国历史学等专业领域的学者进行请教沟通。

(四)研究内容

本书着力于回答四个问题:一是公益创业教育价值是否为臆想产物?哲学层面的价值作为一种主体见之于客体的主客体关系,具有经验性和抽象性,往往难以被观察得到,如何论证其存在的依据至关重要;二是公益创业教育价值何以构成?要认识一种全新价值,探讨其价值构成要素及其互动机理则尤为必要,直接关系到价值能否被科学认识和有效创造;三是公益创业教育价值的内在矛盾如何体现?作为一种多要素综合作用下的产物,不同要素之间的配合与协作总会存在程度不同的摩擦与碰撞,如何去认识和对待则需要谨慎分析;四是作为矛盾的公益创业教育价值,如何在矛盾化解与转化的过程中,实现价值的创设与提升，找到合理的现实路径，则成为探讨公益创业教育价值的出发点和归宿。从结构上看，本研究分为三个部分，分八个章节。

第一部分，所呈现的是公益创业教育价值的理论图景。对核心概念辨析这是研究前提，在分析“公益”“公益创业”“公益创业教育”等概念的基础上，认为所谓的公益创业教育价值，是在人和社会在公益创业教育——认识活动中建立起来的，以人的道德品质、实践能力形成和发展为尺度的一种客观的主客体关系，是公益创业教育本身是否与人的发展、需要相一致、相适应的关系。

第二部分，所呈现的是公益创业教育价值的历史图景。在历史研究的回溯中，对公益创业教育的思想起源进行整理，并对中西文化差异下的文化理论和社会心理进行比较，分别从公益慈善理论、价值理论和创业理论三个方面把握，并提出了“马克思主义公益观”这一理念，试图找到基于中国国情语境下的公益创业教育的指导思想，为促进公益创业教育在中国的科学发展提供历史依据和借鉴经验。

第三部分，则是本研究的主体部分，分别从公益创业教育价值的构成要素、互动机理、主要类型、内在矛盾及化解路径等方面展开，回答了公益创业教育“之所以然”的现实问题。首先，说明公益创业教育价值的构成要素及其要素间的互动关系，认为公益创业教育价值由价值主体、客体、介体和环体四个部分构成，同时四者之间存在互动互促的多向关系；并根据公益创业教育的作用对象，将公益创业教育价值分为个体价值和社会价值，个体价值包括人的生存价值、发展价值和意义价值，社会价值则从政治价值、经济价值、文化价值和生态价值等层面展开；随后从深层次揭露公益创业教育价值的内部矛盾及其转化路径，认为主要包括主体间的认识矛盾、价值创造过程中的实践矛盾和价值结果上的评析矛盾，这三个层面的主要矛盾是公益创业教育在现实中受到非议和争论的根源；最后，从三个维度也就是宏观层面的政社关系的处理、中观层面的公益创业教育自身的发展和微观层面的个人的现代公民意识及公民能力的提升等角度，进行具体的探讨。

当然，本书只是个人的阶段性学习成果，还存在诸多不足。包括时代站位不够高远、国际视野不够开阔，暂时难以看清公益创业教育的深刻历史意义和重大时代意义，对公益创业教育的认识主要通过已公开的文献资料进行梳理分析，国外社会实践体验缺乏；论证思路有待完善、研究方法有待发展，现有能力与论证要求还存在较大的差距，对如何将思辨层面的价值分析转化为现实层面可被观察分析的现象，还有待在未来的学习中进一步提升；研究内容有待拓展，研究体系有待完善，在后续的研究过程中，将进一步完善实践方面的内容，将公益创业教育作为一个大系统，在元理论、基础理论、实践探索、方法论及具体研究技术等层面进行进一步探究。

实践永无止境，理论发展也永无止境，对公益创业教育的理论与实践探索，有赖于本人的进一步学习与研究，但根源还在于公益创业教育在中国的完全发展，在更为丰富的实践中，去总结其普遍性的经验，去揭示其根本性的规律，去找到其发展中的模式，进而推动公益创业教育在中国的大发展、大繁荣。

第一章 国内外公益创业教育发展回顾

诚如伦敦商学院(London Business School)院长安德里亚所言:"几十年前,公益创业教育对于商学院还是一个陌生概念,如今在大部分顶尖高校已遍地开花。"①自20世纪90年代中期笛茨博士在哈佛大学开创第一门公益创业课程以来,如今已在世界各地的诸多知名高校普及开来,并形成了一套较为完善的教学体系,积累了大量可供借鉴的经验。要较为科学地认识公益创业教育价值,首先需要对该现象进行系统而详细的梳理,只有对不同地域、不同文化背景下所开展的公益创业教育现象进行分析,方能认识公益创业教育的内在本质与发展规律。

为此本章拟对国内外公益创业教育的发展进行回顾与梳理,根据公益创业教育的起始时间顺序,将首先介绍国外公益创业教育的发展概况,并重点介绍哈佛大学公益创业教育发展经验。而后对中国公益创业教育发展予以回顾,由于公益创业教育在中国的发展时间较短,且速度也相对缓慢,因此重在梳理相关实践,本章也将以湖南大学公益创业教育为典型代表进行介绍。在对两者分别介绍的过程中,可较为清晰地看到公益创业教育在中西不同背景下的发展路径区别。

---

① Brock D D, *Social entrepreneurship teaching resources handbook*. Available at SSRN 1344412, 2008, p. 2.

第一节　国外公益创业教育发展

“公益创业一词可能不太熟悉，但公益创业现象由来已久”①（Dees，1998）。自20世纪80年代以来，公益创业（Social Entrepreneurship）的理念一经提出便被社会各界广泛认可，特别是在美、英等发达国家，公益创业的实践探索迅猛增长，以孟加拉的格莱珉银行（Grameen Bank）、印度的亚拉文眼科医院（Aravind Eye Hospital）、埃及的萨克姆农业社区（Sekem）为代表一大批公益创业组织的崛起对社会发展产生深远影响。同时公益创业理论研究也应运而生，逐渐发展为一个专门的研究领域，例如美国杜克大学的福库商学院（Duke University's Fuqua School of Business）、北爱尔兰的埃尔斯特大学（University of Ulster）、英国的哈德斯菲尔德大学商学院（Huddersfield University Business School）等世界顶尖高校纷纷将公益创业作为研究的新方向，并取得丰硕的理论成果。

一、国外公益创业教育发展概况

公益创业教育的发展与当地的经济发展水平、社会管理体制、社会风气等密切相关，作为现代化的产物，必然首先在实现了现代化的地方兴起。要了解国外公益创业教育发展的全景，有必要从目前西方学者的主要研究中梳理出发展的主要脉络。

为此笔者采用的具体方法为：通过主题词检索的方式确定数据源，分析的数据均来自于“Springer”、“Wiley”、“Sage”、Google Scholar、CNKI（中国知网）所出

① J G.Dees，*The meaning of social entrepreneurship*. 1998.

版的学术论文。每一条数据记录主要包括文献的作者(Authors)、题目(Title)、摘要(Abstract)等,检索方式是以“social entrepreneurship”(公益创业)为主题词进行检索,时间范围为1994—2014年,共检索到16914篇相关文献,分布在1998—2014年间。为便于研究深入,笔者经过比较分析,“Springer”“Wiley”“Sage”网站由于无法把握非期刊类文献资料,导致一部分重要资料无法采集,最后决定采用Google Scholar Search引用率排名来采取样本,并参考中国大陆的相关研究资料,一定程度上保证了文献的“全”“精”。

(一)研究历史。国外公益创业研究发端于1998年,在2001年后开始稳步上升,在2006年达到巅峰,这与尤努斯(Muhammad Yunus)获得当年的诺贝尔和平奖直接相关。此后文献数量稳步上升,这也与公益创业在全球的发展轨迹相一致。

(二)主要国家。目前国际上公益创业研究格局:第一是美国和英国独占鳌头,其中美国以将近三分之一的数量一家独大,说明全球公益创业研究的话语权主要由美、英所掌握;第二是公益创业研究主要集中在发达国家和地区,所占比例达91%,发展中国家和欠发达地区总和不足9%,前后两者相差10倍。需要特别说明的是,印度作为发展中国家代表排名靠前,得益于其作为英语语系国家的表达方式更容易为国际社会所接受;第三是中国台湾地区和中国香港地区各有1篇文献具有相当的国际影响力。

另外,中国大陆具有国际影响力的相关文献资料目前尚未发现。中国的相关研究自2006年起开始起步,利用CNKI(中国知网)数据库(截至2014年6月22日),以“公益创业”“社会创业”为检索词进行篇名路径检索,从统计结果可以看到,在1992—2013年间,CNKI总共收录了期刊文献等193篇(剔除一稿多投、文摘),论文数量的年代分布呈现出逐年递增趋势和阶段波动特征。总体而言,中国的文献价值有待提高,国际传播力有待加强,与国际公益创业话语体系的对接有待深入。

(三)主要期刊。其中呈现以下特征:

第一,公益创业为国际重点学术期刊(*Entrepreneurship Theory and Practice*;*Journal of Business Venturing*;*Voluntas*)所关注,这表明公益创业逐渐得到学界的认可,将进一步促进更多学者投身该领域。其中 Voluntas(志愿者)期刊力拔头筹,总共发文 11 篇,占总数的 11%,该期刊为国际著名权威 A 级学术期刊,具有相当的国际影响力和学术权威性。

第二,有 4 个公益类期刊(*Voluntas*、*Social Entrepreneurship*、*Social Entrepreneurship and Social Business*、*Nonprofit Management & Leadership*)总共发文 15 篇,占总数的 15%。传统商业与经济类期刊总共发文 38 篇,占总数的 38%。另外值得关注的一点就是社会创新与社会治理类期刊总共发文 18 篇,占总数的 18%。

第三,有专门的公益创业期刊出现,如 *Stanford Social Innovation Review*、*Social Entrepreneurship Journal*、*Social Responsibility Journal*、*Journal of Enterprising Communities*、*Journal of Social Entrepreneurship*、*International Journal of Social Entrepreneurship*,总共有 6 篇高水平论文发表。(说明:*Jouranl of Development Entrepreneurship* 创刊于 1995 年,知名度较高,但同时也兼顾商业创业研究,故未纳入)

第四,国际顶尖期刊例如《学术管理期刊》(*Academy of Management Journal*)、《学术管理评论》(*Academy of Management Review*)、《行政管理科学季刊》(*Administrative Science Quarterly*)、《管理科学》(*Management Science*)、《组织科学》(*Organization Science*)、《研究政策》(*Research Policy*)、《策略管理》(*Strategic Management Journal*)等均尚未收录公益创业主题的相关论文,但在一些年度报告中均可窥见其影,例如 Academy of Management Learning & Education;Academy of Management Perspectives. Furthermore Administrative Science Quarterly 等会议。

（四）论著出版。自20世纪90年代以来，关于公益创业、公益创业者的论著纷纷发表，但自2006年开始关于公益创业的专门论著见之于世，如*Social Entrepreneurship: New Models of Sustainable Social Change*（Alex Nicholls，Oxford University Press，2006）；*Social Entrepreneurship*（Johanna Mair & Jeffrey Robinson，Palgrave Macmillan，2006）；*Handbook of Research on Social Entrepreneurship*（Elgar Original Reference）（Alain Fayolle&Harry Matlay，Edward Elgar Publishing Limited，2010）；*Values and Opportunities in Social Entrepreneurship*（Kai Hockerts& Johanna Mair&Jeffrey Robinson，Palgrave Macmillan，2010）；*Social entrepreneurship：theory and practice*（Ryszard Praszkier&Andrzej Nowak，Cambridge University Press，2012）。同时相关教材如*Social Entrepreneurship Case Studies and Other Teaching Materials*也于2015年问世。

（五）主要研究机构。目前公益创业研究机构遍布全球，但主要集中在欧美等发达国家，发展中国家地区及欠发达国家地区则相对欠缺，目前影响力较大的有以下16个，美国占据其中6个名额，如Ashoka McKinsey Center for Social Entrepreneurship、National Center for Social Entrepreneurship、Center for the Advancement of Social Entrepreneurship等在全球均具有强大的影响力。另外就是这些研究机构一方面主要由社会或政府出资建立，另外一方面依托高校建立，这也是当今公益创业研究机构规模扩大的主要促进因素。

（六）主要代表人物。该领域的开拓者无疑是J.Gregory Dees，被学界誉为"公益创业之父"。早在1998年就开始系统研究公益创业基本理论，其研究成果*The Meaning of Social Entrepreneurship*成为该领域研究权威经典。同时在2006年以后一大批公益创业研究的学者涌现，如Johanna Mair、Howard Stevenson、Ana Maria Peredo、James Austin等为公益创业的研究领域开拓做出了不可磨灭的贡献。

（七）主要学术会议。迄今为止，国际上已经举办多次具有重大社会影响的公益创业主题会议，主要有美国的 Babson's BECER；澳大利亚的 AGSE ERE（now ACERE）和 ICSB World Conference；德国的 G-Forum；欧盟的 RENT；另外国际上其他一些组织举办的例如 Academy of Management Annual Meeting（2010）；Personal Development Workshop；The Satter Conference on Social Entrepreneurship；NYU-Stern Conference on Social Entrepreneurship 等也产生了一定的社会影响力。

二、以哈佛大学为例

哈佛大学公益创业教育自 20 世纪 90 年代便已开始，目前其教学及科研任务由哈佛大学商学院（Harvard Business School）的社会企业计划研究中心（The Social Entreprise Initiative）承担。该机构的前身是建立于 1980 年的非营利组织管理俱乐部，是一个由学生自发组建的社团。在 1993 年奥斯丁（James E. Austin）教授和兰格（V.Kasturi Rangan）教授参与后，并得到怀特海德基金（John C.Whitehead Fund）的资助，发展为学校的研究中心，并于 1994 年开始招收 MBA 研究生，主要进行创业管理和非营利组织管理的教学。截至目前哈佛商学院研究撰写了 800 余本关于社会企业的书籍、案例和教学笔记，拥有 97 名直接参与课程教学、研究项目的教职工，有 1280 名学生接受过系统教育，开班了 11 门课程，每年超过 600 名学生参与到校内外各类公益创业项目中，每年直接创造约 1000 万美元的经济收益。其所创办的研究论坛和学术会议已经成为公益创业教育领域的智慧高地，目前该机构主要聚焦于非营利战略，企业领导力、医疗保健、全球贫困、公众教育等领域。

哈佛大学商学院的教育使命是培养具有世界影响力的社会领袖，通过全方位的训练提高其在社会各个领域的管理能力，进而创造社会价值。为此制订了周密的教学计划，在课程内容、教学方法、教师队伍等方面不断创新，同时辅以科学研究、社会实践等项目，组织一系列的国际高水平学术会议和论坛，以期实现如下目标："了解社会企业家的社会地位及舆论；对社会风险的驱动力及策略有基本认知；学会用创业的机会寻找视角去改变这个世界；学会辨识机会；学会利用创造力和创新性来进行在社会风险中的资本运作；学会辨别财政资本、个人资本、社会资本、文化资本和智力资本；对小额贷款的理论和实践有较为明确的认识；发展风险创造中的决策能力；学会发展社会网络及联盟；掌握案例分析的论文撰写技巧和课堂演讲能力。"①为此本研究将从教学内容、教学方法、教师队伍、孵化基地、学术会议与论坛等方面介绍哈佛大学公益创业教育的经验。

（一）科学的教学设计。开展公益创业教育的目的在于"理解和重视公益创业在实现社会可持续发展中的作用；熟悉并掌握创业的基本知识、技能、工具和所需要的技术；帮助他们建立具有可持续发展模式的社会企业"②。为实现此教育目的，哈佛大学实现二年学制，第一年进行课程学习，第二年是选修课学习与参加社会实践项目。在第一学年里，将一个学期的 21 节课分成五个部分，分别为学习公益创业与社会创业的社会经济背景；了解公益创业形势，深化对该领域的全面认识；通过案例分析，了解公益创业的实际运作状态；社会企业管理；项目展示。前面三个部分分别有 5 个课时，后面两个部分分别有 3 个课时。最后进行学期考核的时候也采用较为科学的方式进行，包括课堂案例展示与分析 25 分，日常上课考核 20 分，项目展示 30 分，期末考试 25 分。

（二）多元的教学内容。哈佛大学的公益创业教育内容丰富多样，包括开设选修课和必修课，利用公开的网络资源，并结合具体案例进行分析。自 1994 年开设第一门课程——"社会部门的创业研究"（Entrepreneurship in the Social Sec-

① D' intino R S.*Social Entrepreneurship*：*Design a new of a new university course*，United States Association for Small Business and Entrepreneurship，2008，p. 913.

② Shukla M.*Introduction to Social Entrepreneurship*.Available at SSRN 2071186，2012.

tor)以来,先后开设“企业领导力”(Business Leadership and Strategic Corporate Citizenship)、“教育改革中的创业教育”(Entrepreneurship in Education Reform)、“高端商务”(Business at the Base of the Pyramid)、“商业与社会”(Commerce and Society)、“社会影响力投资”(Social Impact Investing:Field Course)等13门课程,使用的教材主要有伯恩斯坦(David Bornstein)的《公益创业改变世界》(*Changing the World Through Social Entrepreneurship*)、笛茨等人合著的《社会企业家的战略工具》(*Strategic Tools for Social Entrepreneurs:Enhancing the Performance of your Enterprising Non-Profit*)、《社会企业家创业》(*Enterprising Nonprofits:a Toolkit for Social Entrepreneurs*)。同时还提供大量的网络公共资源供学生自由学习,并推荐一大批学术权威的期刊论文供学生免费下载学习。此外,将大量的案例引入课堂,将具有世界影响力的公益创业项目负责人邀进教室与学生分享,并与尤努斯(*Muhammad Yunus*)所创建的格莱珉银行、*Kick Start* 众筹网站、为美国为教(*Teach for America*)等知名项目建立了密切联系。2015—2016年的课程设计里,主要开设了“*Business at the Base of the Pyramid*”“*Entrepreneurship and Technology Innovations in Education*”“*Leading Social Enterprise*”“*Social Innovation Lab:Field Course*”“*Public Entrepreneurship*”等6门必修课程。

(三)基于“服务—学习”的教学方法。雅各比(*Jacoby Barbara*)(1996)将“服务—学习”(*Service-learning*)定义为一种基于实践的体验式教学方式,强调将人类与社区的需要结合在一起,有助于学生去识别机会、树立远大目标,从而实现有价值的学习①。“服务—学习”一词最早是由美国南部地区教育董事会(*Southern Regional Educational Board*)于1976年首先提出,20世纪80年代在美国各级学校得到推广发展,2000年后进入中国,衍生出许多的解释和做法。我

① Jacoby B. *Service-Learning in Higher Education:Concepts and Practices. The Jossey-Bass Higher and Adult Education Series*.San Francisco:Jossey-Bass Publishers,1996,p. 64.

国比较广泛接受的定义为“由学校与社区结合，共同协助学生应用所学知能去服务他人，并且在服务过程中不断地学习成长。所以服务—学习是学校教育的一环”①。“服务—学习”强调社区、大学与学生之间的三位关系。通过参与社会服务，学生可以在冲突解决、人际沟通、角色扮演、目标确立、项目等管理方面受益匪浅。学生在实际生活的场景中去分析社区中的关系，学会包容和积极的倾听技巧②。同时通过采用“服务—学习”型教学模式，加强了学校与当地社区之间的关系。例如学校与社区的传统合作方法包括促进当地经济发展、教育与健康改善、丰富文化生活等（*Dore*，1990）。但采用该模式的现代合作方法则有：*A.* 通过成立专门的投资公司，资助学校周围微小公司或企业，进而拉动当地经济发展；*B.* 实现产学研转化；*C.* 为社区成员提供医疗保健服务等。

（四）基于公益创业孵化基地的实践培训。通过建立公益创业孵化基地，帮助学生去发掘他们面对社会问题时的智慧、能力和热情，以能为学生开展公益创业提供更多的社会资源，并邀请他们共同建立一个协作的环境，指导他们设计解决方案和实施社会组织变革③。哈佛大学的公益创业实验室（*SE Lab*）于 2004 年在肯尼迪政府学院的豪泽非营利组织研究中心的基础之上建立，马克·穆尔和哈佛大学前校长德里克·博客为其负责人，该孵化基地的宗旨是“为解决社会问题、增进社会福祉，培养服务社会的行业领导者”。该基地将理论教学与实践融合，通过建立新项目，并与社会企业建立合作联盟，同时以奖学金和贷款的方式向学生提供启动资金。为此哈佛大学先后创建非营利组织管理绩效评价、

① 林胜义：《学校社会工作》，巨流图书公司 1988 年版，第 28 页。

② Wessel S，Godshalk V M，“Why Teach Social Entrepreneurship：Enhance Learning and University-Community Relations through Service-Learning Outreach”. *Journal of Higher Education Outreach and Engagement*，Vol. 1（September，2004），pp. 25–38.

③ Bloom G M，*The Social Entrepreneurship Collaboratory*（*SE Lab*）：*A University Incubator for a Rising Generation of Leading Social Entrepreneurs*. Boston：Harvard University Press，2006，p. 261.

企业社会责任等多个项目，以支持学生发展。

三、经验与启示

通过对哈佛大学公益创业教育课堂教学与科研研究两个方面的总结，可以清晰地看到哈佛大学在此领域所取得的巨大成就。本研究不仅在于介绍哈佛大学公益创业教育发展的成功经验，更重要的是希冀能够为我国高校开展公益创业教育提供启示，为此本书从以下几个方面展开思考：

（一）发展公益创业教育。目前在美国、加拿大、英国、德国、印度、法国、瑞士等几十个国家的顶尖高校纷纷开设公益创业教育课程，近年来，印度的塔塔社会科学研究中心（*Tata Institute of Social Sciences*）设立了公益创业教育本科学士学位点，比利时的鲁汶天主教大学（*Catholic university of Louvain*）和列日大学（*University of Liege*）则设立了公益创业教育博士学位点。这些迹象都表明了公益创业教育已呈方兴未艾之势。中国的公益创业教育起始于 2008 年，湖南大学开始公益创业教育试点，比西方晚几年，但此后并无其他高校参与进来，发展陷入停滞。目前中国政府在全社会倡导“大众创业　万众创新”，并颁布了一系列政策保驾护航。另外我国高校拥有丰富的创业教育经验，这都为开展公益创业教育提供了难能可贵的发展条件。

（二）教学与科研并举。哈佛大学自开始公益创业教育以来，不仅逐步完善公益创业教育体系，从教材编写、*MBA* 招生、课程设置到实践基地、孵化基地都趋向完善；同时以笛茨、史蒂芬森、尼克尔森为代表的一大批学者纷纷著书立说，对公益创业理论及实践进行深入探索，出版了一大批具有世界影响力的著作如《社会企业家的战略工具》《社会企业家创业》，发表了奠定公益创业理论基础的一大批论文如“*The Meaning of Social Entrepreneurship*”“*Social Entrepreneurship and*

Societal Transformation: an Exploratory Study" "*The Social Enterprise Spectrum: from Philanthropy to Commerce*"等。目前中国高校已先后建立了公益慈善的研究中心,如北京师范大学中国公益研究院、中山大学公益慈善发展中心、南京大学公益慈善学院、清华大学公益慈善研究院、湖南大学中国公益创业研究中心等,可以借鉴西方研究中心的发展经验,和学生社团合作,逐步向教学和科研方向发展。

(三)深刻理解我国国情。哈佛大学的公益创业教育最先开始于非营利组织管理,后来发展到聚焦社会企业的建立与发展,并借助美国的世界影响力进行全球性扩张。特别是近年来随着全球社会问题的日益凸显,哈佛大学公益创业教育所培养的大量人才走向全球,在不同的社会企业、*NGO*、*NPO* 等组织中发挥着重要作用。反思中国,公益创业自进入我国以来,发展缓慢且影响力并不明显,社会各界普遍对其存疑,根本原因在于公益创业尚未找到一条适合中国实际国情的发展道路,同时政府对于公益组织始终在"控制型"与"规范型"策略之间徘徊不前。为此必须要对以下几个方面慎重考虑:一是当前中国的政治环境,对于社会组织的管理到底是逐步放开还是趋于严格,这个判断尤其关键;二是要把握中国目前所处的发展阶段,既要分析其快速发展中所存在的各种新问题,也要注重把握如人口基数过大、环境污染严重、资源相对贫乏等老问题,这是公益创业开展的起点;三是解决哪些社会问题?聚焦于某个社会问题,专心致力于创新方案的设计与实施才能让组织长续发展。例如由邓飞发起的"免费午餐"虽然名噪一时,起到了积极的社会作用,但后期聚焦于环境、生态、农产品、医保等方面,因组织使命和财务管理等问题导致其所领导的团队屡受社会质疑。

(四)鼓励多方力量参与。公益创业是一个完整而庞大的生态系统,从发现社会问题到解决社会问题,中间还存在大量的必要环节,如人才培养、智力支持、政策倾斜、社会支持等多方面因素,公益创业教育只是其中的一个环节,但与其他部分又紧密相连，需要用系统、整体的思维去看待。哈佛大学的公益创业教育从招收具有丰富商业公司运营管理经验的 *MBA*，通过“*PPP*”（*Public-Private-Partnership*）机制实现与政府的公共服务供给合作，同时也与全球各国的知名社会企业、公益创业组织等实行深度合作，为公益创业人才培养提供全方位的保障。反观中国，公益创业教育陷入单打独斗的发展困境，高校—社会—政府三者之间的有机互动关系尚未得到有效构建，这既是目前发展的最大困难，也是最大机遇。

第二节　中国公益创业教育发展

诚如美国著名公共管理学者萨拉蒙（*L.M.Salamon*）所言，“在过去的几十年里，一场普遍的结社革命正席卷全球。私人组织、志愿活动、非营利组织或是公民社会组织的兴起掀起了这场革命的高潮”①。而在中国，以公益创业为主要业态的结社运动也正在兴起，并在广泛的社会领域中进行着多种多样的活动。正如有学者所言，“中国公益创业的兴起是一个必然的实践。随着公民的公益慈善理念增强，各类公益基金会、公益创投、社会影响力投资等新型公益业态的出现，以及政府支持体系的逐渐完善和各类社会企业的涌现，都有力地推动了我国公益促行业的发展”②。

中国自 2007 年开始公益创业教育的理论与实践探索，以湖南大学成立“滴水恩”公益创业社团为标志，以唐亚阳、汪忠等学者为代表，开始了公益创业教育在中国的本土化发展。经过十多年的发展，公益创业教育在中国虽取得初步

---

① 萨拉蒙著，田凯译：《公共服务中的伙伴——现代服务国家中政府与非营利组织的关系》，商务印书馆 2008 年版，第 10 页。

② 《中国青年公益创业报告》，清华大学出版社 2015 年版，第 12 页。

成绩,但整体看来发展水平仍相对滞后,发展规模较小,影响范围也仍然有限。

一、中国公益创业教育发展概况

经过短短几年时间,关于我国高校公益创业教育的理论与实践研究取得了一系列成果。笔者利用 *CNKI*(中国知网)数据库,以"公益创业""社会创业""教育"为检索词进行篇名路径检索,从统计结果可以看到,在 1992—2013 年间,总共收录了期刊、硕博论文、会议论文、报纸等总共 389 篇(剔除一稿多投、文摘),论文数量的年代分布呈现出逐年递增趋势和阶段波动特征。

1. 发文数量分析。第一阶段:萌芽期(1992—2006)。1992 年,国内公益创业研究萌芽,当年发文 3 篇,这 3 篇文章类型为系列丛书 2 篇、研究报告 1 篇,文中虽然未明确提出公益创业教育的概念,但已涉及创业、责任、慈善等理念。第二阶段:快速发展期(2007—2010)。2006 年,旅美学者胡馨首次提出"公益创业";2007 年国内学者严中华等人首次提出"社会创业",由此我国开始了公益创业研究的浪潮,每隔一年相关研究以翻倍的速度增长(2007:13,2008:23,2009:47,2010:77)。第三阶段:内涵式发展期(2010 年至今)。相关论文数量激增,总共有 188 篇,占总数的 48.8%;发刊质量也有明显提高,中国教育报多次关注,诸多高校学报(*CSSCI* 收录期刊)也相继发表,由此可以初步断定我国公益创业教育研究走向学术化、理论化、本土化。

2. 发文内容分析。以篇名为路径检索到的 389 篇文献中,主要分为理论探讨与实践路径设计,其中对于公益创业教育的起源、内涵、内容、价值等维度展开探讨的达 87 篇,占 22.3%,主要集中在 2007 年以后。而涉及公益创业教育的实践路径设计的文献占绝大多数比例,达 77.7%,不同教育主体从多个层面,结合具体实际展开探讨公益创业教育开展的可行性。

3.发文的种类与期刊分布。以篇名为路径检索到的389篇文献中，期刊论文有160篇，核心期刊论文有62篇，《湖南大学学报》《上海大学学报》等学报也多次发文，可见该领域研究具有一定的学理价值。博硕士论文有31篇，其中浙江大学8篇，华东师范大学2篇，尤以理工科学校居多，发文作者主要来自于工商管理学院。报纸总共有69篇，其中中国教育报6次，经济观察报4次，中国企业报3次，可见作为一种教育新领域，代表了教育发展的一个重要方向，得到了教育主管部门的重视；主要发表在中国教育报（12篇）、外国经济与管理（6篇）、技术经济与管理研究（9篇）、企业导报（5篇），其他散见于各类期刊。

4.发文作者机构分布。以篇名为路径检索的389篇文献中，其中浙江大学发文15篇，均为博硕士论文；湖南大学发文11篇，其中硕士论文1篇，期刊论文10篇，作者主要为唐亚阳（湖南大学马克思主义学院，博导、教授）、汪忠（湖南大学工商管理学院，副教授）。广东科学技术职业学院发文9篇，作者主要为严中华（广东科学技术职业学院经济管理学院，教授），其他论文则散见于中国人事科学研究院、清华大学、北京林业大学等高校。

二、以湖南大学为例

湖南大学公益创业教育理论与实践研究从2007年便开始进行尝试性探索，包括：（1）2006年成立大学生社团“滴水恩”公益创业协会；（2）2007年组建（湖南大学）中国公益创业研究中心；（3）2008年将公益创业教育核心课程及相关活动纳入学生公选课和毕业设计范畴；（4）2009年编写了国内第一本公益创业教材——《公益创业学概论》（湖南大学出版社，2009）；（5）2010年先后举办中国大学生公益创业论坛、首届中国公益创业高峰论坛；（6）先后在《人民日报》《大学教育科学》《现代大学教育》等发刊发文；（7）先后承担国家级、省部级科研项目10余项，探索产学研一体化；（8）学校“产学研一体化的公益创业教育项目”荣获“中华慈善奖”的最具影响力慈善项目，项目负责人受到了胡锦涛等党和国家领导人亲切接见；2010年教育部简报以《湖南大学大力开展公益创业教育》为专题，力推公益创业教育。为此可从以下几个方面总结湖南大学公益创业教育的发展经验。

第一，以培养大学生社会责任感为教育导向。2010年《国家中长期教育改革和发展规划纲要》强调“着力提高学生服务国家服务人民的社会责任感、勇于探索的创新精神和善于解决问题的实践能力”的战略主题。步入创业时代，传统创业教育虽提高了创业成功率，但部分创业者过度追求经济利益，严重偏离创业教育初衷；另外，有报告显示高校毕业生的工作表现与企业的期望存在较大差距，用人单位普遍反映毕业生缺乏社会责任感、担当和创新精神。这些凸显了高校教育人才培养目标定位存在的不足，而公益创业教育弥补了这一缺陷，它强调社会责任和担当精神教育，不仅培养学生的工作岗位胜任能力，还培养其就业岗位创造能力；不仅培养学生物质财富创造能力，还培养其精神财富创造能力；既培养学生自我价值创造能力，又培养其社会价值创造能力。因此，公益创业教育的开展明确了高校人才培养目标，对于培养适应社会需求的具有社会责任感和担当精神的创新人才作用明显。

第二，善于探索系统、多样的实践方法。经过多年的探索，湖南大学围绕公益创业教育，在公益创业教育模式、培养平台、教育保障体系等方面开展了长期探索：

（1）变革教学体系，形成教育模式。将“星型模型”的组成构面作为教育目标，构建了“教学+实践+科研”三位一体的公益创业教育模式，依托公益创业教育课程体系、志愿公益活动及实践活动、理论研究三层面深入开展公益创业教育，形成可复制、可推广的公益创业教育模式。

（2）建立培养平台，保障模式实施。学校着力于开展以社会责任为导向的公益创业教育来培养具有社会责任感和担当精神的创新人才，针对不同年级的学生搭建不同的培养平台，将人才培养划分为"体验式教学（大一）+开展公益创业活动（大二）+组织创业类竞赛（大三）+创业实践（大四）"四个阶段，搭建阶梯式培养平台。将公益创业教育主线贯穿大学生整个生涯发展规划当中。

（3）健全保障体系，实现高效运行。构建了公益创业教育保障体系，分别从师资队伍建设、组织机构建设、组织制度建设、政策文件支撑、校园文化建设五个模块来保障公益创业教育的顺利实施。

第三，社会影响力不断扩大。通过长期的公益创业教育，其所产生的社会积极影响日趋扩大，主要体现在：

（1）学生积极投身义务支教、环境保护、医疗卫生、义务献血、交通协管等公益类志愿服务活动。截至目前，每年参加公益实践和志愿服务学生超过 2 万人次；2003 年至今，报名捐献造血干细胞的学生 2306 人，全国 2000 余例成功捐献案例中我校就有 5 例，2012 年 3 月 28 日，我校 2010 级硕士研究生朱欢在湘雅附三医院成功捐献造血干细胞，成为湖大第 6 位成功捐献者；2008 年汶川地震发生后，我校师生第一时间创建"四川地震寻亲网"，成功匹配近万对失散亲友信息；2009 年，学生自发组建了 30 余支重点团队分别奔赴四川、浙江、湖南等省的 30 余个县、乡深入开展暑期"三下乡"，为农村经济发展做贡献；学生用创业活动盈利资助 500 多名校内外贫困大学生和 700 多名留守儿童。经过调研回访，学生的社会责任意识、公益精神、活动能力、沟通能力、独立工作能力、自学能力以及创新思维提高迅速。

（2）新的"教学+实践+科研"三位一体的公益创业教育模式，也激发了学生公益创业的热情。学生自发创立滴水恩公益创业社团、湖大 *KAB* 俱乐部，并获全国十佳 *KAB* 俱乐部。学生们也积极投身于公益创业的研究和学术交流活动。他们自发创建滴水恩大学生公益创业社团、滴水恩慈善公益论坛以及中国公益创业网。同时,学生社团自发举办公益创业论坛,并邀请了湖南大学著名校友作为主讲人出席论坛,积极探索公益创业教育新的成长点。

(3)自公益创业教育实施以来,学校培养了大批具有社会公益精神与自主创新创业精神的湖大学子,得到了社会的广泛认可和用人单位的一致好评。根据统计,经过本试验区培养的学生,就业率高达98%,高于学校平均水平91%;我校2010年的自主创业或自由择业的学生人数比例比2009年上升了4.9个百分点(数据来源:湖南大学招生与就业指导处官网)。

三、经验与启示

湖南大学作为中国公益创业教育发展的缩影,一定程度上代表了公益创业教育在中国发展的现状。通过较为详细的回顾梳理,湖南大学公益创业教育所取得的成绩足以令人振奋,在推进公益创业教育本土化与学科化的道路上取得了长足进步。但对待新生事物,不仅要肯定其积极正面的成绩,也要正视其在发展过程中所暴露出的种种问题,只有不断改进才能持续进步。同样,湖南大学在发展公益创业教育中所遇到的困难和障碍,也一定程度上能够代表中国其他高校所面临的主要问题。

第一,当前发展所面临的主要障碍

当前,公益创业教育的发展挑战与机遇并存。一方面,党的十八大报告中明确提出"加快形成政社分开、权责明确、依法自治的现代社会组织体制"①,从政策和法律层面解决了公益组织注册难的根本性问题,例如2012年广东实施《关于进一步培育发展和规范管理社会组织的方案》。另外,2012年8月教育部下

① 《十八大报告辅导读本》,人民出版社2012年版,第11页。

文《普通本科学校创业教育教学基本要求》中明确提出所有本科学校均要开展创业教育;另一方面,公益创业教育在高校的发展仍然面临诸多困难与挑战。“整个社会对公益创业教育内涵的不理解、观念和意识也还没有到位,国内高校做的少,议论的多,参与的少,旁观的多。”①目前关于公益创业教育的主要发展障碍有以下几点:

(一)认知瓶颈:公益创业教育概念的开发、认同与传播问题

第一,公益创业教育概念由高校学者提出,首先在部分高校得到认可,但社会层面和政府层面尚未接受这一概念,在相关文件、政策中尚未得到体现。另外就是对概念内涵的挖掘不够,理论基础薄弱,一定程度上也损害了公益创业教育的合法性与合理性。

第二,公益创业教育概念的认同问题。认同主要经历价值认同、情感认同和行动认同三个阶段。首先是要完整论述个人发展与社会发展之间的互动互惠关系;其次是要解释好公益创业教育何以可能成为高等教育中新的发展趋势;最后就是要把公益创业教育与一般的慈善、募捐、献爱心等活动区别开来。这些问题都还有待解决。

第三,公益创业教育概念的传播问题。要解决好“传什么”“谁来传”“靠什么来传”“传得怎么样”四个基本问题。高等院校理所应当成为公益创业教育的主体和主要阵地,但具体由哪个单位或部门来承担科学研究与实践教学的任务仍然不明确,而且国内关于公益创业的教材也只有《社会创业》(清华大学出版社,2008)和《公益创业学概论》(湖南大学出版社,2009)两本,目前相关的扶持政策与实践基地仍依托于其他创业孵化、实践基地,相对单一有限,削弱了概念的传播力。

---

① 阳锡叶:《公益创业教育“叫好不叫坐”?》,《中国教育报》2013 年 7 月 6 日第 3 版。

（二）动力瓶颈：公益创业教育的触发动力和使能动力问题

哈佛大学前校长 *Derok Bok* 曾忧心忡忡地指出："接受过良好教育的年轻人，各方面都接受过规范、教导和监管，但有一个重要方面例外，那便是品德的培养。多数大学对培养品德的态度都是'事不关己，高高挂起'。"①一定程度上说明高等教育对于品德教育的忽视。另外一方面，"经济人"而不是"社会人"成为高等教育的人才培养目标，也与急功近利的社会发展模式相关。

以下两个问题也是很多人在经过深入思考后提出的，目前尚未得到令人信服的答案。一是公益创业教育为什么要开展？"自己都解决不了就业问题，还要去帮助别人，现实吗？""创业本来就很艰难了，你这种不以营利为目的的创业根本就没有出路嘛！"……这些问题始终会萦绕在初入者的头脑里，也是我们没有解释好的重要问题。二是公益创业教育的动力是否有限？公益创业教育如果还像中国其他人文社会社科类学科采用说教、灌输等手段能否取得预期成效？一旦公益创业教育的副作用例如就业率低下、创业失败率高等问题频现，公益创业教育能否还能继续开展？这些问题都需要试点实验，再进行充分评估和调查，以降低失败风险。

（三）创新瓶颈：公益创业教育对创业教育的传承与超越问题

创业教育自引进高校以来，培养了无数成功的企业家和实业家，为社会发展做出重要贡献。但问题依然明显，"创业教育成为一种在工具理性操作下的功利主义教育，被重视的只是创业教育的工具性价值，被提高的只是创业教育的工具性作用，被看好的只是创业教育所带来的经济效益及个人社会地位的提升"②。大学生

---

① ［美］德里克·伯格，侯定凯等译：《回归大学之道》，华东师范大学出版社 2008 年版，第 146 页。

② 林文伟：《大学创业教育价值研究》，华东师范大学博士学位论文，2011 年，第 37 页。

创业教育被当成是企业家速成的教育，就是成立大大小小的“学生创业公司”，培养大大小小的“学生老板”，长此以往，创业教育就只有“被利用的价值”。

公益创业教育如何不被误解？如何继承好创业教育的优势，全面提高人的实践能力；同时又能说服人更多地关注社会利益，实现个人价值的提升？公益创业教育如何充分利用时代发展契机进而全面跨越？这些难题都有待破题。

（四）学科瓶颈：公益创业教育的学科定位与建设问题

公益创业教育能否成为一门独立的学科还有待商讨。公益创业教育的本质特点是突出思想政治教育学和管理学的研究方法、方法论及研究工具，用实践的方法教育人、锻炼人、提高人、发展人。公益创业教育作为一种思想道德教育方法与手段，将更多地遵循思想政治教育的基本原理、基本方法。

目前关于公益创业教育学科的建设仍然处于起步阶段。一是学科研究的对象范围尚存在历史性局限，以“中国现代实际”替代“人类社会普遍存在”，公益创业教育古往今来有不同称谓，作为一种客观事实长期存在，但我国现行的公益创业教育理论研究的主流视域、历史和逻辑起点以及基本理论框架，仍然囿于“中国现代实际”的边界范围；二是学科研究对象的历史局限，以“特殊”湮没“一般”，公益创业教育至少包含三个层面的理论层次：元理论、中外现代公益创业教育原理、中外现代公益创业教育的实践应用研究；三是学科内容不够规范，理论体系的内容不够完整，具体的施教内容仍然有待商榷以及上述二者内容的评价规范尚未建立。

（五）法律瓶颈：公益创业教育组织与机构的定位问题

到目前仍未出台专门的有关公益类科研机构改革的相关法律法规，主要体现则是以文件形式出现的决定和通知等，例如《社会团体登记管理条例》《基金会管理条例》《民办非企业单位登记管理暂行条例》等均为行政法规，缺乏由全国人大通过的相关法律。法律环境十分不健全，导致公益类组织机构大到宏观运行环境配套、发展导向；小到微观机构主体科研活动、利益分配及人员晋升，都得不到有力法律保障，从而使得公益创业教育活动的开展缺乏制度支撑。

公益创业教育的出现有其时代的必然性，但其作为一个新生事物还存在天然的不足和各种缺陷，需要社会各方在成长中看到进步，在磨难中予以支持。

第二，中国公益创业教育发展展望

公益创业教育的发展背后有其时代规定的必然，一方面是公民社会的崛起、网络社交的普及、政府权力的收缩、社会问题的严峻等，要求公益创业教育培养大量的人才来加以解决；另一方面公益创业教育作为教育发展和分化的一种方向和一种趋势，必将成为高校教育理论与实践结合的典范，"产—学—研"一体化的典型实践，引领实践教学的发展潮流。公益创业教育的发展为此可以从主体创新、内容创新、载体创新、环体创新四个方面提出尝试性的展望：

（一）新主体：高校、政府、社会、企业的行动者网络构建

以"全面深化改革"为主题的十八届三中全会报告中明确提出高等教育要"推进管办评分离"①，"构建政府、学校、社会之间新型关系"②，这为公益创业教育的主体建设指明了方向，即要求构建以高校为主导、以政府和社会为两翼的四位一体的主体关系网络分析范式，改变以往单一主体"单打独斗"的传统，充分把握主体间的关系形态与行动逻辑，实现高校系统教育、政府政策扶持、社会全员参与、企业全程协助的和谐关系，实现多主体共建、共管、共赢的生动局面。

---

① 《中共中央关于全面深化改革若干重大问题的决定》辅导读本，人民出版社 2013 年版，第 44 页。

② 袁贵仁：《深化教育领域综合改革》，中华人民共和国教育部官方网站。

（二）新内容：环保、教育、养老、青年发展将成为公益创业的重要领域

青年公益创业区别于传统的公益爱心活动的关键点在于：发现社会问题、整合有限资源、创新组织形式、提出解决方案。近年来，"雾霾"等环境问题日益突出，教育公平与改革影响社会各行各业，社会老龄化进一步提速，青年就业与成长问题形势严峻，这些难题有待一一破解。中共十八届三中全会也提出"加快事业单位分类改革，加大政府购买公共服务力度"，可以说为公益性事业发展插上了腾飞的翅膀。同时，新的内容要求创业组织形式的多样化与时代化，使得组织在规模上超级组织与微小组织并存、长期性组织与临时性组织并存、官僚化组织与扁平化组织并存的繁荣局面。

（三）新载体："微公益"——社会化媒体时代的公益创业变革

以微信、微博、社交网站、视频分享网站为代表的社会化媒体的持续发展，不仅是个人、组织连接沟通和品牌营销的新渠道，也为公益创业提供了新平台和新机遇。近年来名噪一时的"免费午餐""微博打拐""地球一小时"等公益实践项目是典型案例。

第二章 公益创业教育价值的概念辨析

概念厘清是进行研究的必要前提，只有明确具体概念所指代的具体社会现象，才能保证后续研究的逻辑完整性。公益创业教育是公益创业教育学的核心概念，在公益创业教育学概念范畴中处于核心地位，而与其相关的重要概念则可分为几个层次，一是概念上位范畴的公益、慈善、志愿等；二是概念中位层面基于social entrepreneurship翻译过来的公益创业、社会创业；三是概念下位范畴的公益创业教育、创业教育等。

本书将着重对公益、公益创业、公益创业教育及公益创业教育价值这四个核心概念展开分析，所采用的分析思路为：将概念的历史发展与当代内涵结合起来，即一方面详细梳理该概念在历史上的原有之意，包括其在历史上的演变及其原因；另一方面将该概念置于当代的时代条件下，能够解释同类现象并得到社会的普遍认可，可一定程度上反映这个时代的生产力发展水平和认识水平，将这两个方面结合起来，能够还原概念的本质、体现概念的发展。

第一节 审视“公益”的概念

在目前的研究中，公益及相关概念的使用处于不断的变动之中，不同学科对公益的内涵进行理解也各有差别。由于不同学科对于“公益”内涵的理解差别很大,将首先探讨中西关于“公益”本质的不同词义表述。从英语词源的角度来探讨西方的“公益”的实质内涵,与中国的“公益”表述之间存在的联系与区别。

“公”“益”二词在中国古已有之,但两词合用则首先由日本人转译过来,日本学者留冈幸助(1864—1934)在《慈善问题》(东京警醒书社,1898)中将英语中的“Public Welfare”译为“公益”,将“Charity”与“Philanthropy”译为“慈善”。这是有资料可以查询以来的首次合体使用。但我们也可以明显地看到,将 Public Welfare(公共福利)译为“公益”,有明显不足,这也为后来对于“公益”的诸多理解埋下了伏笔。

一、西方学界理解

由于历史文化传统及不同语言之间的差别,使得“公益”一词在英文中有多重翻译,为此笔者根据中国知网(CNKI)的数据库进行了初步分析,目前学界对“公益”的英语主要有以下译法:

表 2-1

主要译法	Public Welfare	Public Interest	Public Good	Public Benefit
使用次数	462	418	84	82

数据来源:中国知网,2015 年 3 月 22 日。

第一,相对于“公共福利”(Public Welfare)的“公益”。受留冈幸助的影响,国人普遍将“Public Welfare”等同于“公益”。“welfare”由“well”+“fare”构成,意味着“好的生活”,“公共福利”也就意指为所有公民普遍提供旨在保证一定生活水平和尽可能提高生活质量的行为。因此界定这两个概念的突破点可以从实施主体来分析。公共福利实施的目的在于为所有公民的生存、生活及发展提供保障,因此这个主体只能是以“凌驾于各阶级之上的公共权力机构”,这也就是国家。否则,其他任何社会组织或个人都无法有效地聚集资源,使用严密的官僚机构和规模巨大的武装部队作为实施保证。显然,按照“公共福利”的释义来说“公益”,则不够妥当。

第二,相对于“公共利益”(public interest)的“公益”。对公共利益内涵的界定,已经成为伦理学、社会学、政治学、法律哲学等领域的重大问题,争论的焦点在于“主体的不确定性”。在人类历史的演进变化过程中,共同体形成的基础从血缘到地缘,再到经济利益、文化认同,可以说共同体是一个不确定和动态发展的群体,难以界定。对于公共利益的理解,马克思、恩格斯曾分析到“正是由于私人利益和公共利益之间的这种矛盾,公共利益才以国家的姿态而采取一种和实际利益(不论是单个的还是共同的)脱离的独立行使,也就是说采取一种虚幻的共同体的形式”①。可以看出公共利益属于上位概念,而公益作为现代社会的产物属于下位概念,由此将公共利益等同于公益,则具有明显的不合理性。

第三,相对于“公共物品”(public good)的“公益”。根据《当代西方经济学新词典》解释为“由政府提供的,无偿服务于人民大众的产品和劳务,统称为公共物品”。从传统的理解来看公共物品是一个经济学概念,与私人物品相对,具有非竞争性和非排他性,例如义务教育、图书馆、公园等。公共物品也译为公共的好处,该词的西文本意与“公益”之汉文语意相近。“public goods”既能译为公共的物品,与“公共福利”的本意相近;同时也能译为公共的好处,即对特定的社会群体能够产生积极的效益,包括精神方面的影响。这一点也为国内学界所赞同。

---

① 《马克思恩格斯选集》第1卷,人民出版社1995年版,第84页。

另外还有一些关于公益的理解。如“benevolent”，特指当权者或统治者的执政风格是仁慈的、行善的、乐善好施的；“public benefit”指具体的经济回报与收益；关于“philanthropy”的理解，将在下文着重分析。

总之，西方关于公益的理解，与中国学界所理解的概念区别明显，这就要求我们在使用的过程中，既要结合具体的研究语境，有准备地借鉴；同时也不能因噎废食，全盘否定西方关于公益的合理性探究。

二、中国学界理解

在国内，“公益”目前是一个流行词，诸多活动或行为都要冠以“公益”之名，以提升其社会知名度和美誉，但也存在“挂羊头卖狗肉”的不正常现象，湮没了“公益”的本质。为此有必要先对几个与“公益”相关概念进行厘清。

目前国内学界关于公益与慈善的关系主要有以下两种观点：一是“超越论”，认为公益是对慈善的全方位超越；二是“同一论”，即公益与慈善的本质相差无几，可以混用。为此笔者对两者的联系与区别进行了梳理：

从发展起源来看，慈善是人类的传统，而公益则是伴随着市民社会的出现而产生。随着私有制的出现，社会中的个人与个人之间由于主观或客观的原因对生产资料的占有程度出现差别，有关济贫救灾等慈善事业发展起来，到了欧洲的中世纪，基督教让慈善事业的发展走向系统、走向科学①。但公益产生的基础是国家与社会出现分离，国家与公民个人之间保持了一定的张力，这也就是“市民社会”(civil society)，公民或社会组织承担了一部分政府无法单独应对的公共职能。

从价值理念来看，慈善是出于人道主义关怀，以满足人的基本生存需要为宗

---

①　[美]阿尔文·施密特著，汪晓丹译：《基督教对文明的影响》，上海人民出版社 2013 年版，第 114 页。

旨，如生老病死等，这也是由当时社会的生产力发展水平所决定的。公益产生于现代社会，体现着普世价值的要求，不仅涵盖了慈善的传统领域如救灾、助学等，而且大大扩展了其工作领域，包括提倡尊重、包容、非暴力、尊重妇女等，对于社会风气、民众精神等扭转和优化有积极作用。

从参与主体来看，慈善的参与者主要是在经济或社会地位上具有明显优势的人，去帮助社会中的弱势群体，因此这也对参与者的身份做出了明确限制。而现代公益则强调“人人参与、人人受益”（to love，to be loved），鼓励全体公民参与社会治理，这也降低了公民参与社会事务的门槛。特别是随着网络社会的崛起，公众实现了由“受众”向“用户”的转变，新媒体实现了所有人向所有人的传播可能，这使得参与主体无限扩大成为可能。

从实施模式来看，慈善只是一种偶然的行为，通过阶段性的物质给予，解决弱势群体眼前的困难，是一种单方面的物质输送。公益则是一种互惠互利的行为，发动人人参与，让每个人的责任意识与实践能力都有所提高，成为一辈子的信仰与追求，在主观利他的同时也在客观利己，有助于优化社会风气。

除了容易将“公益”与“慈善”混淆使用，另外也有将“公益”与“志愿”混用的情况。“公益”与“志愿”的区别还是比较明显的，“志愿”就是一种纯粹利他的活动，不追求个人的回报与受益，但“公益”则追求在互惠互利中和谐共生，是一种长续的发展。

对于当代“公益”概念的理解，学者唐昊所提出的具有一定代表性和参考性，即“强调以某种价值观为导向、以改变体制和社会生态为目标，并服务于公共利益的志愿精神和志愿行为。这种志愿行为在大多数情况下是依托于公民组织而进行的”①。笔者在先前的拙文中也尝试性对“公益”进行界定，即“做名词

① 唐昊：《中国式公益：现代性、正义与公民回应》，中国社会科学出版社 2015 年版，第 8 页。

时可理解为公共利益，即一定的社会群体所存在和发展所必需的，并且能够为他们其中不确定的多数人所认可和享用的广泛价值体；做形容词时可理解为具有民间性的、自愿性的、非营利性的、具有社会价值的社会活动或行为"①。

第二节　追问"公益创业"的概念

自2006年公益创业的理念与实践被引入中国以来，其快速的发展吸引了社会各界的注意。但在快速发展的过程中，对于公益创业概念的理解分歧也日益突出，例如"Social Entrepreneurship"为什么翻译成"社会创业"而不是"公益创业"或是"社会企业家精神"？公益创业与传统意义上的第三部门、社会组织、民间组织、NGO、NPO等组织如何区分，它最核心的特质又是什么？公益创业到底如何定义，能够为学界和实务界所接受？

理解公益创业概念的难点在于如何将道德要求与创造经济价值结合起来。在传统理解中，公益行为是基于个体的道德自觉所产生的社会行为，其内生动力不受外力影响；而创业属于一种经济行为，其目的就是要创造经济价值，如果创业不能直接创造经济价值或物质财富，则不应该归类为创业行为。这是理论上的难题。而在实践中，创业本就艰难，需要面临诸多挑战，倘若再冠之以道德的帽子，则会举步维艰。因此有必要对"公益创业"概念进行详解。

一、中外学界理解

目前国际上普遍以笛茨（1998）的定义为理解蓝本，认为公益创业：（1）是

① 杨超、唐亚阳：《公益概念辨析》，《伦理学研究》2015年第6期，第114—118页。

一项持续产生社会价值的事业;(2)通过不断发掘新机会来实现社会使命;(3)持续的创新、适应和学习过程;(4)不受当前资源稀缺限制所采取的大胆行动;(5)对被服务的民众和被创造的结果显示出高度的责任感①。这个定义深刻地把握了公益创业的本质,目前学界虽然从多个角度对公益创业进行理解,但主要还是围绕其社会价值、机会识别与转化、实现社会创新等方面展开。

约翰逊(Johnson S,2001)认为公益创业是一种混合模式,这种部门包括非营利组织与政府部门之间的合作②,也就是现在中国政府所提倡的"PPP"(Public—Private—Partnership)模式,这一界定意味着承担主体的多元化和表现形式的多样化。该概念既包括非营利企业完成社会使命所进行的商业运作过程,也包括营利企业所进行的商业活动,甚至包括营利企业基于提高企业品牌形象所承担的社会责任。

早期国内部分学者将"社会企业"(social enterprise)翻译为"社会创业"(social startup)或"公益创业"(startup for public good),"恩派公益组织孵化器"创始人吕朝就是其中的一位。他相信这样的翻译可以"为社会企业的发展提供坚实的文化基础",用"社会创业"代替"社会企业"有助于淡化"社会企业"一词的商业味道,这就增强了"社会企业"在政府和公众眼中的合理性。该理解是一种策略性迂回,将一种作为社会组织形态的社会企业与作为一种现实社会活动的行为画等号,其合理性有待甄别。

而国内对"公益创业"概念的理解目前主要基于胡馨(2006)的理解:"在社会使命的激发下,个人或组织在非盈利领域援用商务领域的专业作风,以创新、

---

① Dees, J.G, *The Meaning of "Social Entrepreneurship"*, Graduate School of Business, Stanford University, 1998.

② Johnson S.*Literature review on social entrepreneurship*, *Canadian Centre for Social Entrepreneurship*, University of Alberta School of Business, www.business.ualberta.ca/CCSE/publications/default.

效率和社会效果为目标，在争取公益资源的竞争中独树一帜，将公益事业办成一个可持续发展的、有竞争力的实体”①。这也成为目前国内理解公益创业的基础范本，但该理解认为创业的主体为个人，还有待商榷。对“社会创业”概念的理解主要基于陈劲等(2007)的理解，“社会创业本身具有明显的社会目的和社会使命，是一种在政治、经济和社会等环境下持续产生社会价值的活动。这种活动通过前瞻性地不断发现、利用和转化新机会来履行社会使命；而且，社会创业者在学习、适应和创新等活动中，会采取具有一定风险的活动，而不会受当前已有资源稀缺的限制而发展不前”②。该理解以笛茨的定义为蓝本，在理论上无明显突破。这两种理解目前成为“Social Entrepreneurship”国内的主译。

二、具体概念分解

目前对于公益创业的概念将从公益创业的主体规定、价值取向、组织形式、活动领域等维度对其进行剖析。

(一)主体规定。社会企业家(Social entrepreneur)被认为是公益创业活动的灵魂与中心，目前关于公益创业者概念的争论较少，但是这个问题也不容易回答，什么样的人才能算是一个公益创业者？一部分人认为只有那些开办社会组织的人才算，一部分人认为具有创新精神的、开阔视野的、冒险精神的创客(Maker)(Bacq and Janssen,2011)，甚至一些人认为志愿者、义工、慈善家也算。

为此笛茨在其经典论文《公益创业概念辨析》中就对社会企业家的特征进

① 胡馨：《什么是“social Entrepreneurship”(公益创业)?》，《经济社会体制比较》2006年第2期。

② 陈劲、王皓白：《社会创业与社会创业者的概念界定与研究视角探讨》，《外国经济与管理》2007年第8期。

行了详细分析，认为社会企业家是社会创新的重要力量，主要具备以下特征：(1)强烈的社会使命感；(2)较强的社会创新能力；(3)持续的创新、适应与学习；(4)能够不受当前资源的限制敢于采取大胆的行动；等等①。

埃斯特(2012)在对8000名参与者进行访谈调查后，所得出的结论为"社会企业家的形象特征为：女性、非白人、年轻、大学以上教育程度，具有一定的商业经验，居住在大城市"②，并提出了具体的要求，包括：(1)老年人不适宜作为社会创业者；(2)女人尤其是非白种人适宜；(3)健康者适宜，受过大学教育者，具有较强的适应能力；(4)经常参加公益活动，有较强的政治参与意识和参与能力；(5)生活态度积极向上，性格开朗，思想开放。

(二)价值导向。创造社会价值、解决社会问题是公益创业的根本特征，也是公益创业组织的基本使命。创造社会价值的内涵较为丰富，包括高尚的行为、利他的动机，甚至人类共同价值的追逐包括自由、平等、宽容等。社会利益的多样化使得对于社会价值的理解也纷呈多样，在一定程度上增加了对社会价值的理解困难。由此也引发了诸多争议，笛茨认为"社会使命是公益创业者的核心追求……是社会影响而不是财富增长是其评判标准，因此物质财富只是实现社会使命的手段而已"③。过程与结果的不一致性，分歧由此产生。帕雷多认为追求经济价值与社会价值之间没有明确的界限和区分，而且操作也具有相当的困难④。

① Dees, J.G, *The Meaning of "Social Entrepreneurship"*, Graduate School of Business, Stanford University, 1998.

② Ernst K. *Social entrepreneurs and their personality*, Social entrepreneurship and social business, Gabler Verlag, 2012, pp. 51-64.

③ Dees, J.G, *The Meaning of "Social Entrepreneurship"*, Graduate School of Business, Stanford University, 1998.

④ Peredo, A.M, McLean, M. *Social entrepreneurship: A critical review of the concept*, Journal of World Business, 2006(2): 56-65.

为此本研究也试图更加清晰地理解其价值导向，以图 2-1 所示进行理解：

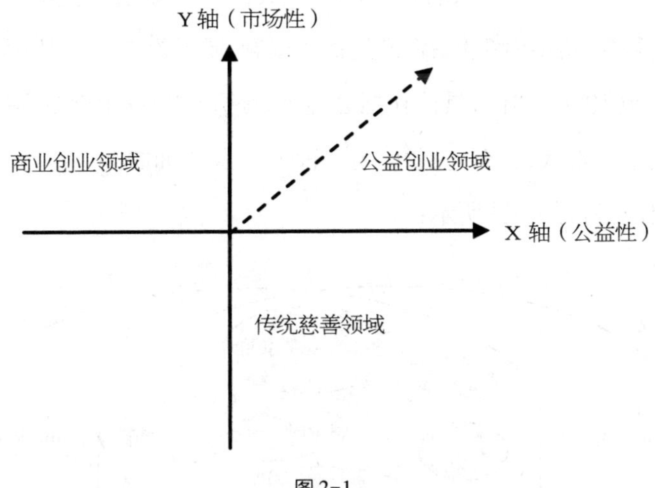

图 2-1

由此对公益创业的价值导向也相对明晰，单一的“公益性”或“市场性”均有可能使其陷入发展困境，“双重价值实现”（Double Value Creation）则成为必要策略。失去了公益性，公益创业的根本属性也就相应失去，其性质也会发生相应改变；而不遵循市场性，把握市场经济下的基本规律，则其可持续发展能力也会遭到破坏，其社会使命也就不能履行。而公益创业正是在“社会价值”与“市场经济”的博弈中形成均衡合作态势。

（三）组织形式。“组织可能是现代社会最突出的特征”①，公益创业区别于传统的慈善、公益活动就在于其组织的规范性，即以法律确认组织的合法性，进而开展社会活动。英国的《慈善法》就明确规定“任何公益组织除规定以外的都必须在登记机关进行登记注册”②，新西兰的《慈善法》也指出“‘公益团体’意为

① W.S.斯科特、G.F.戴维斯：《组织理论——理性、自然和开放系统的视角》，中国人民大学出版社 2012 年版，第 2 页。

② 杨道波等译：《国外慈善法译汇》，中国政法大学出版社 2011 年版，第 10 页。

一个经过登记注册的社团、一个组织或者信托组织的慈善团体"①,等等。公益创业组织的形式以法律确认后,"能够动员民间资源参与社会事业。由于非利润分配性的限制和组织解散后资产处置的限制,便于为该事业积累财富,同时也有利于保障组织的公共性,具体包括公益性、公开性与透明性等"②。目前关于公益创业的组织形式,主要包括社会责任型企业、欧洲的混合组织、PPP 合作模式、社会合作社等,如下图所示:

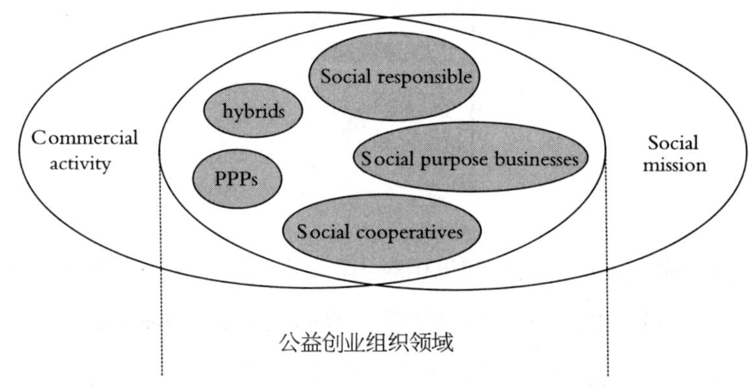

图 2-2

根据上文对公益创业的界定,公益创业组织一般为正式组织,即获得了法律认可的资格,具备进行社会活动的资质。根据时效,分为长期性组织和临时性组织;根据存在性质,分为实体性组织和虚拟性组织,例如风靡全球的"冰桶挑战",就是"微公益"的典型代表;根据组织的结构形式,分为官僚式组织和扁平式组织。目前我国的公益创业组织数量相对不足,具有较高社会知名度的组织也相对较少,以下所列出的组织只是简单划分:

---

① 杨道波等译:《国外慈善法译汇》,中国政法大学出版社 2011 年版,第 296 页。

② 邓国胜:《公共服务提供的组织形态及其选择》,《中国行政管理》2009 年第 9 期。

表 2-2

公益创业研究机构	公益创业实践组织	
	高校类组织	社会类组织
北京师范大学中国公益研究院 中山大学公益慈善发展中心 南京大学公益慈善学院 清华大学公益慈善研究院 湖南大学中国公益创业研究中心 湖南师范大学慈善公益研究中心	深圳大学:公益创业协会 华中科技大学:“点”团队 武汉大学:“梦想花开”团队 清华大学:公益创业俱乐部 北京大学:公益创业研究会 湖南大学:滴水恩团队 中南大学:黑苹果俱乐部	免费午餐 阿拉善 SEE 公益机构 立人乡村图书馆 多背一公斤 科学松鼠会

(四)活动领域。“伴随社会转型,中国社会的各个层面和领域中,都涌现出越来越多的公共空间,越来越多的资源、公民、媒体等参与其中,使得公共空间得以拓展和增大。”①公益创业的社会活动领域也在不断扩大,但公益创业与传统的公益慈善领域也存在区别。汤普森等(2000)认为主要有为特殊群体创造就业岗位;开办具有强烈道德责任感的公司;社区公共设施再利用;专业技能培训;生活设施完善;等等②。巴里凯特等(2012)认为公益创业主要集中在以下领域:为人们参与社区管理提供能力培训和参与机会;为解决社会、政治、经济等各方面问题提出创新性解决方案;为低收入人群提供生存必需物质;为特殊群体提供专门技能培训;等等③。诺瓦克等(2012)认为主要有关注妇女权利、能源再生与循环使用、生态环境保护、世界和平、农村发展、控制毒品交易、基础教育等④。前两者主要关注社区治理基础上的公益创业,因而主要内容集中在改善社区生

① 王名:《中国民间组织 30 年——走向公民社会》,社会科学文献出版社 2008 年版,第 40 页。

② John Thompson,Geoff Alvy and Ann Lees,*Social entrepreneurship-a new look at the people and the potential*,Management Decision,2000,pp. 328-338.

③ Jo Barraket and Craig Furneaux.*Social Innovation and Social Enterprise:Evidence from Australia*,2012,pp. 446-471.

④ Ryszard Praszkier;Andrzej Nowak.*Social entrepreneurship:theory and practice*,Cambridge University Press,2012,pp. 722-748.

存环境、提高特殊群体职业技能、解决低收入人群生存问题等;后者则主要从人类共同发展命运出发关注全人类的发展前途。

三、具体概念厘定

公益创业是现代社会的产物,实现了对传统公益和传统创业的超越。因此对其定义既要继承两者的根本特征,同时也要有所创新,为此可以从以下两个方面理解:广义的公益创业是指一切以承担社会使命而开展的社会活动,包括成立社会企业(social enterprise)、参加志愿活动(voluntary activities)、创办公益组织等;狭义的公益创业是指具有法人资格的非营利组织,以市场化的运作手段和创新方法解决普惠社会民众的社会问题的价值和实践总和①。公益创业的两大根本特征是公益性和市场性,一般特征有创新性、社会性、组织性、情景性等。其理论基础包括萨伊的价值创造理论、熊彼特的创新与改变理论、德鲁克的机会追逐理论和史蒂芬森的资源使用理论。

公益创业与一般的慈善救济活动之间的关系可以从以下几个方面理解:(1)从主体来看公益创业追求的是一种增加公共利益和福祉的活动,社会性是其主要特征。慈善救济更多的是个人怜悯、同情等情感的释放,表达的是个体性的特征;(2)从概念上来看,公益属于上位概念,慈善属于下位概念,公益包括慈善,但并不是所有的慈善都是公益,只有慈善走向组织化、科学化、长续化等,并产生一定的社会效应才能与公益画上等号;(3)从作用方式来看,公益创业采用创新方法来解决现有的社会问题,具有持续性和稳定性。而慈善救济则更多的是通过物质、资金等方式进行,以临时和偶发为主;(4)从制度因素来看,公益活动一经开始则具有较为完善的制度保障和规定,

① 杨超、唐亚阳:《公益创业——一个概念性考察》,《中国非营利评论》2016 年第 1 期。

权责明确;而传统的慈善活动偏重于个人的作用,以社会道德和地域风俗等要求对参与主体进行约束,与现代社会的公民契约精神相比具有一定的局限性。

第三节　发展“公益创业教育”概念

“公益创业教育”概念是推进公益创业教育学科化发展不能回避且必须做出正面回答的元问题。系统梳理、深入挖掘、学理构建“公益创业教育”概念,是深入公益创业教育理论研究和实践探索的前提。正所谓“名不正言不顺”,概念的内涵与外延模糊,概念的发言演变历史不清晰,概念的构建逻辑混乱,就会损坏概念的统一性,莫衷一是的现象层出不穷,不但不能推进这个领域的发展,相反会使这个新兴的领域陷入混乱。

一、概念的提出及阐释

目前国内认为公益创业教育正是公益创业与创业教育相遇后产生化学反应所出现的结果,而国外的公益创业教育则是基于非营利组织管理与社会企业(social enterprise)创办的背景,两者的差异使得对于创业教育与公益创业教育关系的理解也不尽相同,国内的理解有基于“社会创业教育”基础上的。

公益创业教育(Social Entrepreneurship Education)的概念由哈佛大学教授笛茨等于2005年首次公开提出,将开展“培养能够识别机会、充分利用现有资源、创造社会价值的社会企业家”①的教育活动统称为“公益创业教育”。目前哈佛

① Dees J G, Anderson B B. *Framing a theory of social entrepreneurship: Building on two schools of practice and thought*, Research on social entrepreneurship: Understanding and contributing to an emerging field, 2006, 1(3), pp. 39-66.

大学的公益创业教育教学及科研主要由社会企业计划研究中心(The Social Entreprise Initiative)承担。该机构的前身是建立于1980年的非营利组织管理俱乐部,是一个由学生自发组建的社团。在1993年奥斯丁(James E.Austin)教授和兰格(V.Kasturi Rangan)教授参与后,并得到怀特海德基金(John C.Whitehead Fund)的资助,发展为学校的研究中心。该研究机构的使命是:传授关于创业的基本知识、技能;课程侧重于高级经理项目培训;为学生在非营利领域创业提供职业指导。

"公益创业教育"的中文概念由湖南大学的唐亚阳教授于2009年首次公开提出,并理解为"公益创业教育,就是对大学生进行公益创业所需要的意识、精神、知识、能力以及相应实践活动的教育。公益创业教育具有明显的公共利益和社会利益导向,其教学组织体系包括教学、科学研究和社会实践三个方面"①。唐亚阳在提出这个概念的时候,主要是基于湖南大学在公益创业方面的实践性探索,包括成立"滴水恩"公益创业协会、成立湖南大学中国公益创业研究中心等,随后提出"教学+科研+实践+就业"四位一体的公益创业教育模式,将公益创业实践引入课堂,作为本科生的选修课程,由此开启了公益创业教育在中国的发展进程。

浙江大学倪好认为"社会创业教育是创业教育的继承与发展,是学校给学生提供解决社会问题的变革性方法,以及创造社会与经济价值所需要的观念和技能的过程"②。该理解将公益创业教育作为创业教育的升级版,但在理解过程中又将社会创业教育的外延泛化,等同于一般的商业性创业教育。

以上三种理解由于实际状况及文化差异,差别较为明显。迪茨从工商管理

① 唐亚阳:《公益创业——高校创业教育的新天地》,《人民日报》2009年6月17日。

② 倪好:《高校社会创业教育的基本内涵与实施模式》,《高等工程教育研究》2015年第1期。

的角度，深刻抓住了公益创业的“公益性”和“市场性”两大根本特征，揭示了公益创业教育的根本属性；唐亚阳从思想政治教育的角度将公益创业教育作为培养大学生优良思想品德的新手段、新渠道，也就是思想政治教育的新业态，让学生在创业的大潮中树立正确的世界观、价值观、人生观；而徐小洲等人从教育学的角度，将社会创业教育视为一种新的教育形态，但尚未充分体现出公益创业教育的独特性与创新性。

二、概念的学理性论证

公益创业教育的概念首先从学界开始，但截至目前学界尚未对这个概念的学理构成及内涵进行充分剖析，为此有必要从语言学的角度进行细致梳理，并结合这个概念所表征的社会背景进行较为全面的阐释。

第一，公益创业教育是一种教育活动或一种教育现象。孙绵涛认为教育现象包括教育活动、教育体制、教育机制和教育观念四个范畴，缺一不可。公益创业教育经过多年的探索与发展，目前已有较为系统的教学活动、管理体制、运行机制和社会各界对公益创业教育的基本理解，符合作为教育现象的基本规定。

另外从词源学的发展来看，公益创业教育也符合教育的“初心”，即影响人、培养人、发展人。何为“教育”？从中西词源的演变历史来看，教育（education）直到18、19世纪才逐渐获得现在通用的意义，但中西方的理解还是有很大差异的。中国的传统理解认为“教育”即所有增进人的知识技能、影响人的思想品德的活动，而西方则沿用了古希腊时期的唯心主义精神，认为“教育”就是凭借一定的手段把某种本来潜在于人身体和心灵内部的东西引发出来，但进入近现代以来，教育逐渐演变为一种制度化的，有目的、有计划、有组织的社会活动。可见，教育现象从来不是一成不变的，而是在不同的时代环境下以不同的方式体现出来,以充分回应时代的需求和人的生存发展需要。公益创业教育之所以在当代出现,正是基于社会生产力发展水平和人类认识水平提升共同作用的结果,正所谓应运而生。

第二,公益创业教育是基于公益创业的教育活动,而不是创业教育的公益升级版。在进行词源的分析中,“公益创业教育”不是随机的词语组合,而是具有特殊的发展演变进程。在前文已对公益、公益创业等概念进行梳理,可以看到一条清晰的发展逻辑,即“创业—公益创业—公益创业教育”,创业是基础和前提,这个概念古已有之,但自1965年科尔(Cole)提出以来便风靡全球。在经过几十年的发展后,由于片面、极端的创业所带来的社会问题引起了社会各界的反思,由此公益创业逐渐兴起。公益创业实践的广泛开展,需要大量的专业人才和工作队伍,由此高校便开始进行公益创业教育的实践。

将公益创业教育理解为创业教育的升级版,有其一定的合理性。从字面上看公益创业教育只是给传统的创业教育加了一顶公益的帽子;从发展进程看,两者有明显的先后顺序,公益创业教育是在创业教育发展几十年后才出现的,具有一定的继承性。但如果将公益创业教育仅视为创业教育的升级版,就会使其陷入发展误区。在兴起动机上,公益创业是基于个人的道德自觉;在教育理念上,通过公益创业教育培养具有社会责任感和实践能力的社会领袖,而不是单纯的商人或管理者。这两点从根本上将创业教育与公益创业教育区别开来。

三、概念的尝试性厘定

由此,对公益创业教育概念的理解,既要体现出其独特性与创新性,又要具有较强的前瞻视野对未来的发展做出规定性的界定。由此可根据公益创业教育的本质、功能、内容等予以把握，正所谓“万变不离其宗”，只有对其基本面进行充分理解，才能较为准确和全面地对其概念予以梳理。

第一，公益创业教育的本质具有深刻的道德教化性。教育在人类发展初期是在生存技能传授的过程中逐渐形成的，掌握丰富狩猎、耕作、编织、建筑等技能的年长者会向族内的年幼者传授经验、教授技能，主要是基于自在的生存需要；而在人类进入文明社会后，以政府为主体开始组织有规模、有目的的教育活动，教育打上了鲜明的政治属性，教育也就成为自觉的人类活动。根据马克思主义的历史唯物主义方法论，任何一个历史时期的教育都具有明显的意识形态性和阶级性，都是统治者为巩固自身统治而开展的活动。但经过人文主义的复兴、市场经济的冲击、后现代主义的解构，教育已逐渐淡化了政治性，发展为一种公共服务，具有相当的普遍性、社会性。在此背景下发展起来的公益创业教育因为其实现了公益性和市场性的有效结合才脱颖而出。

从历史发展的宏观角度来看，公益创业教育的目的在于激发主体的公益精神和培养主体的实践能力，使其具有履行社会责任的意识和能力，发展为“自由的个体”。公益创业教育的优势，在于克服了传统道德教育的“空对空”的说理式、灌输式教育方法，找到了一条让理想落地、让道德变现的现实路径。因此公益创业教育最根本的特征就是其深刻的道德教化性，不仅在于找到了平衡人性与社会性之间的方法，更在于为“人的自由发展”提供了理论可能。

第二，公益创业教育的功能具有鲜明的社会指向性。教育与社会的关系并不是恒定不变的，总是在不同的历史阶段呈现复杂多样的关系。在当代，教育作为“人成为人”的根本手段，帮助人成为社会关系中的人、使人具有社会实践能力的人、使人成为具有自由活动能力的人。公益创业教育的社会指向性包括几个层面的理解：一是教育的指向性，即培养“社会的人”，所培养的是具有社会关怀情感、社会实践能力的高素质人才，能够为促进社会变革、引领社会潮流的社会领袖和行业精英；二是公益创业教育以解决社会问题为己任，在不断回应社会问题的过程中，解决与民众密切相关的民生问题，从而实现自身的发展；三是公益创业教育的具体方法和途径均以社会实践为主，充分利用全新的社会创新模式、技术手段等，催生新理念、新业态的涌现。

第三，公益创业教育的内容具有独特的公益性和市场性。公益创业教育的超越性体现在对于公益精神和创新意识的强调，也是传统创业教育所无法比拟的。(1)培育公益精神①。将公益精神作为公益创业教育内容之首，就是要强调其所包含的社会责任感、公共事务参与、人与人之间的团结互助等，在平衡公益与私益之间进行正确引导。这方面可从源远流长的中华传统慈善和西方公益文化中汲取养料。中国传统公益慈善思想尤其是儒家的仁义学说强调“仁爱”“泛爱利他”“恻隐之心”等，成为近代公益慈善事业的重要精神动力；而西方近代已降的“科学公益”“理性慈善”“全民公益”理念则成为我国公益慈善转型升级的重要借鉴。(2)发展创新意识。公益创业教育所倡导的创新意识，主要指对社会问题的发现及找到解决该问题的新模式。S.Wessel 等(2004)强调进行公益创业教育的意义在于“强化学校、社区与学生之间的联系，为解决社会问题提供更加有效的办法”②。公益创业教育中的创新意识，主要体现为包括识别机会、转化机会的意识，这种机会是指所发现的社会问题能够与个人所长结合起来，这种

① 国内学界对于“公益精神”的概念莫衷一是，目前影响力较大的分别有杨罐琼(2000)认为“对公共问题和公益的普遍和明智，以及各式各样的关心，意味着人们或群体不仅对特定利益而且对‘总的’思想和主张都抱有更加灵活的态度”；以及卓高生(2009)认为“指的是公益主体基于公共关怀和利他意识，受主体偏好影响而面向特定社会群体或人类共同关注的发展问题而持有的一种心理态度、价值观念、人格品质和行为倾向”。这两种定义分别从公共管理学和教育学的角度进行理解，具有相当的参考价值。

② Stacy Wessel, Veronica M.Godshalk. *Why teach Social Entrepreneurship: Enhancing Learning and University-Community Relations through Service-Leaning Outreach*, Journal of Higher Education Outreach and Engagement, 2004(09), p. 25.

开拓意识是非常宝贵的；资源的整合使用能力，充分提高有效资源的使用程度，将不同资源进行整合发挥 1+1>2 的功效，目前“互联网+”则提供了崭新的发展思路。目前国内外也提出了诸多创新性概念，如社会企业（Social Enterprise）、公益创投（Venture Philanthropy）、社会影响力投资（Social Impact Investment）、公益金融（Philanthropic Finance）等，这些公益模式拓展了公益创业的内涵，有利于推动公益事业的时代化发展。

为确保研究的顺利进行，笔者尝试性对其概念进行界定，即公益创业教育是指一定的社会机构或组织为培养具有社会责任感、创新精神和创业能力的高素质人才，通过课堂教学、实践参与、案例分析等途径所进行社会使命、创业技能、组织管理等内容的训练，以培养其通过创新性的手段利用有限的资源解决社会问题所必须具备的意识和能力，而进行的社会实践总和。

第四节　构建“公益创业教育价值”概念

要界定公益创业教育价值的概念，不仅要清晰说明表征现象，还要揭示概念的生成与发展逻辑。为此将首先说明“价值”的一般性哲学意义，在此基础上进一步描述和构建公益创业教育价值概念，遵循普遍指导特殊的基本原则，并对其内涵进行初步分析，提供认识的基本遵循和具体途径。

此处需要澄清的是，本研究关注的是公益创业教育的价值问题，也就是将公益创业教育视为一种教育活动，来探讨开展这种教育活动的理论依据和现实价值，因此对于“公益创业教育价值”的概念界定，也依此思路展开。而不是探讨“公益创业的教育价值”，也就是对“公益创业”这种普遍的社会现象进行分析研究，试图挖掘其中的教育意蕴，以实现对人的改造与提升，偏重于关注社会实践。

一、价值的哲学内涵

作为衡量人类社会实践活动的一个基本维度,“价值”的概念无论在学界还是日常生活中均得到广泛应用。在现实运用中,往往误用甚至滥用价值概念的现象较为普遍,将“价值”与“意义”“作用”“功能”“功效”等词语画等号,将经济意义的价值内涵泛化到对其他一切事物的理解之中,使得价值概念充斥着模糊、混乱甚至遭到歪曲。为此在研究公益创业教育价值的过程中,有必要提前充分说明本研究所采用的价值内涵,以充分保证研究的统一性与完整性。

从词源学的层面来看,“价值”一词源于梵文 wer、wal、vallum 等词语,包含“值得珍惜”、“令人喜爱”等意思。在中国“价值”算是一个后起概念,和“善”“仁”“利”等词相比出现得比较晚,张岱年认为在古代常用词中与价值意义共同的词是“贵”,该词从政治意义引申到经济意义,本意是指官阶较高、身份尊贵,后来普遍指代性质、功能优越的事物。

较早将“价值”作为哲学的一个重要范畴的是德国的价值哲学创始人文德尔班(Wilhelm Windelband),他认为评价和价值是哲学的根本性和终极性问题,“哲学的任务在于像自然科学那样研究‘事物应是什么’的问题,由判断问题变为评价问题”①,并由此将世界划分为“事实世界”与“价值世界”。因此文德尔班认为“价值”就是“意味着具有意义”,并通过这种意义,才能构造出文化、教育和科学知识所认识的对象,即客观世界②。另一位对价值哲学产生重大影响的

① 黄涛:《哲学价值论的兴起与心理主义——对布伦塔诺和文德尔班的一种比较》,《湖南师范大学社会科学学报》2007 年第 2 期。

② [俄]巴克拉捷著,涂纪亮译:《近代德国资产阶级哲学史纲要》,中国社会科学出版社 1980 年版,第 257 页。

代表性人物,马克思·舍勒认为"价值是一种特殊的质性,它不依赖于特定的事物和载体"①,因此将价值视为独立于携带者及评价主体之外而存在的先验性质,也就是说价值的存在与心理、思想无关,独立于思想的领域,是客观存在的。因此舍勒坚持认为价值是绝对的,是不随事物的变化而变化、不依赖于人的心理变化而变化的。同时舍勒第一次提出了"四等级价值样式说",即最下层的是感官知觉、愉快和不愉快的价值;第二层是包括经济价值、实践价值、积极或低落的感情状态等;第三层是包括生、死、健康、疲乏等感受状态在内的生命价值;第四层则是精神价值,也就是知识的价值;第五层是神圣与不神圣的宗教价值。对这五类价值的分类以价值的持久性、不可分性、独立性、满足性和体验深刻性为划分标准②,展示了价值内在的秩序体系和结构层级,同时也内含着对当代社会中物质利益和经济价值追逐的反思与批判,给人如何处理价值的内在矛盾及冲突提供启示。

目前国内学界对价值的理解主要基于马克思的"两个尺度"之上,即"动物只是按照它所属的那个种的尺度和需要来构造,而人懂得按照任何一个种的尺度来进行生产,并且懂得处处都把内在的尺度运用于对象"③,也就是说,客观对象的性质决定着客体尺度,而人的本质力量的性质决定着主体内在的尺度。这就要求对价值的定义必须符合以下要求:一是要从独享的存在和属性与主体的关系中进行理解;二是价值产生于主体对客观对象的实际作用,也就是"物的人化"过程之中;三是主体的内在尺度才是衡量价值的根本尺度。由此可从特殊性上升到普遍性,对价值的定义进行规定,把马克思所分析的人与物的关系合理

① 钟汉川:《价值认定与价值存在——马克斯·舍勒的价值现象学探析》,《南开学报(哲学社会科学版)》2011 年第 1 期。

② 舍勒著,倪梁康译:《伦理学中的形式主义与质料的价值论理学》,商务印书馆 2011 年版,第 150 页。

③ 《马克思恩格斯全集》第 3 卷,人民出版社 1974 年版,第 273—274 页。

地应用到一切主、客体的关系之中，用主客体关系、主客体作用来规定价值的具体概念。由此可借鉴李德顺对于价值的定义，即：

"价值"是对主客体相互关系的一种主体性描述，它代表着客体主体化的性质和程度，即客体的存在、属性和合乎规律的变化与主体尺度相一致、相符合或相接近的性质和程度①。

由此定义，在理解价值时必须要充分体现人的主体尺度的自觉意识，也就是说人对任何事物的价值判断，都应该以人的尺度为把握基准。这也为充分调动人的能动性、积极性提供了合理依据。

二、内涵澄清

由此，根据对"公益创业教育"和"价值"定义的理解，可对公益创业教育价值的概念作初步界定：所谓公益创业教育价值，是人和社会在公益创业教育——认识活动中建立起来的，以人的道德品质、实践能力形成和发展为尺度的一种客观的主客体关系，是公益创业教育本身是否与人的发展、需要相一致、相适应的关系。这种关系是公益创业教育在其教育活动和社会关系中所呈现出的一种肯定的意义关系。

至此，初步完成了从哲学层面的"价值"到具体的"公益创业教育价值"的思辨演绎，对公益创业教育价值的内在结构及要素关系予以质的规定，这对于后续研究至关重要。概念一般有上位与下位之分，相对而言价值是上位概念，是哲学范畴的价值概念；公益创业教育价值是下位概念，其概念必然要遵循价值的基本原则。从价值概念分析出发，遵循演绎法的一般到特殊的推理路径，进而获得公

① 李德顺：《价值论——一种主体性的研究》，中国人民大学出版社 1987 年版，第 53 页。

益创业教育价值概念中的要素及其关系的认识。要准确把握公益创业教育价值概念，需在以下几点上达成共识：

第一，公益创业教育价值的主体是受教育者。将价值的承担者视为价值主体，充分体现了人的主体性与能动性，也反映了价值的最根本特征。价值主体的现实承担者是人，是现实的人。正如马克思所言，“人的本质不是单个人所固有的抽象物，在其现实性上，它是一切社会关系的总和”①，让抽象的人具体，就是要充分认识处于一定社会关系和社会结构中的人，在历史演变、社会发展中起决定性作用的人。基于现实的人的认识，公益创业教育的主体也就趋于明晰，公益创业教育的承担者是处于复杂的社会关系之中、承担着多种社会义务、具有主观能动性和创造性、能够不断提升实践能力和思维水平的个体。

在此有必要对公益创业教育活动的主体与公益创业教育价值的承担主体进行区别。作为一种教育活动，其主客体非常明确，教育者是教育主动的主体，在教育活动中发挥着主导性的核心作用，承担者组织日常教学活动的任务，学生作为受教育者则是客体，是教育的工作对象，也是教育活动的出发点和归宿。作为一种价值关系，公益创业教育的主客体则恰恰相反，受教育者是价值主体，也就是价值的承担者和体现者，而教育者才是价值客体，只是作为价值创造的实施者和管理者。后文也将根据这一思路展开。

第二，公益创业教育价值的构成要素主要包括主体、客体、介体和环体。价值本身作为一种主客体关系，也就是 A⇆B 的互动问题，首先必不可少的就是主客体两个对象的存在问题，也就是人与物、人与人的关系问题，价值的属人性决定了其中一方必然是以人为主体的对象，在人与自身、人与他人、人与事物的作用中，其价值才能自觉地被创造和认识；其次在 A 与 B 的相互作用过程中，必然

① 《马克思恩格斯选集》第 1 卷，人民出版社 1995 年版，第 60 页。

需要通过一定的中介或载体建立联系，例如老师与学生之间是通过组织教学的方式建立联系，国家与公民之间通过法律、政策、政权、官僚、组织等建立联系，以此类推，公益创业教育价值的中介就是依赖于公益创业教育活动，通过组织有目的、有计划的教学活动，教育者的教育目的得以顺利实现，受教育者则在文化知识、道德修养、价值取向等方面得到发展和进步；最后是环体，也就是环境问题，现实中的任何联系、关系都必然处于一定的社会关系中，而不是理想化的真空状态或是绝对封闭状态，而且往往还会受到环境的制约与影响。例如开展公益创业教育活动，必须在市场经济充分发展、社会组织治理能力较高、公益精神得到普及的情况下才有生存和发展的社会土壤，否则只是空中楼阁无法落地。这四者当然只是公益创业教育价值的主要构成要素，还有诸如实践要素、社会要素、认知要素、情感要素等（王永昌，1986），也在价值的实现过程中扮演着重要角色，但限于篇幅不再一一细论。

第三，公益创业教育价值的主要形态包括个人价值与社会价值。当我们谈论价值时，一般侧重于事物的积极价值，往往体现于一定的事物发展之中，包括物质的增长、人的认知与技能的提升、社会各个领域的进步等。对于价值的具体形态，从分类的角度看很难统一把握。古希腊的亚里士多德将价值分为目的价值和手段价值，刘易斯、莱特等人则将价值分为内在价值、工具价值、固有价值等，舍勒将价值分为感觉价值、生命价值、精神价值和宗教价值。我国学者往往习惯于从以下角度进行分类，如从满足主体需要的角度分为物质价值和精神价值，从客体自身的角度分为天然价值和创造价值、潜在价值和现实价值、正价值和负价值等。在现实的社会实践中，主体的需要和能力各不相同，课题的存在属性与形态也十分复杂，因此对主客体之间的价值关系理解也就众说纷纭。在本研究中，考虑到公益创业教育活动的直接作用对象是人，间接作用对象是社会，因此将个人价值和社会价值作为公益创业教育价值的主要形态，能够比较具体地说明公益创业教育的合理性和必要性。

三、内涵认识

公益创业教育活动作为一种新兴教育形态，其在现实中的发展尚处于发展起步阶段，因此在现实中往往存在很多的不足和困难，这就增添了客观评价的困难。但理论的目的在于发现现象背后的规律进而指导实践，因而对公益创业教育价值进行概念界定，有助于推动这一现象的科学发展。由此可根据概念对公益创业教育价值进行学理层面的分析，以更为清晰地明确其内涵与外延的边界。

第一，主客体的双重交互性。主体与客体是构成实践的两个基本关系项，我们所要考察的主体与客体这对概念，是基于人类实践活动的范畴的。但“无论实践还是认识，都同时发生着、实现着主体对客体和客体对主体的双向作用。主客体之间的双向作用，在外部空间上是实践，在人脑内部空间的形式是认识；在时间上它们则是同步的、连续的”①。由于主客体的交互性，导致“双主体说”“主体际说”等多种理解盛行，但与主客体的双重交互性相比，前者将教育资料作为教育者与教育对象转换的中介，此理解欠妥；后者没有将主客体转换的过程予以充分说明②。而公益创业教育中的主客体双重交互，可从两个层面理解：一是“施教者”与“受教者”的关系地位可以在一定条件下相互转化；二是仅从主体或客体的角度看，其地位也是在不同场域中进行多重转换的。理解了教育活动中的主客体双重交互性，既能发挥教育者的主导性作用，又能充分调动学生的主动性与积极性，但在具体的教育过程中，要切实尊重教育者的主导型地位，否则

---

① 李德顺：《价值论——一种主体性的研究》，中国人民大学出版社 2013 年版，第 42 页。

② 王学荣：《双重交互性：思想政治教育主客体关系新解——兼评学界几种代表性观点》，《思想教育研究》2013 年第 9 期。

正常的教育活动无法顺利开展。

第二,评判尺度的主体性。“价值作为‘世界对人的意义’‘客体对于主体的意义’,是以‘人的内在尺度’或‘主体的尺度’为根据的,表现出鲜明的主体性。”①因此对于价值的评判也就取决于主体自身,包括独特的人生阅历、实践体验、发展路径,以及个性化的特殊利益、特定需要、习惯、爱好、兴趣等。因此,对于价值的评判必须以主体为尺度。主体性主要通过以下几个方面表现出来,一是个体性,即价值关系是一种因具体主体不同而产生差异、以主体尺度为尺度的关系;二是多维性,即对每一主体而言,客体对象与之具有的价值关系也呈现出多方面、多层次;三是动态性,主客体之间的价值关系不是固定的、僵化的,而是随主体的变化而相应变化,任何个体都处于不断生成发展的过程之中,无论是人的自然属性还是社会属性都是动态发展着的。

第三,关系生成的实践性。马克思、恩格斯在《关于费尔巴哈的提纲》中对于实践进行了明确规定,认为“从前的一切唯物主义(包括费尔巴哈的唯物主义)的主要缺点是:对对象、现实、感性,只是从客体的或者直观的形式去理解,而不是把它们当作感性的人的活动,当作实践去理解,不是从主体方面去理解”②。价值概念是建立在人类生活实践的图景之中,它既不是自在事物本身或其固有的性质,也不是人们头脑中主观“构造”、“建构”、想象出来的,而是在人类实践活动中生成并随着社会实践的发展而发展的。因此要理解价值的实践性,可从两个层面理解:一是从价值的起源来看,价值关系是随着劳动实践过程中人的出现与主客体的分化及相互作用而出现的。当人还没有真正成为人、没有分化出明显的主体与客体的时候,是不存在所谓价值的;二是从价值的皈依来看,人的任何实践活动都具有较为明确的目的或意义,指向清晰,是人们发现价

① 孙伟平:《价值哲学方法论》,中国社会科学出版社 2008 年版,第 194 页。

② 《马克思恩格斯选集》第 1 卷,人民出版社 1995 年版,第 54 页。

值、追求价值、创造价值和最终实现价值的过程，具体包括满足人类生存和发展需要的物质生产实践、满足精神文化需要的科学活动。

由此，对公益创业教育价值的概念界定已初步完成，从理论辩证与事实构建的两个角度能够对理论问题和实践现象有较为全面的介绍，能够比较具体地说明这种价值的本质内涵。但要注意的是，概念的作用在于描述现象，而不是闲置或束缚实践现象的发展，这种只是体现了现阶段的认识水平和现象的当前发展状态，需要用发展的眼光看待。

第三章 公益创业教育价值的理论基础

任何研究都不是主观臆想的产物，而是建立在深厚的研究基础之上，是在千百年来古今中外的哲人、思想家、学者的基础上反复推进发展的结果。进行理论基础的梳理和探讨，也是作为佐证研究合法性与可能性的重要根据。本研究探讨公益创业教育价值，是根据当前国内外公益创业教育的社会现象而开展的针对性研究，同时也是在前人的基础上所进行的拓展性、创新性、发展性研究。本书试图从公益慈善理论、创业理论和价值理论三个方面，探讨不同时代、不同地域、不同知识结构、不同学科背景下的公益创业教育价值理解，从而夯实研究基础、拓宽研究视野、佐证研究结论、实现研究创新。

另外要对本章篇幅安排予以说明，以澄清疑惑。本章理论基础整理与分析的重点是公益慈善理论，也就是第一节中的马克思主义公益观、中国传统公益慈善观、西方近现代公益慈善观，这部分内容具有较大的创新性，且突出了“公益”的特征。而另外两节关于价值理论及创业理论的分析，则着墨较少，原因在于这两节相对而言目前学界研究较多，笔者所选取的角度只是结合了本研究主旨，因而内容有所取舍。

第一节　公益慈善理论

公益创业教育是人类历史发展到21世纪的时代化产物，深刻体现着时代的问题和诉求，也反映了在现阶段人类对于公益慈善文化认识的新阶段。要充分说明公益创业教育在中国开展所具有的理论背景与文化环境，就必须对当代中国公益慈善文化进行系统、深刻的认识，对立足于当代中国国情基础之上的公益慈善文化组成、结构、冲突及主要特征予以分析，批判地继承和借鉴人类历史上的一切优秀公益慈善文化。为此，可从马克思主义、中国传统及西方近现代三个维度，对公益慈善文化的优秀成果进行梳理、对比，从中找出开展公益创业教育的合理依据。

一、马克思主义公益观

马克思主义公益观是马克思主义经典作家和马克思主义政党以辩证唯物主义和历史唯物主义为指导，看待公益问题的基本立场、观点和指导方法，以及关于如何正确认识和处理公益问题的政策原则。马克思主义公益观是由马克思主义经典作家公益观和中国化马克思主义公益观构成的有机统一的科学体系，它深刻揭示了公益的本质，还原了公益的本来面目，辩证分析了公益的社会作用。在马克思主义公益观视域中，公益具有消极和积极作用的两重性。如果片面停留在公益是资产阶级“习惯性的伪善”，是其“不得不给它所必然产生的坏事披上爱的外衣”，则是对马克思主义公益观的片面理解。从历史上来看，如何正确认识和处理公益问题与社会的和谐稳定密切相关。在当代中国，通过构建马克思主义公益观，来维持公益事业本身的道德性，调节公益活动中的利益矛盾或冲突,进而对于维护社会稳定和谐作用明显。

(一)马克思、恩格斯的公益观

据不完全统计,《马克思恩格斯文集》(人民出版社,2009)总共有30多处直接提及“博爱、慈善、互助、公共利益”等内容,这为马克思主义公益观的构建造成了困难。但进行文本研究“不能用流行的哲学原理去代替文本的思想……不能用马克思某一阶段的思想代替其整个思想……不能用个别结论来代替其基本观点和基本方法”①,为此须避免“文本研究只做版本考证而不是研究思想……文本研究只是复述原著的思想而没有思想建树……文本研究有意回避现实问题因而体现不出马克思主义的当代性”②等误区,严格遵循马克思主义社会科学方法论的基本要求,并结合其当代社会政治经济的发展背景,而不能说“马克思恩格斯认为公益慈善都是虚伪的”“马克思恩格斯认为公益慈善活动都是为统治阶级服务的”等错误论断。

根据现有资料,马克思恩格斯关于公益的相关思想主要见于《英国工人阶级状况》(1845)、《德意志意识形态》(1846)、《共产党宣言》(1847)、《论住宅问题》(1872)、《哥达纲领批判》(1875)等文献,同时在《政治经济学的形而上学》《1848年至1850年的法兰西阶级斗阵》《给奥·倍倍儿的信》等文献中也有涉及。根据整理马克思、恩格斯关于公益问题的几个重要观点如下:

第一,公益不是历史上从来就有的,而是生产力发展到一定阶段社会个体地位分化以后逐渐出现的。马克思、恩格斯指出,“随着分工的发展也产生了单个人的利益或单个家庭的利益与所有互相交往的个人的共同利益之间的矛盾;而

① 丰子义等:《马克思文本研究的历史与现状、意义与方法》,《哲学动态》2004年第4期。

② 聂锦芳:《文本研究与对马克思思想的理解》,《中国社会科学》2007年第5期。

且这种共同利益不是仅仅作为一种'普遍的东西'存在于观念之中,而首先是作为彼此有了分工的个人之间的相互依存关系存在于现实之中"①。马克思、恩格斯从分工发展的角度对私人利益与公共利益的出现及分野进行了高度概括和总结,道破了公益出现的社会根源。"人们为之奋斗的一切,都同他们的利益有关。"②而单个人利益的出现及发展,不可避免地导致"贫穷、极端贫困的普遍化"③,一部分的生存问题也就逐渐成为社会问题,这也呼唤着慈善救助的出现。

第二,资产阶级社会的公益是粉饰统治和收买民众的精神工具,具有阶级欺骗性。关于公益的本质,在马克思主义之前,人们或多或少对其加以研究,但都没有科学地揭示其本质。例如基督教相信所有的馈赠都来于上帝,并为了他的光荣而使用,教会作为上帝和人类之间的中介,承担了对慈善实践的裁量权。以上观点存在相同的问题即没有从理论上解决好公益的本质,即存在的社会基础与所服务的对象之间的矛盾。马克思在批判资产阶级公益观的基础上,全面深刻地揭示了公益的本质。

(1)资产阶级的公益观仅仅是粉饰统治和收买民众的精神工具而已。所以恩格斯指出"所以文明时代越是向前发展,它就越是不得不给它所必然产生的坏事披上爱的外衣,不得不粉饰它们,或者否认它们,——一句话,是实行习惯性的伪善。"④"在历史上各个时期中,绝大不多的人民都不过是以各种不同的形式充当了一小撮特权者发财致富的工具。但是所有过去的时代,实行这种吸血的制度,都是以各种各样的道德、宗教和政治的谬论来加以粉饰的。"⑤"是的,慈善机关!你们吸干了无产者最后一滴血,然后再对他们虚伪地施以小恩小惠,以

① 《马克思恩格斯选集》第1卷,人民出版社1995年版,第84页。
② 《马克思恩格斯选集》第1卷,人民出版社1995年版,第187页。
③ 《马克思恩格斯选集》第1卷,人民出版社1995年版,第86页。
④ 《马克思恩格斯选集》第4卷,人民出版社1995年版,第178页。
⑤ 《马克思恩格斯全集》第7卷,人民出版社1958年版,第269—270页。

使自己感到满足，并在世人面前摆出一副人类大慈善家的姿态，而你们归还给被剥削者的只是他们应得的百分之一，似乎这样做就是造福于无产者！这种善行使施者比受者更加人格扫地，这种善使得被蹂躏的人受到更大的欺凌，它要求那些失去人的尊严，受到社会排挤的贱民放弃他最后的一点东西，放弃对人的尊严的要求；这种善行在大发慈悲用施舍物给不幸的人打上被唾弃的烙印以前，还要不幸的人去乞求它的恩赐。"①恩格斯一针见血地指出资产阶级公益观的虚伪面貌，使得资产阶级所提倡的公益观丑行毕露。

（2）"自由、平等、博爱"不过是资产阶级欺骗无产阶级的"美好的空话"。"巴黎的各处墙壁上"印刷着"自由、平等、博爱！"但是资产阶级所采取的行动表明公益不过是其采取反动措施的幌子而已，"博爱，在2月间宣告的、用大号字母写在巴黎的正面墙上、写在每所监狱上面、写在每所营房上面的那种博爱，用真实的、不加粉饰、平铺直叙的话来表达，就是内战，就是最可怕的国内战争——劳动与资本间的战争。"②马克思非常敏锐地察觉到，所谓的自由、平等、博爱这些资本主义的"核心价值"不过是虚无缥缈的镜中月水中花，在社会上广为流行的公益慈善理念也不过是其对劳动群众进行分化和拉拢的卑鄙口号而已。于是乎资产阶级大肆吹捧、歌颂、宣扬博爱论者的社会影响，"博爱论者愿意保存那些表现资产阶级关系的范畴，而不要那种构成这些范畴并且同这些范畴分不开的对抗。博爱论者认为，他们是在严肃地反对资产者的实践，其实，他们自己比任何人都更像资产者"③。

（3）真正的公益是产生于劳动人民之间的互助。正是处于生产关系的末端而遭受剥削的命运，经历同样的苦难与贫困，劳动人民之间的慈善互助才充分体

① 《马克思恩格斯文集》第1卷，人民出版社2009年版，第478页。
② 《马克思恩格斯文集》第2卷，人民出版社2009年版，第102页。
③ 《马克思恩格斯选集》第1卷，人民出版社1995年版，第154页。

现着道德光辉与社会温情。“穷人从他们的穷弟兄那里得到的帮助，比从资产阶级那里得到的要多得多。正直的无产者深知饥饿的滋味，对他们来说，虽然从自己少得可怜的食品中拿出一部分是一种牺牲，但他们还是乐于助人。他们这种援助的意义是与穷奢极欲的资产者扔出来的施舍迥然不同的。”①马克思高度赞扬了劳动人民之间的互助行为，并展望“无产者坚决相信，他们有勤劳的双手，他们正是必不可少的人，而无所事事的有钱的资本家先生们，才真正是多余的”②。

第三，实现公益的目的在于“实现人的自由解放”，建立一个生产力高度发达的联合体。恩格斯先后否定了关于成立工会和习艺所来改善工人状况的提议。如“用救济金来援助失业工人，这件事或者直接用协会的基金来解决，或者利用证明工人身份的卡片来进行，工人带着卡片从一个地方走到另一个地方，同行就资助他并告诉他什么地方容易找到工作”③。由以上论述可以清晰看到资产资产阶级对工人阶级所采取的慈善救助策略就是何等地荒谬。与此相对的是由工会、宪章派和社会主义者所构成的工人派别“独自创办了许多学校和阅览室以提高文化水平。这样的设施在每个社会主义的组织里和几乎每个宪章派里都有，而且在许多单个的行业工会里也有。在这里，孩子们受到纯粹无产阶级的教育，拜托了资产阶级的一切影响”④。而不是在“以自由竞争为偶像的国民经济学的说教”中“听到的只是劝他们唯唯诺诺、任人摆布和听天由命的说教”⑤，从而“默默地驯服地饿死”。不可否认的是，16世纪晚期英国通过的《济贫法》（也叫公益用益法）在历史上也发挥过进步作用，是“中世纪慈善与现代慈善的

① 《马克思恩格斯文集》第1卷，人民出版社2009年版，第480页。
② 《马克思恩格斯文集》第1卷，人民出版社2009年版，第485页。
③ 《马克思恩格斯文集》第1卷，人民出版社2009年版，第451页。
④ 《马克思恩格斯文集》第1卷，人民出版社2009年版，第473页。
⑤ 《马克思恩格斯文集》第1卷，人民出版社2009年版，第474页。

分水岭”①,其所提出的诸多主张如扩展救济院系统,提高对于年长者和弱势者的帮助;建立贷款基金;修建贫民习艺所等,尤其是提升贫困者的教育,一直保留到现在。

(二)中国化马克思主义公益观的发展

马克思主义具有与时俱进的理论品质,作为其重要组成部分的马克思主义公益观,必然也会随着时间、空间和具体的社会历史条件的改变而不断丰富、发展和创新。中国化马克思主义公益观是我们党的历代领导集体把马克思主义经典作家公益慈善思想与我国具体国情、民情、社情相结合,在研究中国公益慈善问题过程中所实现的重大理论创新,它赋予了马克思主义公益观鲜明的中国特色。但是由于公益慈善事业本身的复杂性和敏感性,在不同时期具有不同的性质和地位,因而马克思主义公益观在中国也遭受了不同的发展命运。

第一,最大的仁政是打倒日本帝国主义和抗美援朝。毛泽东在长期的革命实践中,主要从国内的乡村慈善事业和当时的国际援助提出了相关论述,认为国内的公益慈善事业只是富人们笼络人心的权宜之计而已;而国外的援助则只是血淋淋的侵略的幌子而已。如1927年发表的《湖南农民运动考察报告》中关于当时的乡村慈善事业,毛泽东认为这只是“从那些‘肯积阴功’的人家化募几个”②,但这种善行不过是“修出些又狭又薄的路”。而且“乃是处于强迫”,这是由于当时农会在湖南风起云涌,一部分有钱人迫于形势所作出的妥协之计而已。1949年发表的《别了,司徒雷登》中指出“美国人在北平,在天津,在上海,都洒了

① [美]罗伯特·L.佩顿、迈克尔·P.穆迪著,郭烁译:《慈善的意义与使命》,中国劳动社会保障出版社2013年版,第172页。

② 《湖南农民运动考察报告》,《毛泽东选集》第一卷,人民出版社1991年版,第41页。

些救济粉,看一看什么人愿意弯腰拾起来”①。美国人试图将“侵略”美化成“友谊”,遮掩其试图延续在华特殊利益的目的。针对抗美援朝中的种种质疑,毛泽东以辩证的科学方法分析了“小仁政”与“大仁政”的关系,提出打倒日本帝国主义和进行抗美援朝,实现了民族的解放和保卫了新中国的安全,这才是“为了人民的长远利益”所实行的“大仁政”,这对于当时少部分人所质疑的抗美援朝会对提高我国人民生活水平产生影响的论断,作出了明确回答。

第二,先富带动后富,实现共同富裕。邓小平对于公益慈善的判断基于其对于社会主义本质的深刻把握。1978 年发表的《解放思想,实事求是,团结一致向前看》中就首先涉及相关论述,“在经济政策上,我认为要允许一部分地区、一部分企业、一部分工人农民,由于辛勤努力成绩大而收入多一些,生活先好起来。一部分人生活先好起来,就必然产生极大的示范力量,影响左邻右舍,带动其他地区。”②后来又进行了完整论述:“一部分地区有条件先发展起来,一部分地区发展慢点,先发展起来的地区带动后发展的地区,最终达到共同富裕。”③可以说邓小平从理论上扭转了马克思主义政党对待公益慈善的基本态度和解决社会公益问题的根本措施,这也是马克思主义公益观在和平年代而不是革命年代的首次实践,并从宏观和战略的高度给予其应有的高度,具有划时代的作用。邓小平认为解决贫困的关键在于发展生产力,而公益慈善只能作为这种制度后果的平衡阀与矫正器,这也是在生产力水平低下、社会保障机制不完善的背景下所提出来的。但是在社会主义初级阶段的中国,“政府失灵”在社会各个方面体现,而

---

① 《别了,司徒雷登》,《毛泽东选集》第四卷,人民出版社 1991 年版,第 1495 页。

② 《解放思想、实事求是,团结一致向前看》,《邓小平文选》第二卷,人民出版社 1993 年版,第 152 页。

③ 《在武昌、深圳、珠海、上海等地的谈话要点》,《邓小平文选》第三卷,人民出版社 1993 年版,第 374 页。

非政府的公益慈善可以成为国家福利保障体系的有力补充。

第三，由救济式扶贫转向开发式扶贫，是扶贫工作的重大改革。1989 年以后，正是解决我国逐步建立市场经济体制、社会两极分化问题日显突出的时期，由此江泽民关于公益慈善的思想主要体现在克服两极分化、解决农村温饱问题等方面。早在 1989 年江泽民就针对当时的社会分配不公作出明确要求，提出“保护合法收入、合理调节过高收入、严厉取缔非法收入”①，同时“建立和完善社会保障体系”，在“促进效率提高的前提下体现社会公平”。解决农村贫困人口的温饱问题，“不仅是一个经济问题，而且是关系到国家长治久安的政治问题，是治国安邦的一件大事”②。为此提出了开发式扶贫的方针，“政府主导、社会动员、立足发展、坚持开发、因地制宜、综合治理、自强不息、艰苦创业”，以增强贫困地区自我发展能力。由“输血”式向“造血”式的政策调整，有利于提高贫困地区的可持续发展能力，这也给我国的现代公益慈善事业发展提出转型要求。

第四，慈善事业是改善民生、促进社会和谐的崇高事业。胡锦涛先后明确肯定了公益慈善事业的积极性质，认可了其在社会建设中所发挥的积极作用，这在历史上尚属首次，这是公益慈善事业在社会主义国家发展的里程碑。2008 年胡锦涛在接见中华慈善大会代表时就明确指出，“中国改革开放 30 年来，随着社会主义现代化建设的不断推进，慈善事业也取得了长足发展。特别是在今年抗击四川汶川特大地震灾害的伟大斗争中，慈善事业发挥了重要作用，开展了共和国历史上最大规模的社会捐赠行动，为灾区人民战胜灾害、重建家园提供了宝贵支持”③。此后在党的十七届六中全会报告时指出“大力发展公益性文化事业，保

① 《江泽民文选》第一卷，人民出版社 2006 年版，第 55 页。
② 《江泽民文选》第一卷，人民出版社 2006 年版，第 55 页。
③ 《胡锦涛在出席中华慈善大会上的讲话》，2008 年 12 月 5 日，新华网。

障人民基本文化权益"①，并从"构建公共文化服务体系、发展现代传播体系、建设优秀传统文化传承体系、加快城乡一体化发展"等角度提出构建公共文化服务体系。

第五，鼓励全社会积善成德。自党的十八大以来，以习近平同志为核心的党中央高度重视公益慈善事业，在习近平治国理政思想的宏大体系中，推动公益慈善事业发展便是其重要组成部分。2013 年习近平总书记在会见第四届全国道德模范及提名奖获得者时，强调"要弘扬真善美，传播正能量，激励人民群众崇德向善、见贤思齐，鼓励全社会积善成德、明德惟馨"；之前习近平总书记在福建任职时也提出"要在加强公民道德建设的同时，普及慈善意识，传播慈善文化，弘扬优良传统美德，通过广泛开展慈善活动，聚集广大群众广泛参与，推进社会文明程度和道德水准的提高"。

在党的历届大会中，也反复强调公益慈善事业在推动社会治理现代化中的积极作用。党的十八届三中全会的公报提出"完善慈善捐助减免税制度，支持慈善事业发挥扶贫济困积极作用"。党的十八届四中全会公报提出"加强社会组织立法，规范和引导各类社会组织健康发展"。同时对于公益慈善事业的现代化发展，法律法规也在加快完善，《慈善法》《关于促进慈善事业健康发展的指导意见》《关于加强社会组织党的建设工作的意见（试行）》《境外 NGO 管理法》等相继出台，为公益慈善事业的现代化、制度化、科学化发展提供了强有力保障。

习近平总书记关于公益慈善的论述较少，但对于公益慈善事业发展的期望很大、要求很高、标准很严，与其治国理政思想一脉相承，对推进公益慈善事业在新时期的跨越式发展具有重大意义。

---

① 《党的十七届六中全会〈决定〉学习辅导百问》，学习出版社 2011 年版，第 16—18 页。

二、中国传统公益慈善观

如马克思所说“人们自己创造自己的历史，但是他们并不是随心所欲地创造，并不是在他们自己选定的条件下创造，而是在直接碰到的、既定的、从过去继承下来的条件下创造。一切已死的先辈们的传统，像梦魇一样纠缠着人们的头脑”①。怎样对待一个民族的传统，也是开展研究的一个重要问题。毛泽东也提到“我们这个民族有数千年的历史，有它的特点，有它的许多珍贵品。对于这些，我们还是小学生。今天的中国是历史的中国的一个发展，我们是马克思主义的历史主义者，我们不应当割断历史”②。这也就是说，试图摆脱传统来创造一切是不可能的，因此最重要的就是要正确地对待传统。

我国公益慈善思想源远流长，根据学者王卫平的研究，“对民的重视是从周朝代商开始的，实际上商朝开国之主成汤对民的重要性已有所认识”③，如商汤时期实行的“饥者食之，寒者衣之，不资者振之”④的公益观念，从三代之治开始所形成的社会大同理想到西周时期所倡导的民本主义，后到春秋战国时期儒家所倡导的仁爱精神都蕴含着丰富的公益慈善思想。自佛教从印度传入中国以来，中国的慈善思想将佛教的慈悲观念和因果报应说融合进来，对规范社会众生行善积德的意义更为突出。

（一）儒家的“仁爱”思想

儒家自古以来的互助互济、扶贫济弱的慈善理念与长期以来形成的各种慈

① 《马克思恩格斯选集》第1卷，人民出版社1995年版，第585页。
② 《毛泽东选集》第二卷，人民出版社1991年版，第533页。
③ 王卫平：《论中国古代慈善事业的思想基础》，《江苏社会科学》1999年第9期。
④ 《管子·轻重法》。

善实施方法,也对普通民众的慈善行为产生了极为深刻的影响,对国人的道德观念和人格完善至今都发挥着重要作用。而“仁爱”则是儒家的公益慈善思想之精髓,也被视为中国传统社会公益慈善思想之源头。不仅儒家学派的创始人孔子对“仁”或“仁爱”在不同场合作出多种解释,其后继者如孟子等历代大儒也对此具有独特阐发。

“仁”乃儒家之终极关怀,指对人友善或有同情心。孔子曰“仁远乎哉? 我欲仁,斯仁至矣”。这说明“仁”乃一种不得不履行的义务,一种体现为己所不欲勿施于人和与人为善的利他主义。孔子一方面将“爱亲”规定为“仁”的本始,“君子务本,本立而道生,孝弟也者,其为仁之本也”;另一方面又将“仁”规定为“爱人”由“爱亲”推至“爱人”,首先表现为“泛爱众”,还要求“仁德于天”,则天下为仁①。总之,孔子以“爱”释“仁”,“仁”作为普遍的伦理原则,蕴含着多层次的道德要求,孔子又提出“忠恕”作为“爱人”的实施路径,即“己所立而立人,己欲达而达人”,意为自己想要在这个社会上站稳脚跟,就要首先帮助他人具备同样的能力;自己想要收获功名利禄,也要帮助他人飞黄腾达。忠恕之道所体现的推己及人之道,正是公益慈善得以开展的道德基础。

孟子进一步发挥了孔子“仁”的思想,认为人皆有“恻隐之心”,这是一种发自内心的道德情感,“所以谓人皆有不忍人之心者,今天乍见孺子将入于井,皆有怵惕恻隐之心,非所以内交于孺子父母也,非所以要誉于乡党朋友也,非恶其声而然也。由是观之,无恻隐之心,非人也”②。因而这种发自内心的“恻隐之心”“不忍之心”,乃“仁之端也”。因而孟子希望“乡井同田,出入相友,守望相助,疾病相扶持,则百姓亲睦”。

到了汉朝,“仁”原来的人人互助的思想被天之意志所取代,认为人应效仿

① 彭柏林:《当代中国公益伦理》,人民出版社 2010 年版,第 162 页。

② 《孟子·公孙丑上》。

上天之仁，去对处于贫困或苦难中的人施以援手。正如董仲舒所云："天者，群物之祖也。……故圣心法天而立道，亦博爱而无私。"

宋以后的儒家也进一步丰富了儒家的公益慈善思想，提出以爱己之心爱人，视人如己。如张载所说"以爱己之心爱人则尽仁"，程颢主张博施济众，王阳明认为"良心之在人心，无间于圣愚，天下古今之所同也"，以救助天下之人为己任。

可以说，儒家的这种具有推己及人具有普遍性和利他性的公益慈善思想，成为我国封建社会历史中公益慈善文化的思想基础。但儒家的公益慈善思想也存在明显不足，最为突出的即是"爱有等差"，根据血缘亲疏和地缘远近来决定是否帮扶或者帮扶的力度，与现代公益理念相悖。

（二）佛家的"慈悲"情怀

与儒家不同，佛教首先是以宗教的面目出现，自西汉末期佛教从古印度传入中土后，佛教的慈悲观、善恶报应、福田等思想，也逐渐内化为国人的一种普世价值，成为民众从事公益慈善活动的思想动力源泉所在。尤其是佛教在中国本土化发展之后，佛教的社会功能就趋向于一种劝善化俗之道，以通俗的教义感化国人去恶从善①。

慈悲观表达了佛教对人生的深切关怀，体现了对广大民众的同情和悲悯，彰显了佛教解除人间众生疾苦的宽广胸怀和自我牺牲精神。所谓"慈"，是指给予他人以快乐的意向或心态，亦称之为"与乐之心"；"悲"，则是指祛除他人的疾苦的意向或心态，亦称之为"拔苦之心"。这也在《奉法要》中有所体现，"何谓为慈？愍伤众生，等一物我，推己恕彼，愿令普安，爱及昆虫，情无同异。何谓为悲？

① 周秋光：《道家、佛家文化中的慈善思想》，《道德与文明》2006年第4期。

博爱兼拯，雨泪恻心，要令实功潜著，不直有心而已。”佛教的慈悲观要求同等对待世间万物，对不同的人更要不分亲疏内外。慈悲观不仅只是一种心性的训练或意识，而是通过布施等具体实践体现出来，布施一般包括财施、法施和无畏施，其行为动机不带有任何功利目的，具有纯粹利他的倾向，是一种崇高的博爱利他。

因果报应说在中国民间社会一直存在较大市场。如果说慈悲观所体现的是基于主体道德自觉的悲天悯人的博大胸怀，那么因果报应说则侧重于对人的现实行为提出的积善积德的道德要求。在佛教看来，“已作不失，未作不得”，已发生的言行如果尚未产生相应的结果，它是不会自行消逝的；倘若尚未作出行为，也绝对不会发生相应的结果。因果报应说从心理学角度来看，采用了一种奖惩机制来鼓励民众行善止恶。该学说通俗易懂，容易为大众百姓所接受，所以一经提出便迅速风靡开来，而且颇具威慑力地规范着人们的善恶之举，上至统治阶级，下至黎民百姓，害怕来世投胎为恶道众生而受苦受难。诸如“救人一命胜造七级浮屠”“放下屠刀立地成佛”等劝善名言，也是妇孺皆知、老少俱晓。因果报应说在公益慈善层面，规范着人们的心理动机与行为倾向，敦促人们在社会生活和个人生活中克服私欲、去恶从善，不断提升个人修养与道德情操。

（三）道家的“积善”观念

道家的公益慈善思想集中体现于《道德经》《庄子》《太平经》《太上感应篇》等著作，其对生命价值的独特认识，尤其是追求尊道贵德、修仙利他的观念，在政治观念上强调“无为而治”的执政观，在伦理道德上强调“清净无欲”的价值观，对国人的文化性格和道德观念产生了深远影响，具有鲜明的中国特色。

道德思想最突出的特点乃是“尊道贵德”。何为“道”？老子认为“道”乃天地万物之根本，乃天地万物运动变化之内在法则与规律，因而论到“道可道，非常道；名可名，非常名。无名，天地之始；有名，万物之母”。而“德”与“道”不同，“德”指不同具体事物所得以生存和发展的根据，是从万物运行的总原理中所细分出来的具体的、特殊的。因而“道”与“德”是源与流、本与末、体与用的关系。所谓“尊道贵德”，就是既要认识形而上的“道”，也要践行人生层面的“德”，进一步说，就是既要遵守社会习以为常的道德准则和道德规范，又要发展个人的道德修养、道德品质。正所谓“道生之，德畜之，物形之，势成之。是以万物莫不尊道而贵德。道之尊，德之贵，夫莫之命而常自然”。因此在天道与人道之间，人道理应效法天道、顺应自然，不尚奢华、不偏不倚，损有余而补不足，通过提升人的生存意境来促使人们在社会中作出有益于他人和社会的道德行为。

修仙利他的思想也是道教的特色之一。道教是我国土生土长的一个教派，它相信神仙的存在，而人可以通过现世的修行进而幻化成仙长生不老，而在个人的修行或修仙过程中，也蕴含着十分丰富的济世助人的公益慈善思想。东晋著名道士葛洪认为人现世行善的多寡与成仙的品位有直接的关系，人如果要成为“地仙”，就必须要在人世间完成300件善事；人如果要成为“天仙”，则必须要完成1200多件善事，但即使做了1199件善事，只要有1件恶行，那么也会前功尽弃、从头来过。但道教所强调的修行修仙并非是“结庐在人境，而无车马喧”式的消极逃离，而是在现世的红尘中进行，在对他人救助的过程中实现。因此《晋真人语录》中才说：“若要真行，须要修仁蕴德，济贫拔苦，见人患难，常怀拯救之心，或化诱人入道修行；所为之事，先人后己，与万物无私，乃真行也。”在道家哲学的影响下，还提倡行善时“阴功密惠”，也就是说，行善事不宜大张旗鼓宜秘而不宣，尽量不让受助者知晓方为真善功。

三、西方近现代公益慈善观

自古罗马希腊以来，西方的公益慈善思想源远流长、竞相绽放，纵观历史，以“理性精神”贯穿于历史发展的始终，这是西方公益慈善思想的最突出特点。从文化层面来看，西方的公益慈善思想所体现的是一种有机的社会联系和一套较为稳定的价值系统，从古希腊的博爱观，到古罗马的理性公益，到基督教的罪富文化、救赎精神，以及发展到近代的人道主义、情感主义、功利主义，现代的市民社会、第三条道路、社群主义等，正是这各种公益慈善思想从不同角度为公益活动的开展提供了道德合理证明，为公益慈善活动的开展提供了源源不断的精神动力和道德基础。

（一）古希腊罗马时期的公益慈善思想

古希腊罗马的公益思想集中体现于柏拉图、亚里士多德、西塞罗等人的著作及相关论述之中。柏拉图与亚里士多德是师徒关系，两人的思想既有一脉相承的渊源，但亚里士多德又对其进行了创新性发展与变革，使其向前迈进了一大步。

在《理想国》中，柏拉图一方面认为私有制和私有观念是导致国家陷入灾难的根本原因，为此他论道：“这样的一群贪图财货的人，就像那些在寡头、富人政体中的人一样，他们发狂般地，在暗中贪恋金银财富，因为他们将拥有仓库，备有私有的贮藏室，在那里，他们把这些财富偷偷地贮藏起来，并且，他们有私家的围墙，那是一些真正的私有的安乐窝，在那里面，他们为女人和凡是为他们所喜爱的其他一切肆意挥霍。”①另一方面，柏拉图又认为一个符合正义和公道的社会，

① ［古希腊］柏拉图：《理想国》，岳麓书社 2010 年版，第 374 页。

绝不应该是一个贫富悬殊极大的社会，因此，他认为理想国并不是为了社会某个阶级的幸福而存在的，其价值在于实现全体公民的最大幸福。

而第一个被称为百科全书式学者的人亚里士多德，以“至善”和“幸福”作为研究的出发点和归宿，对后来的公益慈善思想影响甚大。亚里士多德认为人追求至善并不是一个虚无的抽象概念，而是现实的幸福，具体而言以人的身体状况、财富多寡及德性高低为判断标准。他尤其强调德性的突出地位，认为“最优良的善德就是幸福，幸福就是善德的实现，也是善德的极致”①。因为“如果一个人的生命如所说过的决定于他的活动，一个享得福祉的人就永远不会痛苦。因为，他永远不会去做他憎恨的、卑贱的事。我们说，一个真正的好人和有智慧的人将以恰当的方式，以在他的境遇中最高尚的方式对待运气上的各种变故”②。由此可见，亚里士多德的公益慈善观强调基于德性发展的善，通过城邦共同体内部的实践得以发展起来。他曾经这样称赞公民的慷慨行施，“在一切德性之中，慷慨可以说是为人最钟爱的，因为在给予中，可以有助于人”③。同时他也主张通过教育使公民掌握公共生活本领，为其追求幸福创造条件，不仅使个人充分得到发展，也能促进城邦的繁荣与发展。

西塞罗则是古希腊罗马时期公益慈善思想的集大成者，主要分析了人类慈善行为的根源、科学公益的具体路径、爱有等差的公益原则等。西塞罗认为公益慈善是公民的道德责任，而承担这种道德责任则是人之为人的自然法则。履行责任所依赖的那种道德上的善是从那些适用于人类社会的原则中衍生出来的。一个人每履行一次道德责任，都应当将诸如此类的问题考虑一番，以便成为善于计算责任的人，能够通过增减准确地平衡责任的收支，确实弄清楚对每个人应尽

① [古希腊]亚里士多德:《政治学》，商务印书馆 1997 年版，第 55 页。
② [古希腊]亚里士多德:《尼各马可伦理学》，商务印书馆 2003 年版，第 29 页。
③ [古希腊]亚里士多德:《尼各马可伦理学》，商务印书馆 2003 年版，第 73 页。

的责任。其次西塞罗认为公益慈善活动应以科学理性的态度实行,否则就会使公益慈善沦为公害。希金博特姆(Higgenbotham J)对西塞罗的思想进行了归纳,认为,“首先,行为是否纯善并不会受到我们是否希望自己或他人获利的影响;其次,我们不应让我们的慷慨超出自己的能力范围;最后,对于受助者的怜悯应当合适。”①这三点对西方的公益发展产生了深远影响,其中“适度慷慨论”也成为近现代以来科学公益、理性公益思想的源头,西塞罗对此进行了大量论述,认为“我们应当经常接济那些值得帮助的穷人,但做这种事情也必须慎重和适度。因为许多人就是由于乱施舍而将祖上留下来的产业挥霍殆尽。如果一个人在做他喜欢做的事情时采取杀鸡取卵的方法,即做过以后就没有能力再做了,那么,还有什么比这更愚蠢的了?另外,滥施舍也会导致掠夺;因为当人们由于滥施舍而开始生计窘迫时,他们就只好去掠夺他人的财产”②。另外,西塞罗认为公益慈善是“爱有等差”的,要按小共同体的本位差距格局安排“善意”,也就是“按照社会关系的各种等级来提供帮助”。

(二)中世纪基督教宗教慈善观

正如华生(Frank D.Watson)所言,“一个人如果不理解宗教,尤其是基督教,如何通过它的教理来强化人性中同情他人与利他主义的天性,他就很难理解慈善对于人的行为所产生的巨大影响力”③。罗伯特·威尔(Robert Well)也强调,“先在西方发展,最近也在东方发展起来的社会福利的整个理念,当归功于基督

---

① Higgenbotham J.*Cicero on moral obligation:A new translation of Cicero's 'De Officiis' with introduction and notes*,Berkeley:University of California Press,1967,p.54.

② [古罗马]西塞罗著,徐奕春译:《论老年 论友谊 论责任》,商务印书馆1998年版,第191—192页。

③ Frank Dekker Waston,*the Charity Organization Movement In The United States*(New York Macmillan,1922),12.

教的发展，而且深受基督教的影响”①。自古希腊罗马时期开始，西方国家的慈善活动绝大部分由基督教教会承担，直到16世纪以后，复杂的封建制才使慈善事业大大地世俗化，在进入20世纪以后，国家福利取代了教会的大部分慈善工作，教会公益也就走向式微，但这种式微主要体现于发展规模，其社会影响力并未衰退，相反，基督教的公益慈善思想仍然是西方社会公益发展的指导思想。

上帝博爱论。中世纪宗教徒普遍认为，论证救济、扶贫、慈善的必然性和普遍性既不能求助于世俗的力量，因为在世俗社会中难以找到论证人进行此种行为的心理动机和精神支撑，相反在现实中随处可见的是人与人之间的争权夺利、钩心斗角、相互倾轧，因而不得不求助于非世俗的力量去寻找合乎正当的理由。而人是上帝创造的，必然有着上帝所具有的一些品格和德性，而上帝的品德归结为一点就是“爱”，这种“爱”既非儒家的“差等之爱”，也非墨家的“兼爱”，而是广施于世间万事万物的“博爱”，主要包括三个方面：上帝之爱；基督之爱；人之爱。这三个方面实则为上帝之爱与人之爱两个方面。对于上帝之爱，可从以下几个方面展开理解：(1)由于爱上帝创造了宇宙万物和人类，并赋予人类以肉体和生命，这是理解宇宙与人的起点；(2)由于不忍心看到普罗万众遭受自然的苦难和因为人类原罪而带来的处罚，就派遣其儿子耶稣来世间为人类赎罪；(3)上帝所创造的善，是世间一切道德规范的源头，是人类得以自由行动的前提保障。

救赎精神。基督教的救赎精神与罪感意识一起，成为基督教公益慈善的核心观点。即认为人生来就有原罪，这种原罪始于亚当、夏娃偷吃善恶树上的智慧果，因而被流放到世间，从此其子女只能过上有朽的生活，从此所有世人的罪恶无人可免。而所谓的罪感意识则根植于人的灵肉冲突，也就是人内心的价值追求与现实的感官欲望之间的冲突，也就是说一方面人作为具有主体具有自我意

---

① Banks, *The Early Church as a Caring Community*, 319.

识和价值判断的标准，会让行动合乎自己的意志；但另一方面人的感官欲望与生理需求会时常冲破人的理性规制，让感性成为行动的主宰。由此灵与肉的冲突，使人常常陷入内心的冲突与精神痛苦之中，使人常常背负深重的罪恶感①。而耶稣基督则给人指明了救赎自身的道路，那就是“爱人如己”。也就是说，人应该不断自我完善，严于律己、宽以待人，学会忍耐、宽恕。只有做到以上要求，才能达到爱人如己的境界。

罪富文化。正如马克斯·韦伯所说，“来自基督教的天职概念的责任，是资本主义社会伦理最重要的特征，在一定意义上也是资本主义市场经济的文化基础，它以职业责任观念为核心，形成了一整套资本主义的精神气质”②。基督教认为富人生而有罪，只有将自己的全部财富捐赠给穷人，死后方能进入天堂。如《圣经》中提出“十一奉献”，也就是说富人要把自己每年收入的10%拿出来捐赠给教会或穷人；《新约》中也提到“富人进天堂比骆驼穿过针眼还难”等。19世纪30年代托克维尔访问美国时，便发现美国的富人与穷人在价值观念和经济原则上存在诸多共识，美国国民对个人财富的追求与占有从不怀疑，但对富人如何使用则非常关心。“在那个时期，‘新富’（New Money）还是一种新事物，惹人瞩目。不仅其炫耀财富、生活奢侈为社会所不齿，传给后代也会贻害子孙使其不思进取，因而财富的最好去处就是举办慈善公益事业，这得到大家的公认并逐渐形成了一种风气。”③此后，美国的各类公益基金会如雨后春笋般崛起，从早期的拉塞尔·塞奇基金会、卡耐基基金会、洛克菲勒基金会，到后来的福特基金会、凯洛格基金会、索罗斯系列基金会、麦克阿瑟基金会、比尔与梅琳达·盖茨基金会等，

① 陈刚：《罪恶与救赎——基督教的基本精神及其嬗变》，《江海学刊》1995年第12期。

② ［德］马克斯·韦伯著，张云江译：《新教伦理与资本主义精神》，中国社会科学出版社2012年版，第52页。

③ 资中筠：《财富的责任与资本主义演变——美国百年公益发展的启示》，上海三联书店2015年版，第18页。

这些基金会对推动美国公益慈善发展、促进社会公平公正、维护世界和平发展，发挥了重要的历史作用。

（三）近代西方公益慈善观

近代以来民族国家发展起来，国家成为公共事务与责任的承担主体，教会回到精神抚慰与灵魂安歇的领域，正所谓“上帝的归上帝，凯撒的归凯撒”。尤其是在文艺复兴运动中对基督教展开广泛而深刻的揭露和批判后，基督伦理在现实社会生活中的地位也有所下降，各种新的公益伦理流派也根据社会发展和自身逻辑而不断出现。这些流派虽各有视角和理论体系，都有对人为什么具有善、会产生帮扶他人的行为进行了理论解释，但其共同点是不再以上帝作为解释的根据，而是从人自身的德性、人性、品格、情感、利益等角度出发来解释。

人道主义。根据美国的《哲学百科全书》中对人道主义的理解：人道主义是14世纪后半期的哲学和文学运动，发端于南欧的意大利，并逐渐拓展到欧洲其他国家，成为西方近代文化的重要组成部分。人道主义指任何承认人的价值或尊严，以人作为评判万物的尺度，或以某种方式把人性及其范围、利益作为内容的哲学①。正如王海明所言，人道主义确立了人是最高价值的思想体系，因为“一方面，人道主义是视人本身为最高价值的思想体系，这是真理，这是人道主义‘事实如何’方面的根本思想体系；另一方面，人道主义是把‘将人当人看’奉为善待他人最高原则的思想体系，这也是真理，这是人道主义‘应该如何’方面的根本特征”②。因此人道主义要求以世俗的眼光看待人，相信人的力量，肯定人的尊严和价值，鼓励人们追求快乐和幸福。“可以说慈善是人道主义的集中

① P Edward, *humanism in the Encyclopedia of Philosophy*, vols3-4. New York, 1972.

② 王海明：《伦理学原理》，北京大学出版社2009年版，第237页。

体现,慈善行为是人道主义思想在现实中的有效实践。”①因为在人类命运的共同体中,每个人都无法离群索居,在保持自我独立地位的同时,要顾及他人的情感与利益,在这种共同体的观念下,对社会弱势群体或遭遇不幸的人予以帮扶,也就成为西方社会普遍的价值观。

功利主义。兴起于17世纪末18世纪初的功利主义,以英国的边沁(Jeremy Bentham)和穆勒(John Stuart Mill)为代表,该理论学说与中国墨家的“重利贵义”理论有异曲同工之处,强调将实际功效或利益作为道德衡量的标准。边沁和穆勒作为功利主义的集大成者,将价值判断的标准视为“最大多数人的最大幸福”,即“所有利益有关的人的最大幸福,是人类行动的正确适当的目的,而且是唯一正确适当并普遍期望的目的,是所有情况下的人类行动,特别是行使政府权力的官员施政执法的唯一正确适当的目的”②。因此在边沁看来,社会的公共利益是社会所有成员个人利益的总和,因而个人利益与公共利益从根本上说是一致的。而穆勒则对边沁的功利主义思想做了进一步的发展与修正,认为快乐和幸福存在量和质的区别,也存在低级和高级的区别。如肉体感官上的满足则为低级快乐,而理智的、情感的、想象的、道德情操的快乐则是高级快乐。因此才有“做一个不满足的人比做一个满足的猪好,做一个不满足的苏格拉底比做一个傻子好”③的幽默调侃。而人作为社会性的动物,人类的社会感情归根结底就是要成为人类共同体的一员,因此这种本能的欲望会驱使人为消除孤独生活的单纯利己本性而做出利他、互助的公益行为,因此,“功利主义所认为行为上是非标准的幸福并不是行为者一己的幸福,乃是一切与这行为有关的人的幸

① 陈世柏:《海外华人的慈善理念及其思想渊源》,《中国宗教》2011年第7期。
② [英]边沁著,时殷弘译:《道德与立法原理导论》,商务印书馆2000年版,第58页。
③ [英]约翰·穆勒著,徐大建译:《功利主义》,上海人民出版社2008年版,第33页。

福"①。这也就意味着,穆勒不仅主张个体要敢于追求快乐与幸福,但也强调"最大多数人的最大幸福"和为别人而牺牲个人利益乃至生命的幸福,甚至于把牺牲自己的利益而获得的高尚道德作为个人最高级别的幸福。但是,穆勒并不认为所有的自我牺牲都是好的,"不能够增加幸福总量或没有增加这个总量的趋势的牺牲,功利主义的道德观认为此举就是白费。而人能够为别人(指全体人类或者是主要利益集体范围内的个体)的幸福而牺牲,只有这种舍身才可以得到功利主义的赞赏"②。

空想社会主义。滥觞于19世纪30年代的空想社会主义,也为西方社会的公益慈善事业发展提供了思想准备,其中以卡贝和布朗基为主要代表人物。卡贝认为"现存的一切弊病和灾难都是由财富不平等、私有财产和货币这三笔根本祸害所造成的必然结果,而私有制则是最主要的祸根。因此要消除现存社会弊病,唯一的方法应该是根除弊病的来源,也就是废除私有制,消灭不平等和取消货币,而代之以财产共有和一切平等的制度"③。卡贝在《伊加利亚旅行记》中描绘了一个理想的共产主义的"伊加利亚共和国",在这个国度里实现财产共有、共同劳动,人们拥有平等的权利和履行平等的义务,也因此享受着同样的福利、承担着同样的负担。而布朗基通过其发表的演说和所撰写的少数文章中,对资产阶级国家法律的实质进行了深刻揭露,认为"资产阶级国家是保卫富豪即银行家、大商人、资本家等社会精英群体的利益,把从无产者身上榨取的财富奉献给统治者的一部机器。他指出,资产阶级所谓的自由,无非是奴役的自由、无情剥削的自由、豪华生活的自由"④。空想社会主义在当时的历史条件下只能是

① [英]约翰·穆勒著,徐大建译:《功利主义》,上海人民出版社2008年版,第18页。
② [英]约翰·穆勒著,徐大建译:《功利主义》,上海人民出版社2008年版,第18页。
③ 徐大同:《西方政治思想史》,天津教育出版社2005年版,第330页。
④ 徐大同:《西方政治思想史》,天津教育出版社2005年版,第331页。

一种美好的空想,代表的是当时的不成熟的无产阶级的阶级意识,在当时的历史条件下也是不可能实现的。但是作为一种理想,空想社会主义充满了人文关怀和公益慈善意识,其主张从人道主义立场设计未来社会的理想,唤起了民众为争取自由和平等而斗争的革命精神,推动了西方近代历史的进程,对促进和健全西方近现代社会公益事业的发展也有重大意义。

(四)西方现代公益慈善观

现代公益以现代市民社会为基础,以民主政治和市场经济为基本保障,以民主福利国家为标志,由社会进行的公益慈善转变为政府开始主动承担社会公共职能和义务。也就是说,"在欧美社会'走入现代化'的背景下,公益事业的共同体基础逐渐为国家+市场的基础所取代"①。这种转变,有"从宗教慈善向世俗政权控制的转变"②,有"从'父爱式'的福利形式向职业化管理过渡",逐步实现了"救助个人的慈善"发展到"作为社会责任的慈善""作为道德责任的慈善",直到最后发展到"福利国家中的慈善"③。从本质上讲,这种转变是"共同体失灵"所导致的对国家与对市场的二元崇拜④,这也是当代西方公益的发生基础。

市民社会理论。从目前的一般用法来看,市民社会并不具伦理色彩,而是指当代社会秩序中的非政治领域⑤。而对市民社会理论贡献卓著的黑格尔,认为

---

① 秦晖:《政府与企业以外的现代化——中西公益事业史比较研究》,浙江人民出版社1999年版,第146—147页。

② J.Barry and C.Jones, *Medicine and charity before the welfare state*. London, 1991, p. 190.

③ N.Alvey, *from charity to Oxford: a short history of charity and charity legislation*. London, 1995, p. 8.

④ 秦晖:《政府与企业以外的现代化——中西公益事业史比较研究》,浙江人民出版社1999年版,第147页。

⑤ [美]戴维·米勒编著,邓正来编译:《布莱克维尔政治思想百科全书》,中国政法大学出版社2011年版,第88—89页。

“市民社会是处于家庭和国家之间的地带，它不再是只与野蛮或不安全的自然状态相对的概念，更准确地说，它是同时与自然社会（家庭）和政治社会（国家）相对的概念。”①而市民社会理念在当下复兴的社会原因，就在于“19 世纪 20 世纪之交初开始出现到 20 世纪中叶方兴未艾形形色色的‘国家主义’②，在现实世界中表现为国家通过不同的路向、不同的形式对市民社会的渗透或侵吞”（邓正来，2006）。作为回应，市民社会就被认为不仅仅是一种可以用来对抗或抵御暴政、集权式统治的必要手段，而且还是一种被视为当然的目的③。由此基于现代社会问题而诞生的公益，作为市民社会的一种重要理念及实践，有效实现了公民的自由联合，为捍卫私域抵挡公域构建了一道防火墙和隔离网。通过公益来维护市民社会的独立性，托克维尔在《论美国的民主》中论述较多。托克维尔认为“美国人是热衷于结社的人的集合”，他指出这一倾向，是强调这些组织在新兴的美国民主社会中所扮演的重要角色。托克维尔提出，社团是治愈许多潜在民主问题的良药特别是在美国享有普遍平等的国家。在这样的社会中，社团削弱了专制、多数人暴政及个人主义导致的反民主冲动的威胁。同样在该书中，托克维尔称赞公益志愿社团是“伟大的免费学校”，这所“学校”成为培养现代公民的“象牙塔”。在这所“学校”里，美国人所学到的“公益志愿社团的一般理论”“如何综合运用”等公民技巧和知识，于此“公民社团为政治社团铺平了道路”，且加

① 邓正来、杰佛里·亚历山大：《国家与市民社会——一种社会理论的研究路径》，世纪出版集团、上海人民出版社 2006 年版，第 95 页。

② 19 世纪末国家主义处于上升期，如英国的迪斯累利、德国的俾斯麦分别建立福利国家的雏形（包括“皇帝—国王的国家社会主义”“保守的福利国家”和“父权式的托利党社会主义”），英国劳合·乔治与麦克唐纳的“共党社会主义”，德意法西斯的“法团主义”与“国家社会主义”，斯大林式的社会主义，欧美的左派（社会党）、右派（保守党）、极左派（共产党）与极右派（法西斯）等。同时需要关注的是，此时的市场主义与国家主义一样盛行。

③ 参见 Timothy G. Ash，他在论及东欧政治反对力量战略时指出，“对于他们来讲，重建‘市民社会’本身既是目的，又是实现政治变革（包括国家性质的变革）目的的手段。” *The Uses of Adversity*, London: Granta Books, 1989, p. 246。

入公民社团有助于“传播一种关于社团的大众习惯和品位”①,这是民主文化的关键要素。正如当代学者所言,“如果我们认识到不断壮大的公益志愿团体在道德风气、社会问题所发挥的作用,及其对关于何为人们希望增进的公益的民主对话的影响,我们也许就不该低估它们对民主作出的贡献。”②可以说,由社会公益志愿社团所组织起来的社会运动,其所构建的公益的公共领域,从根本上塑造了政府职责并一定程度上重设了政府的优先事项。

社群主义理论。社群主义(communitarianism)亦称共同体主义,是在批评新自由主义的过程中发展起来的,其代表人物有桑德尔、麦金泰尔、泰勒、沃尔则等人,认为“社会中的每个个体都应在不断追求和实现美德的过程中完成一种善良的生活。个体都必然生活在一定的社群之中,社群给予个人以相近或相同的目的和意义。因此,个人的善必然要与社群的善同向同行,真正的善体现为个人之善与社群之善的有机吻合。可以说,个人利益之中包含公共利益,公共利益之中也蕴含个人利益”③。这也就意味着,贫困者能够成为公益慈善的对象,有资格接受社群基于的福利。因为在社群主义看来,每个个体都是社群中的一员,个人作为社群的构成要素与社群具有同一性,因而社群的善得到实现,那么个人的善也就应该得到相应满足。因此,社群有责任帮助其成员摆脱困境。

第三条道路理论。该理论首先由英国前首相麦克米兰(Macmillan.H)在其著作《中间道路》(*The Middle Way*)一书中首先提出,其后凯恩斯、贝弗里奇、马歇尔等人也提出了类似主张,该理论既不强调国家应该承担救助穷困者的全部责任,又不主张国家应该完全放弃这种责任,而是认为国家虽然应该承担社会救

---

① [法]托克维尔,董果良译:《论美国的民主(上卷)》,商务印书馆 1989 年版,第 240 页。

② [美]罗伯特·L.佩顿、迈克尔·P.穆迪著,郭烁译:《慈善的意义与使命》,中国劳动社会保障出版社 2013 年版,第 197 页。

③ 俞可平:《当代西方社群主义及其公益政治学评析》,《中国社会科学》1998 年第 5 期。

助的主要责任，但对于国家如何提供福利则持谨慎怀疑的态度，对如何实现市场自由与国家干预之间的平衡，又要保持个人价值与集体价值之间的整合要慎重考虑。因此该理论的显著特点就是寻求责任平衡，认为承担社会救助任务的除了贫困者本人以外，还应包括国家、企业、法团、家庭等组织。因而主张通过国家积极的公益行为，如建立社会保障体系、实现收入公平分配、扩大社会就业、改善教育医疗条件等。因此“只有产生一种造福与大多数人口的福利制度才能够产生一种公民的共同道德。如果‘福利’只具有一种消极的内涵而且主要面向穷人，那么它必然会导致社会分化”①。因此要建立一个超越任何阶级、民族和种族压迫的社会，保证人民享有完全的自由和民主权利。

第二节　价值理论

价值是研究公益创业教育价值的逻辑起点，要对公益创业教育的效用和意义问题进行分析，首先就必须要说清楚本研究所理解的价值是基于哪种理论背景，尤其是要说明选择原因以及理论的适用性，如此才能增强研究的说服力。

国内外学界对价值研究已有上百年的历史，从德国的洛采(Hermann Lotze)和文德尔班(Willhelm Windelband)开始，价值范畴被引入哲学领域，随后一些学者倡议建立价值哲学，为价值哲学的发展铺平道路。自此一代又一代的学者开始在价值哲学的领域中不断深耕、拓新，从最初的新康德主义和奥地利价值学派，到 19 世纪末至 20 世纪 20 年代的迈农的情感愉悦论、艾伦·菲尔斯的欲望对象论、詹姆士的满足需要论、厄尔本和培里的欲望满足论、维特根斯坦的人赋

① ［英］安东尼·吉登斯著，郑戈译：《第三条道路——社会民主主义的复兴》，北京大学出版社 2000 年版，第 112 页。

予事物以价值论、摩尔的直觉主义价值论、莱尔德的客观直觉价值论、舍勒的现象学价值论。在进入 20 世纪后，杜威的事实主义论、牧口常三郎的功能价值论、波普尔的解决问题说、麦金泰尔的德性理论、罗尔斯的满足合理欲望论等①，可以说是百花齐放、百家争鸣。而中国的价值研究始于 20 世纪 80 年代，改革开放的大门打开后国内学者的研究视野也转向国外。虽早在 20 世纪 30 年代张东荪撰写过《价值哲学》一书，但并未产生较大的社会影响因此也就陷入沉寂。直到 80 年代杜汝楫发表了《马克思主义论事实认识和价值认识及其联系》后，何祚榕、李连科、李德顺、马俊峰、袁贵仁、王玉樑、孙伟平等学者也参与进来，为价值哲学在中国的发展作出了重要贡献。

由于每一种观点各具解释优势与不足，本研究并不打算通过对历史上所有的价值哲学流派及其观点进行论述比较，这也脱离了本研究主旨。本研究要说明的是公益创业教育价值几何，因而要采用的价值理论也必然要与主题吻合，采用马克思主义的人本价值论、杜威的事实价值论以及迈农的情感愉悦论，来说明公益创业教育价值到底为何。这三种理论流派的解释优势明显，马克思主义的人本价值论立足于人的发展，以人作为万物的评判尺度，以实现人的全面自由发展为皈依。可以说，“马克思主义价值理论的研究视角是其基本原则是实际研究过程中的综合应用，这也是在批判其他哲学派别并与之进行积极对话的基础上形成的”②。杜威的事实价值论认为价值也是一种事实，即“价值事实”，评价是一种判断，价值判断是一种事实判断，价值判断和物理判断一样都是科学判断③。该理论有助于铲除价值的主观主义或虚无主义，并能借助科学手段对价值进行评判。迈农的情感体验论认为“凡是一个东西使我们喜欢，而且只要到

① 王玉樑：《21 世纪价值哲学：从自发到自觉》，人民出版社 2006 年版，第 85 页。

② 马俊峰：《马克思主义价值理论研究》，北京师范大学出版社 2012 年版，第 25 页。

③ 王玉樑：《论杜威对价值哲学的探索与贡献》，《社会科学研究》2000 年第 9 期。

使我们喜欢的程度，它就是有价值的”①。主张从心理学的角度研讨价值，认为评价必须基于心理事实，这属于情感生命领域，是一种情绪性的主观作用。迈农的情感体验论为说明形而上学可通过个体的感性存在而获取，采用“内容—对象”的意向性模式，得出价值在人们认识世界与改造世界中的中介作用。并提出通过先验的“直观”或经验的“归纳”以及“猜测”等，作为价值判断的常用方法。这对于鼓励人们创造价值提供了具体论证方法和可靠路径。

一、马克思主义的人本价值论

在马克思和恩格斯（以下简称“马恩”）所处的时代，价值哲学尚处于蠢蠢欲动的酝酿时期，一些有重要影响的价值论著也都出版在马恩逝世之后。而马恩当时研究的侧重点在于历史发展必然性，或者说从宏观层面揭示经济运动和社会历史发展的客观规律，这就决定了马恩不可能对当时刚刚兴起的价值哲学思潮付出过多的关注。同时，马恩曾多次就一些社会流派从价值或道德的角度批评资本主义而给予批判，认为理想的人类社会是可以靠人类理性的自觉实现的。因此马恩不可能就价值哲学发表专门著作或者撰写文章，或对其做过专门而充分的论述，也就出现了研究的真空地带，这是历史的事实。但是另外一方面，我们也要看到，马克思主义经典作家在关于历史发展、人的发展、人的尺度和万物的尺度、道德的阶级性和历史性、无产阶级的历史作用等诸多论述中，不仅存在诸多关于价值论的思想，更为重要的是马克思主义学说从宏观上而言就是无产阶级的价值学说。

① ［阿根廷］方迪启：《价值是什么——价值学导论》，台北联经出版事业公司 1986 年版，第 31 页。

另外，在当时的西方理论界，一直存在着故意歪曲或误解马克思主义的势力，在他们看来，马克思根本不重视人和人的价值问题，也就不可能拥有属于自己的价值论。即使是对马克思表达了相当尊重的萨特（J P.Sartre），也认为“马克思主义存在人学的控场，需要用人学和价值学来补充马克思主义的缺陷”①。更别说那些从人道主义、人性论等角度来分析马克思主义价值哲学的流派了，所以“西方世界的当前兴趣便集中在马克思以下几个方面的论述上，即他对人的理解，对异化的人的研究以及要建立一个不受压迫剥削的更加人道的理想社会，才能得到使每个人的潜能都得到圆满发挥的最完善的建议”②。而在苏联，由于长期受到教条主义和直观唯物主义的影响，苏联哲学界官方一直拒绝对价值哲学的理解和诠释，认为其是主观主义和唯心主义的哲学流派，甚至于在出版的《苏联哲学百科全书》（1960）中直接声称“辩证唯物主义摒弃价值哲学”。直到赫鲁晓夫当政后，随着苏联社会意识形态的逐步解禁，苏联哲学界也开始对以往的学科研究进行反思，尝试打破以往研究的僵化模式，开始关注国内外出现的新问题与研究的重点热点问题。以图加林诺夫为代表的学者先后发表《论生活和文化价值》《马克思主义中的价值论》等文章，开始讨论价值哲学的问题，其中争议最大的便是马克思主义有没有属于自己的价值哲学、马克思主义应不应该有自己的价值哲学等问题。

在我国理论界对于马克思主义价值理论也存在一些片面的、错误的观点或论述，包括，认为马克思主义哲学是关于社会、自然及个体思维发展的一种科学理论，它不需要现代的价值理论来佐证自己的学说；认为马克思主义经典作家没有专门论述过价值问题，因此说马克思主义的价值哲学是牵强附会，不符合事实；也有人认为马克思主义有原原本本的价值论，就是关于经济学价值的理论，

---

① 马俊峰：《马克思主义价值理论研究》，北京师范大学出版社 2012 年版，第 12 页。

② ［美］宾客莱：《理想的冲突》，商务印书馆 1983 年版，第 61 页。

这与现行的哲学范畴的价值概念也有明显区别。

马克思主义人本价值理论研究的任务,就是要从现实的人和人的现实活动出发,把价值问题还原为人的存在和现实生活中的问题,借以拨开价值理论中的种种迷雾和神秘色彩。

(一)马克思主义人本价值论的认识前提是现实的人的实践活动。正如马克思所言,"从前的一切唯物主义——包括费尔巴哈的唯物主义的主要缺点是,对对象、现实、感性,只是从客体的或者直观的形式去理解,而不是把它们当作人的感性活动,当作实践去理解,不是从主体方面去理解"①。因而将"抽象的人"从"理性人""意志人""情感人""感性的人""肉体的人"片面的说法中解脱出来,去认识现实的人、实践的人。马克思从人及人的现实活动开始考察,所考察的是"它从现实的前提出发,它一刻也不离开这种前提。它的前提是人,但不是处在某种虚幻的离群索居和固定不变状态中的人,而是处在现实的、可以通过经验观察到的、在一定条件下进行的发展过程中的人"②。这也就是说,现实的人就是生活在一定社会中的人,是与其他人有着各种关系、发生着各种交往、继承着此前以往各种文化成果的人。

(二)马克思主义人本价值论的认识基础是人的需要。人的生存是人类历史发展的首要前提,人们为了创造历史,就需要维持生活的衣、食、住、行,而在这些基本生存需要得到满足后,又会产生新的发展需要、享受需要、精神需要。而承认人的客观需要,满足和发展人的现实需要,是坚持人本价值论的重要体现。马克思在理解"价值"的哲学含义时明确提出,"人们不仅在实践中把这类物当作满足自己需要的资料,而且在观念上和在语言上把它们叫作'满足'自己需要的物,从而也是'满足'自己本身的物,这就是指物被'赋予价值',那就证明:'价

① 《马克思恩格斯选集》第1卷,人民出版社1995年版,第58页。

② 《马克思恩格斯选集》第1卷,人民出版社1995年版,第74页。

值’这个普遍的概念是从人们对待满足他们需要的外界物的关系中产生的”①。在当代社会，人的需要不断趋向多样化和精细化，因此尊重人的需要、满足人的需要、发展人的潜能就成为价值追求的主要目标。

（三）马克思主义人本价值论认为实践是一切价值的根本源泉。马克思从现实的人出发，以物质生产或生产物质生活这种最基本的实践形式，解释了人的需要与物质生产之间的重要意义。所谓“实践”，就是“做”和“行”，是看得见摸得着的活动。通过考察各种活动，可以发现任何一件活动都贯穿着“想”和“做”的方面，构成了人们的实际生活过程。而价值也产生于人们日常的现实活动过程中，人们的现实生活就是一个发现价值、创造价值、享受价值、实现价值的过程。在日常生活中人们经常提到的得失、祸福、功过、轻重、利害、是非、美丑、好坏等，都是对哲学范畴的价值的生活化称谓。而人们日常中的各种情感体验包括高兴、沮丧、失落、兴奋、恐惧等，也都与价值相关联。因此价值的神秘面纱也就此揭开，价值变成了我们每天所必须要打交道和体验的现实活动，这也是马克思所说的，“通常这些德国人总是只关心把既有的一切无意义的论调变为某种别的胡说八道，就是说，他们假定，所有这些无意义的论调都具有某种需要解释的特殊意义，其实全部问题只在于从现存的现实关系出发来说明这些理论词句”②。也就是说，只要按照事物的本来面目去进行理解，任何深奥的哲学都会被具体成某种经验的事实。

因此在现实生活的过程中，人们从自己的生活实践及体验中，逐渐形成了一定的价值意识，包括哪些对象是好或者坏，哪些行动是利多还是弊多，借此对这种事物或行动进行评估、测算，从而更好地指导实践活动，价值通过人们从主观

① 《马克思恩格斯全集》第19卷，人民出版社1953年版，第406页。
② 《马克思恩格斯选集》第1卷，人民出版社1995年版，第95页。

的观念上进行把握，通过劳动实践和社会交往实践等将这些价值从可能的形态转化为现实的形态，再进一步通过消费来真正地占有和实现这些价值，从而提升人的生存状态和现实能力，为人的自由而全面的发展提供基础性保障。

马克思主义的人本价值论，也为公益创业教育价值研究指明了方向，即公益创业教育的最高价值和最终价值都是指向人，即以现实的人为基础，以公益创业教育实践活动为对象，通过充分挖掘公益创业教育的育人机理与规律，从而探索公益创业教育的育人具体路径，为培养具有创新意识、公益精神和创业能力的高素质人才提供理论准备。

二、杜威的事实价值论

杜威在《经验与自然》中对价值的概念进行界定，认为"价值是从自然主义观点被解释为事情在它们所完成的结果方面所具有的内在性质"①，也就是说，价值体现于其所完成的事情的结果所具有的内在性质，意味着要从结果、后果、影响、效应等方面来对价值进行理解，这也是杜威事实价值论之要义。正如冯平所言，杜威的事实价值哲学在三个方面完成了变革，第一是将价值判断而不是抽象的价值作为价值哲学的核心概念，从而转换了价值哲学的核心概念讨论范式；第二是创建了试验经验主义的价值评判理论，借助于判断、反思和理性思考来作出各种相对明智的选择，包括对具体情境中的"喜欢"和"兴趣"、具体行动的实施方案、最后的决定性判断等；第三是颠覆了传统的事实与价值的二元划分，颠覆了手段与目的的二元划分，杜威认为人类活动最显著的特点就是将价值与事实视为一体，将处理价值问题与其他问题放在一起，才能真正捍卫价值的理想、

① ［美］杜威著，傅统先译：《经验与自然》，商务印书馆2015年版，第341页。

捍卫人的尊严①。

杜威的事实价值论提出了很多独到见解，在此不做一一赘述，想重点介绍其关于价值判断的思想。对于价值是否能够进行评判，学界一直存在争议，“近年来出现了一些理论家，他们极力认为关于价值的判断是不可能的，由于价值所具有的特性，使得其失去了具有理智讨论的可能性”②。杜威认为价值既然是一种事实，那么事实是可以通过经验来观察和感知的，因此价值也是可以通过其行动的后果或影响来加以判断的。为此杜威提出了“试验法”，即采用科学方法来评判事物的前因后果，为道德实施提供行动依据。因为科学是建立在可靠的事实之上，依靠试验结果来评价事物的价值，具有相当的客观性、稳定性和中立性，不以人的主观意志为转移。

杜威的事实价值论为公益创业教育的价值判断提供了依据，即根据“具体情境中的欲望或兴趣，即具体情境中应该的‘想望’‘喜欢’和‘兴趣’；行动方案；关于价值的最后决断性方案”③。不仅能找到论证价值存在的合理方式，也提供了对公益创业教育的价值大小进行评判的科学工具，即根据其教育效果和事实产出进行分析，这也为优化公益创业教育活动、促进公益创业教育深入发展提供了准绳。

三、迈农的情感体验论

如果说杜威的事实价值论侧重于对客观事实及影响的评判，那么作为价值

① 冯平：《杜威价值哲学之要义》，《哲学研究》2006 年第 12 期。

② ［美］杜威著，傅统先译：《人的问题》，上海人民出版社 2014 年版，第 232 页。

③ Jo Ann Boydston(editer), *The Middle Works of John Dewey*: 1899-1924, Souther Illinois University Press, 1976, p. 19.

哲学先驱的迈农则侧重于对人的主观感受及体验的评判。有学者将迈农的情感体验论归结为主观主义价值论，这是对迈农价值思想的污蔑与否定，是对迈农价值思想的认识肤浅和片面所致。

迈农认为“事实上可能存在这样一些价值，它们通过情感被赋予，但在本体论意义上又独立与个体的情感或者任何的主观态度”①，也就是说价值与其预设对象是以主体感受作为中介而联系在一起的，如下图呈现：

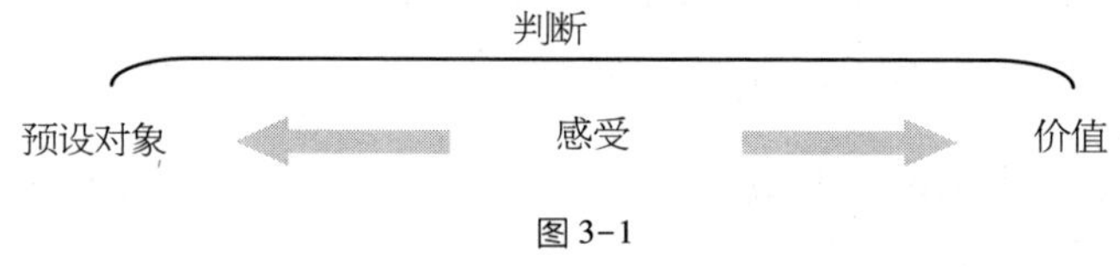

图 3-1

如图 3-1 所示，当主体感受发生时，一边会指向感受的预设对象，另一边则会指向价值，而价值则通过判断与预设对象联系起来，从而表现为事物的价值。因而迈农将价值判断分为两个环节，一个是感受，另一个是附加于感受的判断，因而评价也就不再只是单纯的“表象感受”，而是感性和理智的混合物，我们评价事物的过程也就是个人情感与个体理智不断调适的结果。

因此迈农提出价值只有通过感受才能呈现出来，具体来说，就是在我们因某物的存在而高兴、因某物的缺失而难过时，我们也就对这个物体的价值已经做了评判，这是用想象或假设来呈现价值。当我们欲求某物时，就会用想象或假设的方式来证明此物存在或如此，这种欲求指向于具有可能性的事物，并呈现事物的价值。但是这种想象性的价值感受与真实的价值感受是无法相提并论的，真实的价值感受是呈现价值的主要方式，或者说只有在真实的价值感受中价值才得以被认识和理解；而想象性的价值感受只有在所欲求之物得到实现后，价值才能

① 蒋曦：《作为“对象”的价值——迈农价值理论研究》，复旦大学博士学位论文，2009年，第 77 页。

以事物作为载体得以呈现。由此对于价值的把握的路径也就趋于明晰:(1)通过判断将各种感受与预设对象联系起来,从而把握事物的性质;(2)具有不同性质的事物,其存在与否或如此怎样则会发生相应的价值感受;(3)通过判断将价值感受所呈现价值高低赋予事物;(4)通过价值感受来确定价值的量级,进而完成对价值的真正把握。

迈农的情感体验论关注个体的感受与体验,注重个体的独特性,能够在充分尊重主体性的基础上把握价值的多样性与丰富性。要把握公益创业教育价值的多样性,就要结合不同个体的多元需要进行深入的细化研究,以尊重人的感受和体验为出发点开展公益创业教育活动,而不是强制灌输或单方面影响。因此迈农的情感愉悦论为开展公益创业教育提供了方向性指导,对公益创业教育价值的研究提供了启发与借鉴。

第三节　创业理论

作为一种社会行为和经济现象,学者对于创业的研究一般基于自己研究和构建理论体系的需要,从而提出某些关于创业和创业者的理论理解。正如林强等学者所指出的,"对于创业现象的研究始于 18 世纪中期,经过两个世纪的发展,到 20 世纪 80 年代研究得到迅速发展,直到今天呈现出越来越热烈的局面。目前国内学者对于创业的研究主要集中于介绍和描述创业的现象和行为,而进行创业理论专项研究的还不多见"①。目前对于创业理论的研究已遍布管理学、商学、经济学、教育学、心理学、公共政策等学科,诸多学者从不同角度来诠释创业理论。

① 林强、姜彦福、张健:《创业理论及其架构分析》,《经济研究》2001 年第 9 期。

本书所选取的赛义德的领导观、熊彼特的创新观及德鲁克的管理观，着重于对公益创业教育的实践取向予以规定。赛义德的领导观认为创业就是将各种生产要素组合在一起后实行协调和管理的过程，因此创业者的角色就是要发挥协调、管理、监督等作用，保证生产资料重组后的最大效率发挥。熊彼特将创业者视为创新者，认为创业者的核心任务就在于实现生产要素的优化组合，创业与发明或创新并不是一回事，创业需要将创新的成果在市场上进行变现获取利润，因此创业者的职能不在于发明某种东西或崭新方法，而在于找到办法去促使员工完成这些事情。德鲁克的管理观众所周知，反对从主观层面去研究创业行为，认为创业不是与生俱来的天赋、灵感或智慧闪现的产物，而是一种可以组织并且需要系统性、科学性组织的日常工作，因此必须强调日常工作的作用。这三种理论能够一定程度上说明公益创业教育本质上是一种以实践性为主的教育，通过科学的组织和具体的行动来创造价值的现实活动，进而说明公益创业教育价值也是在实实在在的现实行为中发生的，并且可以采取措施进行提高。

一、让·萨伊的领导观

让·萨伊（Jean Baptiste Say）是法国18世纪伟大的经济学家，是继亚当·斯密、李嘉图等人之后的古典自由主义者的又一经济学伟人。1755年法国经济学家康迪隆（Richard Cantillon）提出“Entrepreneur”（企业家、创业者）以后，让·萨伊首先将该概念引入经济管理领域，因而让·萨伊被认为是创业管理的开山之祖①。

让·萨伊所提出的知识应用型创业理论，将人类经济活动分为三个层面，第

① Redlich F.*The origin of the Concepts of“Entreprineur” and“Creative Entrepreneur”*, Explorations in Entrepreneurial History, 1949.

一个层面为科学层面，主要研究产品的自然属性的过程和规律，第二个层面是将知识应用到具体的生产活动中去，第三个层面是执行劳动，也就是具体的生产过程①。让·萨伊同时指出一个人可以同时承担这三个方面的工作，这就是创业者，既能够有创新的头脑去进行知识或方法的创新，又能够将这些想法、灵感转化为现实的产品，并使其获得市场的认可，从而达到赚取利润的目的。

二、熊彼特的创新观

创业的本质是创新。创业是在一定使命感、责任感的驱使下，通过发挥人的能动性、创造性，为社会创造新的机会、新的业态、新的价值的实践活动。而不应该是一种简单的、机械的重复性劳动，也不应是一种纯粹的、量的物质积累。而要实现这样的目标，开展好这项活动，必须要有创新的精神、创新的思维、创新的方法，让创新贯穿于创业的开始、创业的过程和创业的结果，让创新成为创业的"活的灵魂"和动力。

熊彼特(Joseph Alois Schumpeter)是在20世纪初期产生深远影响的政治经济学家，作为创新理论的鼻祖，其所发表的《经济发展理论》中提出的"经济发展是创新的结果"的观点，其所产生的巨大影响至今仍在发挥。熊彼特将创新理论作为创业的重要理论遵循。众所周知，熊彼特的创新思想包括五种情况：制造新产品、采用新技术、开辟新市场、开拓原材料供应来源、革新组织管理②。熊彼特认为经济体系发展的根源在于经济活动，作为经济发展的重要推力，创业对于经济肌体的强健意义重大。熊彼特的创新创业思想主要体现于以下两个方面：

---

① Say J B.*Atreatise on Political*, Kethcener on Batoche books, 1828.

② Schumpeter J A. *Essays*: *On entrepreneurs*, *innovations*, *business cycles*, *and the evolution of capitalism*, Transaction Publishers, 1951.

第一，作为个体层面的创新创业研究。主要围绕如何定义个体创业、企业家与管理者的区别、相关术语、个体创业的先决条件等展开。熊彼特高度关注创业者的个人素质、行动倾向、创业意愿等，并结合家庭影响、同行认可等因素进行理解。同时熊彼特对现代创业者的四种形式进行划分，分别为企业所有者、企业领袖、管理者和创建者，其中创建者才是最纯粹的创业者，其根本特征就在于一直试图寻找生产要素的重新组合及安排。

第二，作为组织层面的创新创业研究。主要围绕如何定义公司创业、识别创业先决条件等内容展开。熊彼特将创业行为视为一种功能，即只要在战略思维和具体行动中实施了生产要素重新组合安排的都可以称之为创业行动。而组织层面的创业更多地需要考虑到公司的组织环境和制度环境，即允许创新的空间和条件的限度如何，其风险与机遇也需要综合评估与讨论。

熊彼特的创新创业观着重强调创新的意义，能够在有限的资源、技术、市场等条件下催生经济增长的新亮点，是实施人类可持续发展的重要路径。而公益创业本身就是创新的产物，是传统公益慈善与市场经济碰撞的产物，因此在公益创业教育中强调创新意识与精神的培养，是其应有之义。

三、德鲁克的管理观

作为“现代管理之父”，德鲁克（Peter F. Drucker）对于管理学的贡献是有目共睹的，其所提出的“目标管理”“经理人”等理念至今仍在企业管理中发挥重要作用。德鲁克认为一名优秀的企业管理者，应具备五点素质：一是善于利用有限时间，减少非生产性工作所占用的时间；二是重视贡献和定期的工作绩效，包括对销售额和利润的实现、产品的质量及社会方向、企业的人才结构优化等；三是善于知人用人、人尽其才，能够很好地发挥其特长与优势；四是实施有效决策，依靠程序化的步骤，在“议论纷纷”而不是“众口一词”的基础上作出决策。

德鲁克反对给创业蒙上神秘的面纱，认为“任何敢于面对决策的人，都可以通过学习具备创业精神而成为创业者，因此创业不仅只是个人的一种行为，也是个人性格特征的一部分”。因此创业的本质是实践，也就是实实在在的行动，通过努力的工作去进行价值创造，而不是坐等灵感的降临或想法的闪现。另外，德鲁克对创业精神有较多论述，认为创业精神指的是以个人力量，在个人愿景引导下，从事创新活动，并进而创造一个新企业；而组织的创业精神则指在已存在的一个组织内部，以群体力量追求共同愿景，从事组织创新活动，进而创造组织的新面貌。创业者本身是一种无中生有的历程，只要创业者具备求新、求变、求发展的心态，以创造新价值的方式为新企业创造利润，那么我们就能说这一过程中充满了创业精神。

德鲁克的管理理论，对于公益创业实践意义明显。公益创业是以组织化的形式开展活动的，如何提升组织运作效率、提高项目管理水平则可以借鉴德鲁克的管理理论，以科学的组织架构设计、合理的人员安排、严密的组织管理制度等来保障实施。

第四章 公益创业教育价值的要素与互动机理

价值能否被认识，这不是一个纯粹的主观命题，而是一个可以在实践中回答的问题。正如袁贵仁所说，"认识价值是一个动态的活动过程，是由多种认识形式和因素相互交织、共同作用的结果"①。价值作为主客体相互联系、相互作用、相互规定的产物，其构成既不是单方面由主体所规定的，也不是单方面由客体所规定的，而是主客体在相互作用的过程中，多要素重组、碰撞后所发生的"化学反应"。因此要认识公益创业教育价值，首先就要由表及里、由整体到部分地进行深入解剖与探究，公益创业教育价值是由哪些要素构成，不同类型要素之间的互动机理如何，等等。

本章将主要围绕公益创业教育价值的构成要素及不同类型要素之间的互动两个方面进行探究，其构成要素主要从价值主体、价值客体、价值介体、价值环体四个方面说明，这四个方面也是基于其他学者的理解之上，再基于目前的认识程度，认为能够一定程度上解释公益创业教育价值的主要构成。另外试图探索公益创业教育价值不同类型要素之间的互动与运行机理，主要从价值主客体之间

① 袁贵仁：《价值学引论》，北京师范大学出版社 1991 年版，第 231 页。

的转化、人的发展与环境之间的互塑、实践活动与价值整体提升，以及生产力水平发展与教育手段的完善四个方面进行说明，以避免对价值进行机械化的解构，从而完善对价值的整体理解。

第一节　公益创业教育的价值构成要素

对价值的构成要素进行分析，首先就要避免主观上的机械解构和实际中的片面分析，把握好整体与要素、全局与局部之间的辩证关系。马克思、恩格斯也对整体与要素之间的辩证关系有过诸多阐述，包括“每一个社会中的生产关系都可以形成一个统一的整体”①，现实社会是“一个能够产生变化并且经常处于变化过程中的有机体”②；始终强调要素之间的联系和作用，因此在认识事物时总是从事物之间的相互关系中着手；等等。

公益创业教育价值的构成要素既然是客体对于主体需要满足的属性，那么认识这种价值就要从主客体作用过程中的不同要素进行分析，必然会包括价值创设的主体，价值承载的客体，客体满足主体需要时所采用的手段、方法、途径等，以及价值发生过程中的社会环境，这四个方面虽不能完全描述公益创业教育价值的全部要素，但根据现有认识水平，这四个方面能够在一定程度上说明其主要要素，说明公益创业教育价值的主要组成。

一、作为价值主体的教育对象

明确主体要素是进行价值思维的核心环节，是顺利进行研究和实践的重要

① 《马克思恩格斯文集》第1卷，人民出版社2009年版，第603页。
② 《马克思恩格斯文集》第8卷，人民出版社2009年版，第20页。

保证。主体缺位在现实中表现为混淆价值主体，人类中心主义、自我主义就是典型代表，在与自然、其他人打交道的过程中，强调极端的“以我为主”；主体混淆的进一步后果就是价值评价主体的错位，将自己的标准强加于人；以至于现实中的政府“伸手过长”、父母“揠苗助长”、长官“老子天下第一”、下属“越俎代庖”等现象也就屡见不鲜。价值的主体不等同于主体性，价值主体表现为现实活动中的受益者、作用对象等，而主体性只能由人来承担，“人作为价值关系的建立者和推进者，才是这个过程的主体而不是客体”①。

公益创业教育的价值主体，也就是作用对象，既包括从事社会生产活动的人，也包括人所从事的各种社会活动，因此在说明公益创业教育的作用对象时，理应包括人和现实活动两个方面。公益创业教育的价值主体不等于公益创业教育的主体，前者指的是公益创业教育活动的指向对象或受益者，后者指的是公益创业教育中的教育者、管理者，两者也就是施教者与受教者的关系。但在以往的理解中，容易将两者混淆或交替使用，从而造成理解偏差。

（一）公益创业教育价值的主体构成

“科学研究的区分，就是根据科学对象所具有的特殊的矛盾性。因此，对于某一现象的领域所特有的某一种矛盾的研究，就构成某一门学科的对象。”②公益创业教育的教育对象，也就是公益创业教育价值的主体构成和承担者，是公益创业教育活动的原点和归宿。虽然在现实中，价值的承担者与实施者之间的界限难以区分，但不能以此相对主义陷入形而上的怀疑论中，从而规避研究的可能性。“主体作为属人的范畴，是与客体相互对应、相互关联、相互规定的，主体与

① 李德顺：《价值论：一种主体性的研究》，中国人民大学出版社 1987 年版，第 36 页。

② 《毛泽东选集》第一卷，人民出版社 1991 年版，第 309 页。

客体间各自以对方的存在为自身存在的条件"①，在人类诞生以前或是在人之外的自然界中，原本没有所谓主体客体之分，随着"劳动创造人本身"、人类实践的活动逐步展开之后，社会文明因此而逐渐分化、生成，主客体也就随之产生。

人的发展性与开放性，决定了教育成人、化人的可能性。"人是可以获得新的生命的生命。人通过自己的意识作用于自己，人通过自己的意志作用于自己，并且，在作用之中构造了自己新的生命。教育如果清楚地看到了这一点，也就大体看清了自己的使命。"②公益创业教育正是将人的发展作为教育的根本使命和全部任务，才具有蓬勃的生命力。由于个人条件及所处时代背景的局限性，使得个人的思想认识、道德水平、实践能力与社会发展的要求存在差距，这就需要通过接受系统、科学的教育来不断提升个人水平。公益创业教育的对象，是指需要以一定内容、一定方式有目的地加以引导、转化和动员的主体。公益创业教育的对象具有与其他教育对象共有的主动性、互动性等特征，其不是处于完全被动地位受改造的客体对象，而是在与施教者的互动过程中，双方的思想、情感、观念、意志等不断发生碰撞汇合的过程。

公益创业教育对象具有广泛性和特殊性，这两个特征看似矛盾，实则体现了认识论的辩证法，能够更加准确把握公益创业教育对象的特征，从而提高研究和工作的实效性。公益创业教育对象的广泛性是由教育对象的现状所决定的。人的思想和能力总是复杂而又矛盾的，现有的思想意识及能力与不断发展变化的环境之间总是存在不适应甚至完全背离的方面。就公益创业教育而言，人的公益精神与创业实践能力并不是与生俱来的，而是通过后天习得而不断发展的。人虽生来具有"恻隐"之心，但如果未经开发和识别，就可能被"丛林社会"中的

① 孙伟平：《价值哲学方法论》，中国社会科学出版社 2008 年版，第 192 页。

② 张楚廷：《教育哲学》，教育科学出版社 2006 年版，第 106 页。

冷漠、残忍、无情等情感所替代。而人的实践能力也是如此，虽在后天的模仿和练习中可以逐渐获得，但创业能力则需要接受系统的培训和教育才能系统掌握。目前社会上公益创业教育的潜在对象包括两种人，一种是具有公益精神但缺乏公益实践能力的，这类以年轻人尤其以大学生为主，有参与改变社会的决心但苦于找不到可以切入的路子；另一种是具有公益实践能力但公益精神缺乏的，这类以企业家为主，有丰富的社会阅历和较强的社会活动能力，但"事不关己高高挂起"和"唯利是图"的价值取向决定了其公共参与的匮乏和对公众事务的冷漠，"和近代企业家的商业伦理、职业操守、普世情怀相比，现代企业家身上已很难找到这种精神气质"①。这两者在社会上有广泛拥趸，决定了公益创业教育对象的广泛性。

公益创业教育对象的特殊性是由个体的差异性所决定的，不同群体、不同个体之间的差异非常明显，这就要求教育工作分类实施，因地制宜、因人制宜。公益创业教育的潜在对象包括大学生、公益行业从业者、志愿者、政府官员等，这些群体之间特征各异。大学生是最具教育可能性的群体，精力旺盛、求知欲强，有行动的勇气和决心，社会压力较小，创新性强，不易受到传统思维和习俗的影响，而且主动关心所处的社会和这个世界，热衷于公共事务的讨论与行动，善于将个人诉求汇合为社会的整体诉求，进而采取行动来改变社会。公益行业从业者，目前我国持证的社会工作者约为 16 万人②，这个群体具备较为系统的社会工作经验，社会使命感较强，能够对传统的老弱病残、自然灾害等展开扶助救济，善于争取官方的政策和资金支持，有明确的法律依据展开行动。但这个群体一般存在于体制内，变革的主动性较差，对日益增多的新问题束手无策，不相信个体的力

① 段鸿：《中国企业家对社会责任的变迁——1870 年以来的考察》，《经济管理》2011 年第 1 期。

② 数据来源：中华人民共和国民政部官方网站，2014 年社会服务发展统计公报。

量可以改变社会，受到的思想和现实束缚更多，其行动压力是自上而下上级领导布置的而不是自下而上根据现实情况所做出的及时反应。一般的公益志愿者，没有太多规则和条框的束缚，根据个人的实际情况参与，时间、内容、期限、方式、地点等都不固定，具有较大的灵活性和弹性，主要从“小、微、细”做起，试图以个体的行动来唤醒周围人。但其不足也比较明显，个体力量相对不足，尤其是在面对大型社会问题时束手无策，“助人者和受助者之间的关系非常简单明确，因此其行为在大多数情况下并不涉及社会体系的改造”①。目前中国政府官员也逐渐热衷于公益慈善活动的参与，通过提供政策咨询、社会网络搭建、民意传送等方式，也在逐渐改变着中国的公益生态。这些官员主要来自于民政部及地方各部门、人大及其法律政策司（委员会）、共青团、妇女组织、工会组织等，特别是一些从部门领导岗位退休的官员，为特定的社会群体服务，其主动参与公益活动，既因为个人内心的认同，也是在政策范围内的规定工作，通过汇聚民意更好地制定政策。

价值的主体性深深打上了人的需要的烙印。正是基于客体的属性，以及主体的需要，两者结合后价值才得以产生。因此有必要对人的需要进行分析。袁贵仁指出“人是一个整体，人性实质上是人在其活动过程中作为整体所表现出来的恶与其他动物所不同的特性，这种特性主要指人在同自然、社会和自己本身三种关系中，其相对应地表现出所特有的自然属性、社会属性和精神属性。他们相互作用、相互联系，并有机成为人性系统结构的一部分，并较为完整地表现了一个作为整体存在的人所具有的根本特性”②。因此人的需要根据人的属性分为自然需要、社会需要和精神需要。（1）尊重人的自然需要，发展人的生存技能。理解人的自然需要是从事一切与人有关活动的根本前提。“人直接地是自

① 唐昊：《中国式公益：现代性、正义及公民回应》，中国社会科学出版社 2015 年版，第 7 页。

② 袁贵仁：《价值学引论》，北京师范大学出版社 1991 年版，第 62 页。

然存在物。人作为自然存在物,而且作为有生命的自然存在物,一方面具有自然力、生命力,是能动的自然存在物;这些力量作为天赋和才能、作为欲望存在于人身上。"①创业教育要以尊重人的自然属性为前提,以满足人的自然需要为基础,包括对有品质生活的物质追求、对个人财产人身安全的确认、对个人政治权利的保障等,都成为不容回避的问题,否则育人就会陷入空谈的窠臼,无法取得实效。但育人的过程既要尊重人的起点——自然性,也要对其予以合理抑制,用社会性来完善自然性,使人实现由"自然的人"向"社会的人"的转变。(2)丰富人的社会需要,满足人的发展需求。如马克思所言"人的本质并不是单个人所固有的抽象物。在其现实性上,它是一切社会关系的总和"②。因此,创业教育必须以人的实践为基础开展,在实践的过程中提高人的三种社会特性:一是群体性,也就是培养人的适应能力与协作能力,在共同体中明确自身的地位;二是交往性,在社会关系的场域内确认自身的在场,如成就得到肯定、尊严得到维护等;三是合作性,尤其在组织建立与管理的过程中,强调团队协作与共赢,这也是现代社会所必须具备的素质。(3)发展人的精神需要,实现人的自我超越。人的精神个性指人的意识、理性、思维、情感、信仰等,恩格斯曾赞誉其为"地球上最美丽的花朵",其之美在于凭借抽象思维形成对象意识和自我意识,能够由偶然的、表面的现象发现和揭露隐藏的、本质的规律,进而提高实践活动的科学性。"教育对人的意义世界的引导、启发、促进,需要的是与建构人的物质世界完全不同的教育理念和方法。因为它所授的不是物之理,而是人之理,也不是人之所以之理,而是人之应是之理。"③创业教育的终极目的,就是要帮助人实现对人自身精

① 《马克思恩格斯全集》第3卷,人民出版社1995年版,第324页。

② 《马克思恩格斯文集》第1卷,人民出版社1995年版,第56页。

③ 鲁洁:《教育的返璞归真——德育之根基所在》,《华东师范大学学报(教育科学版)》2001年第4期。

神本质的全面占有，发展成具有独立人格、自主意识、精神充分发展的人。一方面是发展精神内容，如利他主义、社会责任感、爱国情怀、崇善向善、关爱生命等，以"良币驱逐劣币"，让高雅的、积极的精神内化为人的秉持与遵从；另一方面要保持良好的精神状态，如坚强勇敢、百折不挠、奋发向上、积极进取、敢为人先等，这些不仅是创业所需要的优秀品质，也是人实现自我发展所需要的精神保障。人的精神个性，也不是先天的、固有的，而是产生于人们实践的交往需要，在实践活动中产生。

本研究所强调的公益创业教育对象主要有两类，一类是在校大学生，另一类是社会上的公益行业从业者，这两者的个人意愿较为强烈，发展空间相对更大。因此在后续研究中涉及主体时也以这两类人为主。

（二）以社会的各个子系统为主体的公益创业教育价值承担者

目前关于价值承担者的研究侧重于人，而对于社会的作用则较少提及，有零散表述但未充分说明"何以然"，也就是价值如何能被社会承载，这点需要论述清楚，否则就是蛮不讲理。

价值既是一种基于主客体之间的互动关系，也是一种客观的社会现象，因此价值与社会系统之间的关系也就密不可分。具体而言，可从三个方面展开：(1)价值关系的实质是一种社会关系。价值的主客体以及主客体之间的关系带有明显的社会性特征，正如马克思、恩格斯所说的"人天生就是社会的动物……只有在社会中人才能发现自己的真正天性，而对于他的天性的力量的判断，也不应当以单个个人的力量为准神，而应当以整个社会的力量为准绳。"①而作为物或事的价值客体，只有进入社会活动领域，通过人、通过人们之间的互动关系，在

① 《马克思恩格斯全集》第2卷，人民出版社1954年版，第167页。

满足人的活动和需要的情况下,才能表现出来,否则价值便不复存在。用系统论的观点看,价值不是客体的自然质,而是在社会关系中主客体之间的系统质①。这种系统质不是系统的某种要素本身所固有的,而是系统的诸要素相互作用所表现出来的新质。也就是说,系统质发生于人类群体之间的意义关系,通过组成一个涵盖社会事务或自然事物和人共同组成的主客体关系系统,这种系统不是某种自然系统,而是一种社会系统,具有鲜明的社会性。(2)价值关系的现实基础是人类的生产实践活动,存在于主客体关系之中,也具有明显的社会性。对于自然存在的物来说,其自然属性只有经过了社会活动改造才能变成价值属性,也就意味着无论是其功利价值还是审美价值,都是人们实际掌握运用的结果,都是现实社会实践活动的产物。人的实践活动的根本特性就是社会性,任何个体只有在特定的社会关系中才能结成统一的整体,形成超出个体以及个体力量总和的社会总体力量才能与自然相抗衡,并发挥改造客体的能动作用。另外,个体的劳动能力也是在社会中逐渐发展起来的,劳动工具也是在社会的进步中逐步得到改进的,其劳动产品也只要得到社会认可其交换价值才得以体现,因此马克思才说"个人是社会存在物,他的生命表现,即使不采取共同的、同其他人一起完成的生命表现这种直接形式,也是社会生活的表现和确证"②。(3)价值根源于人和人的需要,而人的需要从本质上说是一种社会性需要,它是在社会中产生的,这些需要也会随着社会的发展而不断发展,在原始社会人类只能寻求满足生存需要,进入文明社会后人类开始追求发展和精神的需要。人的生存需要固然基于人的自然本性,但也打上了社会性的印记,扬弃性地包含在人们的社会性需要之中。由此,社会各个子系统作为公益创业教育价值的承担者,也就具有学理基础,能够名正言顺地体现公益创业教育的社会价值。

---

① 袁贵仁:《价值学引论》,北京师范大学出版社 1991 年版,第 149 页。

② 《马克思恩格斯全集》第 42 卷,人民出版社 1979 年版,第 122 页。

“所谓社会价值，是指一种特定的社会现象或行为本身所具有的能够满足一定的社会共同需要的功能，是对于社会发展的积极意义。这是一种普遍性价值，是以作为整体的社会的需要和利益为衡量尺度的一种特定现象或行为的价值。”①社会价值体系由总体目标和具体目标构成，其中静态结构维度包括经济发展维度、政治发展维度、文化发展维度、社会发展维度等，而动态结构维度指一定的时间和空间范围内，政治、经济、社会、文化等维度之间的相互影响和作用，从而推动社会价值整体结构的发展与变迁。公益创业教育的社会价值是由其社会性本质所决定的，其社会价值也就是对推动社会发展的积极作用和意义。关于社会价值的具体分析，可参考中国共产党第十八次全国代表大会对社会子系统的分类，包括“经济建设、政治建设、文化建设、社会建设、生态建设”②五个主要子系统，因此公益创业教育的社会价值可依此分为经济价值、政治价值、文化价值、社会价值及生态价值五个方面，如下图所示。

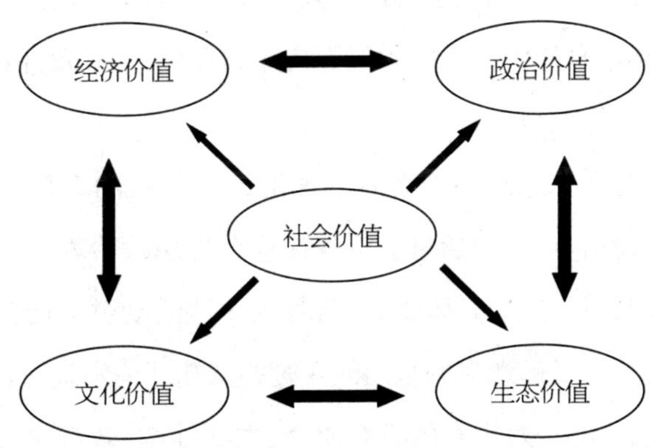

图 4-1　公益创业教育社会价值子系统结构图

如图 4-1 所示，公益创业教育的社会价值分为五个子系统，以社会价值为

① 袁祖社：《社会价值范畴研究》，《哲学动态》1997 年第 12 期。

② 《十八大报告辅导读本》，人民出版社 2012 年版，第 9 页。

中心,经济价值、政治价值、文化价值、生态价值依次展开,不同要素之间相互联系、相互作用,共同构成了公益创业教育社会价值的整体图景。

二、作为价值客体的教育者

与价值主体相对的是价值客体,也就是主导公益创业教育活动、实施教育计划的教育者。与传统教育主体客体有别,在公益创业教育价值的研究中,价值承担者也就是价值主体,指的是教育对象;而价值创造者则是价值客体,指的是教育者。任何一项教育活动,只有配备相当数量的教师队伍才能开展活动。教育者被誉为"执掌明灯的人",是从"幽暗"走近"澄明"的中介,"一方面隐喻个体的知识、道德、文化等范畴,另一方面也隐喻着受教育者的认知水平较低,还处于蒙昧、混沌的无知状态"①,因此教师这一群体就必须承担"传道、授业、解惑"的教育使命。教育使命的神圣性也直接对教育者本身的素质提出了高要求。作为教育者的教师,其本身的价值直接体现于具体的教育活动,教育效果的好坏直接决定着其教育价值的大小。

正如沈壮海对于思想政治教育者的理解,"思想政治教育主体是关于自身的思想自觉和行动自觉,它包括对于自身在整个思想政治教育中所具有的主体地位、主导性作用、所负担的具体使命、自身主体性活动对于社会和自己的教育对象所具有的现实与长远意义的全面而深刻的认知。"②公益创业教育者的自身水平要得到提高,也必须对自身的教育使命、主导地位、教育意义等有系统而深刻的认识,为此可从主体职能、主体组成结构、主体主要素质等方面规定公益创业教育者的主要素质和能力。

① 吴松:《教育者与受教育者》,《高等教育研究》2000 年第 2 期。

② 沈壮海:《思想政治教育的文化视野》,人民出版社 2005 年版,第 331 页。

（一）公益创业教育者的主要职能

作为教育者在公益创业教育过程中要发挥主导作用，能够组织实施有目的、有系统地对个体道德及知识产生积极影响的活动，成为公益创业教育的发动者、组织者和实施者。在公益创业教育过程中，公益创业教育者既可以是单个的个体，也可以是由多人组成的集体。在针对教育对象实施教育活动的过程中，也在不断进行自我学习和教育；而受教育者在接受教育者实施的教育活动的过程中，也能发挥主观能动性作用于教育者，一定程度上也能帮助教育者提高自身的思想素质和业务能力素质。教育者在公益创业教育活动中发挥的职能主要有：（1）计划职能，包括确定教育目标、实施可行性方案、制定具体措施，另外在制定各项具体措施时，要充分了解教育对象的实际情况，因人制宜，具体情况具体分析；（2）组织职能，也就是要通过设置管理机构，确定各层级部门的具体职能，建立严密的责任制度，选配各级负责人员，并在此基础上保证对人员、物力、财力等资源进行合理组织与优化；（3）监督职能，督促工作计划的顺利实施，对人员进行定期考核和监督，发现工作误差并及时进行修正，并在必要时调整工作计划，确保实现预期工作目标；（4）激励职能，采取一定的激励手段，以激发教育对象的热情和积极性，使其能够更为自觉地投入教育活动中；（5）总结评估职能，在一个阶段内对教育思路、教育方法、教育途径、经验教训等方面展开分析评估，并作出有意义和指向性的总结，为下一个阶段的工作提供行动依据和工作方向。

（二）公益创业教育者的组成结构

目前国内的公益创业教育教师队伍可分为三类："学院型""管理型"和"社会型"，每一类各具优势，但不足也十分突出，三者相互补充共同构成较为科学的教师队伍体系。当然，来自不同渠道的教师由于其知识结构、社会经历等千差万别，其所实施的教育理念也不尽相同，因而对学生的影响也存在潜在的风险，影响教学的实效性；另外，混合型的教师编制较为复杂，增加管理部门的工作难度。国务院文件明确“允许高等学校和科研院所设立一定比例流动岗位，吸引有创新经验的企业家和企业科技人才兼职。试点将企业任职经历作为高等学校新聘工程类教师的必要条件”①。这也从制度上开启了教师队伍创新组建的可能：(1)内部挖潜，以专为主。通过安排定期培训、常态进修等方式，给专职教师提供充足的发展机会，帮助其提高自身的创业素养与能力，鼓励其投身于办公司创企业的社会实践之中，实现实践与教学的双向促进。同时通过内部挖潜有利于提高专职教师的教学积极性，改善教学成效，也一定程度上能够降低改革成本、减少改革阻力。(2)引进外援，以兼为辅。与具有相当社会影响力的创业成功人士建立持续的合作联系机制，分享自身的创业实践经验，帮助学生清醒认识创业中所面临的困难和挑战，以榜样的力量鼓励学生坚定创业的信心。邀请社会人士作为兼职老师开展主题沙龙、经验分享、项目指导等活动，需建立完善的管理机制，既要保障对方的合法利益，又要注重学生素质的全面提高。

(三)公益创业教育者的基本素质

个人素质是人的基本品质，由其成长环境和教育背景所决定，在先天生理的基础上，在后天环境的影响下，形成较为稳定的身心发展的基本品质。个人素质通常以静态的形式存在，具有一定阶段内的稳定性和一定空间内的隐蔽性，对人的思想品质和实践能力的形成意义明显。公益创业教育者在教育活动过程中，以教书、管理、服务等为载体直接或间接引导和影响着教育对象的思想行为。关于教育者的基本素质构成，学界一直众说纷纭，叶澜认为应包括“教育理念、知

---

① 《中共中央、国务院关于深化体制机制改革加快实施创新驱动发展战略的若干意见》，2015 年 3 月 13 日。

识结构、能力、认知能力和方法论”①，唐松林等认为应包括“认知结构、专业精神和教育能力”②，Barbara Kelly 认为应包括“精深的内容知识、教育教学技能、了解学生并对学生负责、评价学生和基于评价的教学、管理课堂能力等”③。笔者以为，公益创业教育者的素质应包括道德素质、创新素质、身心素质，这三个方面缺一不可。(1)道德素质。任何职业都对其从业者有职业道德要求，而作为教师具有道德则直接关涉学生的道德生命成长，与其他职业相比对其个人道德要求更高。虽然有争论“教师应该是道德家吗”④，但毫无疑问教师的道德观念、道德情操、道德品质，以及必须遵守的道德规范和行为准则，都会成为评判一名教师是否合格的重要标准。(2)创新素质。正如习近平所言，“纵观人类发展历史，创新始终是一个国家、一个民族发展的重要力量，也始终是推动人类社会进步的重要力量。不创新不行，创新慢了也不行”⑤。教师的创新素质应该通过具体的教学实践活动体现出来，在更加尊重学生的认知兴趣、满足学生的专业学习、靠近学生的关注热点、贴近学生的社会实践中来开展教学，则事半功倍。(3)身心素质。教师拥有健康的体格和积极乐观的心态是保证教育活动顺利开展的重要前提，但目前高校“重科研、轻教学”的现实使得教师尤其是青年教师在繁重的科研与教学中疲于奔命，许多教师长期处于超负荷的工作状态和高度

---

① 叶澜：《教师角色与教师发展新探》，教育科学出版社 2001 年版，第 10 页。

② 唐松林、徐厚道：《教师素质的实然分析与应然探讨》，《高等师范教育研究》2000 年第 6 期。

③ Luepker R V，Perry C L，McKinlay S M，et al.，*Outcomes of a field trial to improve children's dietary patterns and physical activity：the Child and Adolescent Trial for Cardiovascular Health* (CATCH)，Jama，1996，275(10)，pp. 768-776.

④ 甘剑梅：《教师应该是道德家吗？——关于教师道德的哲学反思》，《教育研究与实验》2003 年第 3 期。

⑤ 习近平：《在全国科技创新大会、两院院士大会、中国科协第九次全国代表大会上的讲话》，2016 年 5 月 30 日。

的精神压力中，亚健康、抑郁症等病症在教师群体中屡见不鲜。

三、作为价值介体的教育实践

任何物的价值的实现，都必须以其使用价值得到消费才能完成。作为现实的人其任何活动，也必须在社会中才能进行，也总是离不开一定的中介尤其是社会中介的参与。“实践是事物同人所需要它的那一点的联系的实际确定者，只有在实践中，主客体之间才能相互作用、发生关系。”①实践作为最重要的社会方式和人的基本活动方式，也必定是公益创业教育实践的根本中介。教育本身就是一种社会实践方式，因此教育对于人的价值实现具有重要的中介作用。教育的目的在于“使人成为人”，其个体价值得到充分彰显和实现，而个体价值的实现一方面取决于个体的先天性素质，另一方面则取决于后天环境的影响。其中后天环境中教育是最重要的因素，教育作为社会实践中介对于教育对象价值的提升至关重要。教育中介能够丰富人的知识、发展人的能力、提升人的素质，不仅能使人的先天潜能得到充分施展，将人的本质外化并表现出来；而且能够将个体价值的实现与社会价值的实现结合起来，以更好地满足社会的发展需要。

（一）公益创业教育实践的中介属性

作为哲学概念范畴的“中介”，具有多层含义。首先是作为一种思维方式的中介思维，在黑格尔哲学看来，中介所表示的是从“绝对理念”发展到对方的桥梁，是事物之间彼此联系的中间环节。在库恩（Thomas S.Kuhn）看来，中介思维

① 孙伟平：《价值哲学方法论》，中国社会科学出版社 2008 年版，第 87 页。

更多地表现为一种"关系思维",所体现的联系不是单向的从 A 到 B,或从 B 到 A,而是从两者的关系或联系出发来看待两者①,这是对传统意义上的"两极思维"的超越。而教育实践作为实现公益创业教育价值的中介,首先要做的就是建立教育者和教育对象之间的联系,保持适当的张力,使教育者的"所欲何为"和教育对象的"意欲何为"之间达成默契。其次是作为一种实体的教育组织与机构,能够组织和实施较为系统和科学的专门教育,保证客体能够按照主体的意愿和计划方向发展。

(二)公益创业教育实践的形态演变

公益创业教育实践作为价值创造和实现的中介,具有充分的载体和方法来保证价值的创设,特别是这种载体能够满足主客体双方的内在诉求,能够实现教育使命从教育者到教育对象的通达。公益创业教育作为一种发展程度较高的教育,其教育内容与方法在反复的实践中通过提炼,具有相当的科学性和适应性。公益创业教育从概念的提出到开始大规模的实践,经历了从"原始形态""学术形态"到"教育形态"的演变,公益创业教育也从理念走向了实践,为此探讨公益创业教育作为一种崭新的教育形态具有充分的依据。

公益创业教育的"原始形态":尽管公益创业教育与素质教育在实质上是相同的,但也有必要把公益创业教育理解为一种"新"的教育理念。之所以如此,一个主要原因就是公益创业教育是对当前国家发展战略在教育领域中的新确证和新响应。党的十八大报告及十八届三中全会报告均强调了培养学生的社会责任感,并提倡"用新的思路和工具解决交通、医疗、教育等公共问题",用"创业带动就业"。当代中国,没有任何时候比今天更推崇社会责任感和创业能力。而

① 托马斯·库恩著,金吾伦译:《科学革命的结构》,北京大学出版社 2003 年版,第 24 页。

响应国家大力提倡的“大众创业　万众创新”的国家战略，就要实行有利于培养创新性人才的教育。在这个意义上，公益创业教育与国家的发展战略是高度一致的。如果说素质教育对培养学生的社会责任感还是隐含的，那么公益创业教育则以更集中、更凝练的形式将其表达出来，并成为指引当代教育的一种新理念。

公益创业教育的“学术形态”：公益创业教育在核心概念范畴上，尤其是对“公益”“公益创业”“公益创业教育”等基本概念进行了尝试性界定，取得了很多共识；在知识分类体系上，已逐渐与创业学、战略管理学、组织学等相关学科区分开来，主要分为基础理论与实践理论两个部分，既要说清楚公益创业教育“何以可能”与“何以必然”，又要说清楚“怎么样”和“怎么办”，因此建立独立的知识范畴也就迫在眉睫。同时公益创业教育的研究方法也逐渐发展起来，尤其是对于社会价值衡量方面的研究，采用定性与定量相结合的方法，取得了初步成效，并为其他学科的研究方法发展提供借鉴。特别是近年来，相关的期刊论文和著作先后面世，对公益创业教育的方法、内容、影响、障碍等方面展开了探讨，在基础理论方面逐步取得共识。

公益创业教育的“教育形态”：公益创业教育的新模式也逐渐成形，并在全球逐步推广开来。1993 年哈佛大学商学院教授格雷格·笛茨(Greg Dees)将公益创业引进哈佛大学的课堂，开始系统教育。目前在美国、加拿大、英国、德国、法国、瑞士、印度等几十个国家的顶尖高校相继开设公益创业教育课程；印度的塔塔社会科学研究中心设立了公益创业教育学士学位点，比利时的鲁汶天主教大学和列日大学则设立了公益创业教育博士学位点；哈佛大学、斯坦福大学、牛津大学、杜克大学等先后创建了公益创业研究中心。与传统创业教育相比，公益创业教育的理念和模式具有明显的优势。第一，公益创业教育的内涵更为明确，即以培养具有社会责任感、创新精神和创业能力的高素质人才，以培养其通过创新性的手段利用有限的资源解决社会问题所必须具备的意识和能力为教育宗旨；第二，公益创业教育的价值取向更为明确，不仅注重学生的创业能力提高，更重要的是培养学生正确的价值取向。

四、作为价值环体的教育环境

公益创业教育价值的实现，必须在具体的外部环境条件作用下才能实现，公益创业教育主客体的实践性，决定了公益创业教育价值实现的环境现实性，因此将公益创业教育环境作为公益创业教育价值的组成部分具有合理性。对于外部环境的分类，学界有多种看法，包括以环境构成范围为分类标准的，分为宏观环境、中观环境和微观环境；以环境构成内容为分类标准的，分为物质环境和精神环境；按环境的性质为分类标准的，分为良性环境和恶性环境；按环境的存在形态来划分的，分为现实环境和虚拟环境；等等。对于公益创业教育而言，将环境分为自然环境与社会环境（经济、政治、文化、生态）两个方面，指向更为明确。公益创业教育的目标不仅仅是培养具有社会责任感、创新精神和实践能力①的高素质人才，更关键的是通过培养人才来解决社会问题，这种社会问题既包括社会层面的贫富悬殊、教育公平、交通堵塞、青年发展、社会稳定等，也包括自然层面的大气污染、水污染、土地污染等，这些问题均因人类而起，只有通过人类的参与和行动才能解决。

公益创业教育的现实存在，既以社会环境为条件，又受到社会环境的影响和制约。马克思在注意到环境与教育之间的关系，认为“关于环境和教育起变化作用的唯物主义学说忘记了：环境正是由人来改变的，而教育者本人一定是受教

① 胡锦涛：《坚定不移沿着中国特色社会主义道路前进——在中国共产党第十八次全国代表大会上的报告》，2012 年 11 月 8 日。

育的”,“环境的改变和人的活动或自我改变的一致,只能被看作是并合理地理解为革命的实践。”①马克思从唯物主义立场说明环境与教育的影响,在对机械唯物主义批判的立场上,“承认客观环境的作用,批判了机械唯物主义否定人对环境可以改造的一面,批判了机械唯物主义否定人的主观能动性的一面”②,并充分肯定了教育对环境的能动改造作用,认为作为实践的教育,应当通过提升人的能力,具备认识自然和社会发展规律和改造环境的能力,而不是像蜜蜂、猩猩等动物被动地适应环境,进而提高人类的生活水平和改善人类的居住环境。

政治环境。2012 年,党的十八大报告中明确提出“支持发展慈善事业”“引导社会组织健康有序发展”,从体制和政策上大力推进公益慈善发展。2015 年 11 月,国务院发布《关于促进慈善事业健康发展的指导意见》,作出了我国公益慈善发展的整体规划。另外,领导人通过体制性的安排参与公益慈善事业也成为发展亮点。据公开报道,目前公开出资成立非公募基金或专项基金会的有李瑞环、李岚清、李鹏、吴官正等人。引人注目的是,2013 年由朱镕基捐赠著书办税的“实事助学基金会”项目在湖南省湘西土家族苗族自治州吉首市举行。“由于领导人强大的号召力,能够直接提高公众对于慈善或者弱势群体的关注度,从而有利于问题的解决。”③

2016 年 3 月 9 日下午,十二届全国人大四次会议举行第二次全体会议审议并通过了《中华人民共和国慈善法》,作为我国第一部慈善法,这部法律的突出现实意义,在于系统规范全社会的慈善行为。该法律所制定的各项行为规范,既针对各级政府的管理行为,也针对社会组织的运行管理与每个公民的

① 《马克思恩格斯选集》第 1 卷,人民出版社 1995 年版,第 55 页。

② 张耀灿等:《现代思想政治教育学》,人民出版社 2006 年版,第 312 页。

③ 王振耀:《现代慈善与社会治理:2013 年度中国公益事业发展报告》,社会科学文献出版社 2014 年版,第 7 页。

慈善方式，是依据我国实际并借鉴国际经验，从而全面系统地确立起国家慈善事业发展所需要的现代规范。但回顾公益慈善事业在中国的发展历史，“基础差、底子薄、起步晚”的严峻现实仍然触目惊心。自 1994 年官方以《人民日报》刊文的形式第一次公开承认公益慈善事业以来，经过二十多年发展，公益慈善的政治地位有所改善，特别是 2008 年汶川地震以后，社会力量成为救灾的重要参与力量，公益慈善开始走入发展的高速轨道。汶川地震所带来的公益慈善发展变化只是偶然因素所致，根源在于中国走向现代化的社会需要与公民反应。

正如在基础理论论述时提到的，公益作为现代社会问题的回应，是公民和公民群体通过自身努力对现代化及其后果的主动回应。中国贫富分化问题在很大程度上是现代化的产物，经过三十年的发展旧的贫穷问题尚未彻底消除，而新的暴富阶层又不断扩大，但对新问题的解决能力不够，“社会管理体制和社会保障制度改革滞后、教育机会分配不公，政府主导的扶贫制度存在动态监测、评估调整机制滞后等原因”①，使得贫困问题尤其是中西部、革命老区贫困问题近年来的解决步伐进一步放缓。由此可看到社会发展对于公益慈善的需求巨大，但公益慈善组织本身的独立性和社会性，又使得政府对公益慈善组织及活动充满警惕，所以《中国共产党党组工作条例（试行）》和《中华人民共和国境外非政府组织境内活动管理法》一经出台，在境外媒体和境外组织中便遭受较大非议，也一定程度上反映了社会对于政府的担忧。以上两个法律党规的出台，也清晰表明了在当代中国政府对于公益慈善事业的基本态度，一方面鼓励社会公益慈善事业的积极发展，在灾难救助、农村扶贫、环境治理、青年发展等方面发挥政府难以替代的作用；另一方面对外国组织和境外势力支持的公益慈善组织加强管制，特

① 唐昊：《中国式公益：现代性、正义与公民回应》，中国社会科学出版社 2015 年版，第 69 页。

别是对政治诉求明显、活动能量巨大、社会表现活跃的组织要进行严格管理，尤其是近年来发生的“律师维权”事件背后都有外国势力活动的影子，这不能不引起政府的担忧。在这样的政治背景下开展公益创业教育，政府会以审慎而保守的态度予以支持，但这种支持是节制的、有限度的，一定程度上会打击参与者的积极性。

经济环境。自2015年上半年以来，中国实体经济下滑的说法始终不绝于耳，2015年8月制造业PMI① 更是首次跌破49.7。而最近一份来自各个行业的草根调查报告，更是明确显示了目前出口锐减、消费不足、制造业低迷的现状。与此同时，互联网已经改造及影响了多个行业，当前大众耳熟能详的电子商务、互联网金融、在线旅游、在线影视、在线房产等行业都是其杰作。互联网不仅正在全面应用到第三产业，形成了诸如互联网金融、互联网交通、互联网医疗、互联网教育等新业态，而且正在向第一和第二产业渗透。目前中国政府一直在寻找拉动社会经济发展的新亮点和战略重点，所以相继推出了“城镇化”“大众创业万众创新”“振兴东北老工业基地”“一带一路”等措施，以寻求经济增长新极。

公益作为一片尚未得到足够认识的“蓝海”，目前社会对其关注度和重视程度不够，其对经济的提质增效转型升级意义重大。中国公益慈善领域是一片潜力巨大的“蓝海”。和美国相比，在体量上，2012年中国的捐赠总额（款物合计）约817亿元（占GDP的0.16%），美国同期是3162亿美元（占GDP的2%），相差24倍；在个体捐赠上，2012年中国人均捐赠60.4元（占人均可支配收入的0.25%），而美国同一数字是1007.6美元（占人均可支配收入的8.4%），相差103倍。如果把非营利部门视为一个独立的经济体，该领域的从业人数约1300

① PMI（Purchasing Managers' Index），指采购经理指数，PMI指数50为荣枯分水线。当PMI>50时，说明经济在发展；当PMI<50时，说明经济在衰退。

万,资产价值达3万亿美元。根据世界银行2009年所公布的各国GDP排行榜,非营利部门实体的经济实力可以排名世界前5,甚至于超过英国、法国等老牌欧洲大国。就目前而言,中国志愿服务事业对国民经济社会发展的贡献率与西方国家相比,还存在较大差距。仅以志愿服务所提供的就业机会来看,根据美国霍普金斯大学非营利研究结果显示,1995年美国提供的就业数量占就业总数的11.9%;西欧国家提供了相当于3.3%的就业机会;即便是在志愿事业不太发达的中欧、拉美等国家和地区,其志愿服务也提供了相当于0.8%左右的非就业机会。根据清华大学NGO研究所2002年的一项调查显示,中国社会组织所提供的就业数比例仅为0.19%,如果再算上社团志愿者、社工的贡献,这一比例也仅为0.21%。有专家指出,如果中国公益事业达到西方国家的平均水平,那么中国的社会公益领域将会带来800万的新增就业岗位。

文化背景。中国具有深厚的公益慈善文化资源,关于这一点在前面的理论基础里已有论述,在此不再赘述。正如朱有渔所言:"中国慈善是中华民族智慧的产物。它与中国人民的生活、传统和民族思想有机地结合在一起,并从中衍生出它赖以发展的能量、指导原则和各种特征。可以说中国式慈善是中华民族文明的精神表现。"①当代中国公益文化也呈现出欣欣向荣的发展局面,正如王名所归纳的,"我国公益慈善在诸多方面呈现出蓬勃发展的繁荣景象。这主要表现在:社会捐赠持续快速发展,到2015年已破千亿;公益慈善组织规模日趋扩大,以公益基金、社会企业为代表的新型公益组织正在崛起;志愿工作和社会工作迅速普及,'志工''义工''社工'等多样化志愿服务体系逐渐建立;企业社会责任不断增强,目前每年均有不同组织发布的企业社会责任年度报告;公益创新空前活跃,以移动互联网为契机的'免费午餐''冰桶挑战''随手拍'等活动此

---

① 朱有渔:《中国慈善事业的精神》,商务印书馆2016年版,第113页。

起彼伏，以公益创投、公益众筹、公益信托、社会影响力投资等为代表的‘公益产业’正成为经济发展的新业态；公益研究的学术阵营不断扩大，学术专著、期刊论文、学术会议等成果近年来涌现；政府政策和管理体制也在加快调整，特别是在《慈善法》出台后对社会组织登记、公益募捐、境外 NGO 组织等方面的管理也在完善。”①

同时，公益慈善事业也发展迅速，具体体现为：(1)社会捐赠成倍增长，近年来我国社会捐赠额增长迅猛，2014 年突破千亿，相当于 2006 年的近 9 倍；(2)公益慈善组织发展很快，截至 2015 年年底，全国共有社会组织 66.2 万个，比上年增长 9.2%；有各类基金会 4784 个，比上年增加 667 个，增长 16.2%（数据来源：中华人民共和国民政部官方网站）；(3)公益创新空前活跃，在市场和公益的领域之间涌现出大量具有巨大潜力的社会企业，在移动互联网与公益慈善的连接上也涌现出了如“免费午餐”“微公益”等异军突起的公益平台，在传统媒体、新媒体和公益慈善之间催生出信息多种多样的创新平台；另外在金融投资与公益之间也涌现出了以公益信托、公益创投、社会影响力投资等为代表的新兴金融工具；(4)企业社会责任不断增强，不仅表现为企业捐赠，更体现企业对于劳工、消费者、环境、社区等方面的综合公益贡献，反映在定期发布的企业社会责任报告上，从数量和质量上得到质的提升。

但目前社会各界对公益的总体认识还偏向消极，主要是当前公益在中国以“野蛮式的增长”带来的负面问题较多，如公益慈善组织的诚信问题、公益慈善活动参与的道德自觉问题、公共资源分配中的公平性问题、公益慈善活动中受助者与施助者的权利义务关系问题等②，这些现实问题背后的文化偏见也显而易见，包括“不患寡而患不均”的仇富观、不切实际地认为公益捐赠多

---

① 王名：《中国公益慈善：发展、改革与趋势》，《中国人大》2016 年第 7 期。

② 彭柏林：《当代中国公益伦理》，人民出版社 2010 年版，第 141 页。

多益善、不考虑施助者的实际情况、多关注善款的来源缺少对善款使用的监督、认为公益组织工作人员不应领取工作报酬等①，也在一定程度上阻碍着公益事业的发展。特别是2016年11月5日的“世界慈善论坛”和11月15日的“中国公益论坛”也先后因不可抗因素被取消或无限期推迟，也加重了社会的担忧。

生态背景。中国自改革开放以来经历了40年的高速发展，社会物质财富迅速积累，人民生活水平迅速提高，目前GDP在世界上排名第二，仅次于美国。但中国经济的高速发展是建立在廉价的劳动力、廉价的土地使用、资源的低效率消耗等基础上，以工业作为拉动经济发展的龙头，但这种发展模式仅仅持续了三十多年就显得不合时宜了。在全球经济整体低迷的背景下，中国经济发展也在经历着转型的重要战略期，同时环境污染问题日益严峻也使得社会对于经济发展的传统模式提出了质疑。雾霾影响着中国大部分人口密集居住的区域，2015年仅有西部地区的6个城市未遭受雾霾影响；水污染问题直接影响着居民生活，有统计显示国内近几年每年水污染事故都在1700起以上；等等。自2007年中国共产党将“生态文明”写入党的大会报告，并随即写入党章后，2008年设立环境保护部（简称“环保部”），在“十二五”期间（2011—2015）中国政府每年增加千亿环保投入，《环保法》重新修订并采取更严厉的处罚措施，这些举措一定程度上遏制了环境污染的迅猛态势。

通过政治环境、经济环境、文化环境和生态环境四个方面，对公益创业教育开展的社会背景进行描述，进一步说明了开展公益创业教育的必要性和可能性。

---

① 资中筠：《财富的责任与资本主义演变：美国百年公益发展的启示》，上海三联书店2016年版，第528页。

第二节　公益创业教育的价值要素互动机理

前文从静态的角度分析了公益创业教育价值的构成要素，从表面上揭露了公益创业教育价值的内部构成，但尚未充分说明各要素之间的运动状态，尤其是不同要素之间的相互作用与相互影响，也就不能深刻地说明公益创业教育的价值的深刻内涵。目前学者在进行价值的研究时，也往往着重于对静态的构成要素进行描述，而对要素之间的运动机理则关涉不够，这也不符合唯物辩证法的认识方法论。正如恩格斯所说，"把自然界的事物和过程孤立起来，撇开广泛的总的联系去进行考察，因此就不是从运动的状态，而是从静止的状态去考察；不是把它们看作本质上变化的东西，而是看作永恒不变的东西；不是从活的状态，而是从死的状态去考察。"①因此对不同要素之间的互动机理考察显得尤为必要。

为使分析更为简明与清晰，本节将以"1 vs 1"而不是"N vs N"的方式进行分析，着重从人与环体之间、人与介体之间，以及主客体之间三个维度展开，以期对公益创业教育价值的内部要素之间的相互作用与影响进行分析。

一、人与环体间的渗透

首先，要申明的是，此处的主体与环体，指的是公益创业教育活动中的人及所处的教育环境。在公益创业教育活动中，人始终是活动的主体，这种人既包括教育者和受教育者，也包括教育活动中的其他参与者。因而此处的活动主体与价值关系的主客体中的主体有所不同，前者泛指教育活动中所有的人。

① 王崇锋、肖前：《辩证唯物主义原理》，人民出版社 1991 年版，第 148 页。

关于人与环境的关系论述较多，无论是西方学者提出的“环境决定论”“人是环境的产物”，还是中国古代哲人提出的“天人合一”“人定胜天”等，都一定程度上反映了作为社会主体的人与所处的环境（既包括自然环境，也包括社会环境）的互动关系。深受“教育万能论”影响的英国空想社会主义者欧文认为通过改造环境、教育，就能培养出新人，从而建立理想社会。在这种社会背景下，马克思先后在《关于费尔巴哈的提纲》和《德意志意识形态》中予以反驳，并明确提出自己的观点，认为“人对自然以及个人之间历史地形成的关系，都遇到前一代传给后一代的大量生产力、资金和环境，尽管一方面这些生产力、资金和环境为新的一代所改变，但另一方面，它们也预先规定新的一代本身的生活条件，使它得到一定的发展和具有特殊的性质。由此可见，这种观点表明：人创造环境，同样，环境也创造人”①。另外，还提出：“有一种唯物主义学说，认为人是环境和教育的产物，因而认为改变了的人是另一种环境和改变了的教育的产物。这种学说忘记了环境正是由人来改变的，而教育者本身是受教育的。”②这里，马克思在拓展和深化对人的本质和环境内涵认识的基础之上，提出了人与环境互动、人在实践中在改造环境的同时也在改造着自身等重要观点，这也实现了人与环境理论的飞跃发展。由此在论述公益创业教育中的人与环境的关系时，可借鉴马克思的人与环境互动理论，首先说明人与环境的相互影响，其次要说明在人与环境的关系中人始终是活动的主体，最后要说明实践是改变和优化人与环境的根本路径，从理论上将这三点论述清楚有助于充分发挥人的主体性作用，构建人与环境良性互动的积极关系。

第一，人与环境的双向互动关系。指的是人与环境之间的相互依存，片面强调任何一方都是有失偏颇的。在分析两者关系前，首先要充分认识人与环境的

① 《马克思恩格斯选集》第1卷，人民出版社1995年版，第92页。

② 《马克思恩格斯选集》第1卷，人民出版社1995年版，第59页。

本质。此关系中的人，是在现实生活中拥有社会关系并从事社会实践的人，而此关系中的环境，既包括外在的物质环境，也包括内在的精神环境。因此人与环境的互动也就不仅仅只是物质的交换，还包括人的精神、灵性、情感与社会场域、物理空间的交汇，这也是人与环境互动最重要的关系。因此公益创业教育在把握人与环境的互动关系时，就要将单个的人、个人与集体、个人与社会视为互动的主体，而现实的自然环境、人的精神环境作为作用对象，分析两者之间复杂的交换、交往关系。

第二，在人与环境的互动关系中人始终是活动的主体和主导。人的发展尽管也受到当时环境的影响和制约，但由人的本质所决定的主体性和能动性则是关系的主导。如马克思、恩格斯所言，“只有人才办得到给自然界打上自己的印记，因为他们不仅迁移动植物，而且也改变了他们的居住地的面貌，其后，甚至还改变了动植物本身”①。人作为公益创业教育的活动主体，不管是教育者还是受教育者，在公益创业教育活动中都具有无可比拟的主体性和主导性。只不过在具体的公益创业教育活动中，教育者始终要发挥主导性，而教育对象作为教育活动的起点和归宿，也需要充分发挥主体性，教育者才能根据不同教育对象的具体特点制定类型多样的教育方案，以适合不同个体的发展。因此在公益创业教育活动过程中，要充分尊重人的价值、体现人的尊严、发挥人的能力，消除阻碍人的发展的负面环境和不利因素，以实现人与环境的良性互动。

第三，实践是改造人与环境关系的根本手段。人与环境关系的本质就是一种实践关系，只有在实践中，人的需求和价值才能得到实现，环境才能够通过人的有目的、有组织的参与得以被改造；也只有在实践中，环境对人的制约和影响作用才能发挥出来。公益创业教育本质上是一门实践性的学科，应用性和现实

---

① 《马克思恩格斯选集》第4卷，人民出版社1995年版，第274页。

性是其根本特征。目前学界关于公益创业教育的基础理论和思想研究较多,但与形而上的理论研究相对应的则是鲜活具体的公益创业教育实践,如果说理论成果作为一种思想准备提供了公益创业实践的方向性规定,那么实践则是将这些理论认识、精神分析、规律等融入社会活动中的根本路径。而关于如何实现理论与实践的有机结合,用科学的思想理论来指导公益创业教育实践,并在不断发展的实践中推进和拓展对公益创业教育理论的本质认识,以顺利完成公益创业教育的现实要求和具体目标,这是公益创业教育界需长期探索的重要任务。

二、人与介体间的互促

任何实践需要凭借一定的手段或工具,才能实现既定目标。此处理解人与介体间的互促关系,可从两个维度展开,一方面是公益创业教育本身的社会作用,也就是在社会有机体中,公益创业教育作为社会子系统对于促进社会发展的正面价值,则要着重强调公益创业教育与社会发展之间的互促关系;另一方面则是公益创业教育作为一个独立的系统,人指的是教育活动中的双方包括教育者与受教育者,介体则指的是教育者与其使用的教育手段或方法,着重强调人与教育工具之间的互促关系。

第一,公益创业教育与社会发展的互促关系。公益创业教育本身并不直接创造物质财富,而是通过培养高素质的人才去创造物质财富和精神财富,因此公益创业教育与社会发展之间存在一个中介——人,如下图所示:

也就是说,公益创业教育的直接意义在于培养高素质人才,进而通过他们的社会实践来创造社会价值;同时社会作为有机体也会以各种方式作用于公益创业教育,包括政治环境、经济水平、舆论氛围、法律政策等直接影响着公益创业教育的开展。

第二,公益创业教育中的人与教育手段之间的互促关系。毫无疑问,教育者

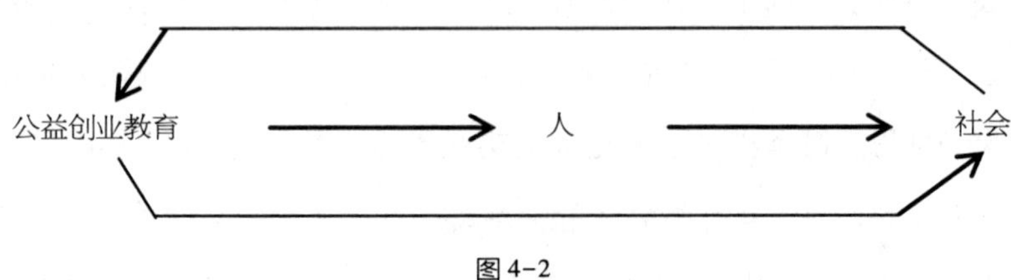

图 4-2

只有凭借适合的教育手段或工具才能开展系统教育，受教育者自身的特点也决定着教育方法或教育工具的具体选择，两者之间形成一定的契合才能提升教育的实效。例如在传统教学过程中，通过课堂进行理论教学是主要的教育方式，随后实践性教学引入教学内容，实验室、训练基地、工作坊、工厂实习等成为“第二课堂”，进入21世纪后随着网络的迅速普及和发展，以MOOC（“慕课”）为代表的网络教育平台逐渐受到社会的认可，并发展为一种重要的教育手段。公益创业教育的理论性与实践性，决定了其既要将课堂教学作为“主阵地”和“主渠道”；又要注重实践教学，将公益志愿活动、创业孵化基地、众创空间、公司企业等作为“第二课堂”，在“做中学、学中做”；另外“互联网+”席卷教育行业，“互联网+公益”“互联网+创业”“互联网+教育”正成为时代的新宠，以学生喜闻乐见、善于接受的方式进行针对性教育，也逐渐得到教育界的认可，成为一种重要的教育方式。教育手段的更新与社会生产发展水平密切相关，随着时代的发展，教育手段不断更新并呈现多元化的发展趋势。但需要注意的是，具体技术只是教育工具，而教育的根本在于“一棵树摇动另一棵树，一朵云推动另一朵云，一个灵魂唤醒另一个灵魂”①，因此人起着决定性的作用，人的灵性（sentiment）与精神才是教育活动最为突出的特色，教育者本身的特质直接影响着教育成败。因此在公益创业教育活动中，要充分重视教育者的个人作用，通过教育者自身的言行

① ［德］雅斯贝尔斯著，邹进译：《什么是教育?》，三联书店出版社1991年版，第52页。

及素质来潜移默化地影响学生的成长，达到“润物细无声”的功效。

三、主体与客体间的交互

人类对主客体关系的科学认识经历了一个漫长的历史时期。在蒙昧时代人类将自身与自然作为混沌部分的统一体，认为人与世界之间相互映照、彼此连接，将主客体关系建立在客观存在的实体基础之上。在古希腊时期，智者派代表人物普罗泰戈拉（Protagoras）所提出的“人是万物的尺度”，虽对客体能动性的认识不足，但肯定了认识的主体性，对于主客体关系的认识转向有着深远影响。在中世纪宗教统治人们思想的历史时期，对于主客体关系的追问主要体现于客观世界创造的主体到底是神还是人，具体体现为几组矛盾：神与人的对立、灵魂与肉体的对立、精神与自然的对立，这比古代主客体混沌不分的思想进步了很多。到文艺复兴运动后，人类的认识水平获得了长足发展，学者扬弃了过去传统的从客体入手的研究方法，将具有思维能力的人类视为具有能动性、独立性的主体。18 世纪末的德国古典哲学将主客体关系提升到新的高度，尤以黑格尔的辩证法为甚，认为“绝对理念”①既是“作为主体的客体和作为客体的主体”②，也就是说，在发展过程中，绝对理念分化为主体与客体，并将客体树立为主体的对立面，进而在克服主体与客体的对立中，使客体再次回到主体，实现主客体的完全统

① 绝对理念，是 19 世纪德国古典哲学家黑格尔所构建的客观唯心主义哲学体系的基本概念。它指作为一切存在的共同本质和最初的原因，先于自然界和人类社会永恒存在的实在，按照正反合的顺序生长发展。它经历了逻辑阶段、自然阶段和精神阶段三个阶段。在这一广泛的意义上，绝对理念可以和绝对精神互用，是黑格尔哲学的唯一对象和内容。狭义的绝对理念仅指精神阶段以上，以人类意识形式出现的，通过艺术直观、宗教表象、哲学概念自己认识自己的精神，是主观精神和客观精神的统一。它包括此前的全部逻辑过程，是最具体、最丰富的普遍，是逻辑理念的有机统一的全体和全部的真理。

② 贺天平：《哲学视野下主客体关系的嬗变》，《科学技术与辩证法》2009 年第 1 期。

一。西方近代哲学家总体而言对主客体关系的研究已有重大突破，特别是以人的主体性作为研究的出发点和归宿，但对人的理解看作是抽象的人，“不过是把基督教哲学的宗教形式、神学形式的抽象主体性看成理性形式的抽象主体性”①。与德国古典哲学不同的是，现代哲学家更强调个体的独立性与多样性，因此对于交互性的主客体关系着墨更多。胡塞尔试图借助描述现象学的悬置②原则将一切有关客观与主观事物实在性的问题都存而不论，认为事物的客观性取决于主体间的承认与否，作为具有思维能力的主体，其所具有的共同主体性就是交互式主体性或主体间性。自 20 世纪 90 年代以后，网络社会（cyber society）迅速崛起，网络化生存就逐渐成为一种新型的生存方式③，网络在加快信息传播速度的同时，也在改变着人际交往沟通的方式，甚至于也在改变着人类社会活动中的主客体关系。网络空间里的“去身体性”、多重身份性、流变性等特征，使得主客体关系呈现多极性和流变性的特征。

自 20 世纪 80 年代价值哲学兴起以来，一些研究者在先前主客体关系认识的基础上又提出价值主客体，认为主客体关系有三种形式，包括实践关系、认识关系和价值关系，但李德顺对这种理解则进行了批评，认为“认识关系与实践关系是主客体相互作用的两种形式，价值则是认识关系和实践关系的内容方面，因此把价值关系与认识和实践关系并列是一种肤浅且不合理的看法”④。因此马俊峰认为根据黑格尔将改造对象分为真、善、美，并提出“实践关系、认识关系和审美关系是现实存在的三种主客体关系类型，这体现了主客体之间的相互规定、

① 侯才：《从主、客体关系的理解来看的马克思哲学》，《哲学研究》1991 年第 5 期。

② 悬置，在德文中为 epoche，意指中止、存疑、审查等活动，一般将悬置与还原作为一对矛盾来认识，但胡塞尔认为“先验悬置这种现象学的方法由于回溯到这个领域而被称为先验现象学的还原”，把悬置看成是还原的前提，或者说只把悬置看成是还原的一个环节或片段。

③ 彭兰：《从网络媒体到网络社会——中国互联网 20 年的渐进与扩张》，《新闻记者》2014 年第 4 期。

④ 马俊峰：《马克思主义价值理论研究》，北京师范大学出版社 2012 年版，第 95 页。

相互作用的互动性关系，这种互动性关系是对各种具体的主客体实践关系、认识关系和审美关系的抽象和概括"①。但这三者之间的区分也只有相对的意义，主体作为实践主体或认识主体或审美主体都只是一个方面的规定。而审视公益创业教育价值的主客体关系，也就是要认识公益创业教育者与公益创业教育对象的主客体关系，就要把握好"主体客体化"与"客体主体化"的双向互动关系。为此可从实践关系、认识关系和审美关系三种维度出发，分析公益创业教育中的施教者与受教者之间的关系。

为避免理解歧义，再一次说明公益创业教育价值中的主客体与公益创业教育中的主客体并不是一回事，公益创业教育价值中的主客体分别指的是受教者与施教者，也就是说价值主体或者说公益创业教育的价值承担者是受教者，而价值创造或公益创业教育的价值实施者是施教者；而公益创业教育中的主客体则恰好相反，公益创业教育主体指的是施教者，公益创业教育客体指的是受教者。

第一，实践关系。公益创业教育中的施教者与受教者之间的主客体关系，具体体现为两个方面，受教者作为价值主体的人，是有着各种现实需要的人，要从实际利害和功利的层面来加以看待；教育者作为价值客体的人，在这种关系中首先体现的就是它的有用性、可利用性，也就是教育者自身的知识水平、道德修养、实践能力等，是作为一种有用对象才引起主体的注意和关注的。从动态的发展层面来看，施教者与受教者是一种改造与被改造、要改造与可改造的关系。进一步说，施教者改造受教者，是价值客体能动地作用于价值主体，使价值主体服从于价值客体，而价值主体则抵抗着价值客体对它的改造，反作用于价值客体。实践进行的过程，就是这么一种主客体相互作用的过程。作为实践的结果，教育者付出了一定的体力和智力，而受教者由于施教者的作用发生了合乎教育目的的

① 马俊峰：《马克思主义价值理论研究》，北京师范大学出版社2012年版，第95页。

变化;教育者的劳动以一种变动的状态渗透到客体身上,变成了凝固的状态,主体的力量客体化,这就是马克思所说的主体客体化和客体主体化。简而言之,主客体的相互作用,使得主体客体双方均发生了相应变化,公益创业教育者根据教育目的,将社会责任感、创新精神和实践能力通过教育的各种方式传递给学生,而学生的多元多样也在不断影响着具体的教育内容和教学方法,这种相互作用的过程,就体现了价值主客体的实践关系。

第二,认识关系。认识是在实践的过程中发生的,也必然随着实践的发展而不断深化。在《德意志意识形态》中,马克思明确地宣称自己是“实践的唯物主义者”①,要求从人的现实的实践活动来理解人与自然、人与人之间的本质关系,这也要求“将实践作为认识的基础,也就意味着,一方面实践是认识对象形成的基础,另一方面实践又是对对象认识的基础”②。主客体关系是一种认识关系,这是一种能知与所知、探索与被探索、反映与被反映的关系。也就是,认识主体要尽力探索客体的规律、奥秘,根据实践中获得的经验、信息在头脑中再现客体的真实面目;而客体则“抵抗”着主体的探索,潜在地“要求”主体的探索方式要与客体内在的发展程度、运动规律等具有相当的匹配度,也一定程度上降低了主体的片面性和主观性③。在进行公益创业教育的过程中,一个很重要的方面就是要探索学生的道德行为转化机制,也就是要认识学生“认知—认同—践行”的规律,这就需要教育者要充分收集学生的多方面信息,包括其课堂表现、作业完成情况、与同学关系、课余爱好等,如此才能找到满足学生兴趣、激发学生学习动力、适合学生发展的具体方式。

---

① 《马克思恩格斯选集》第1卷,人民出版社1995年版,第75页。

② 杨河:《马克思认识论基本思想的形成及其历史意义——从〈1844年经济学哲学手稿〉到〈德意志意识形态〉》,《北京大学学报(哲学社会科学版)》2002年第1期。

③ 马俊峰:《马克思主义价值理论研究》,北京师范大学出版社2012年版,第97页。

第三，审美关系。主体改造客体的过程，也就是主体把自身的尺度运用到客体身上、按照美的规律去建造的过程。“动物的生产是片面的，而人的生产是全面的……动物知识按照它所述的那个种的尺度和需要来建造，而人懂得根据种的尺度来进行生产，并且懂得处处都把内在的尺度运用于对象，因此，人也按照美的规律来构造。”①教育者在教育过程中就进行着审美活动，在欣赏对象的同时也训练着自己的审美能力、培养着自己的审美情趣。审美活动集中体现了人的主体能动性和自由性，是将具体的实践经验、工作技能和认识成果系统运用于塑造教育对象的活动，这增加了教育实践和认识活动的乐趣，突出和强调了人的自由自觉的主体性特征。审美活动深入地看，反映的是人对自身的关系，即在教育对象的身上看到的是自己的知识、智慧和能力，是对自身能力和力量的确证。如此说来，审美关系中的主客体的相互作用就是个体的本质力量的对象化与能力发展的关系问题。

① 《马克思恩格斯选集》第1卷，人民出版社1995年版，第47页。

第五章 公益创业教育价值的主要形态

价值作为一种实践的主客体关系，必然会在现实中以特定的形式表现出来，因而呈现出可以被认识的面目。学界关于价值的分类有多种理解，李连科根据主体需要的不同将价值分为物质价值和精神价值，王玉樑根据客体是否属于物质将价值划分为物质价值、精神价值、人的价值，李德顺分别从主体需要和客体性质两个角度划分，袁贵仁从价值客体的角度将价值划分为文化价值、物质价值、精神价值和人的价值。当然还有其他的角度分类，包括根据关涉主体分为个人价值与集体价值，根据对象分为经济价值、政治价值和文化价值，根据其性质分为工具价值与目的价值，等等。以上分类各具解释优势，但也依赖于相应的理论背景，不能盲目搬用。

如杨国荣先生所说，“人与世界的关系具有两重性：一方面，人作为存在者而内在于这个世界；另一方面，人又作为存在的发问者和改变者而把这个世界作为自己认识、作用的对象。这种作用在总体上可称之为‘成己’与‘成物’的过程”①。公益创业教育价值作为一种教育活动的价值，直接目的在于培养高素质

① 杨国荣：《成己与成物——意义世界的生成》，人民出版社 2010 年版，第 3 页。

人才，间接目的在于促进社会的发展，使公益创业教育成为一种直达人性、通达历史的有益社会活动。因此对于公益创业教育价值的分类，可根据其作用对象的不同进行划分，主要分为个体价值和社会价值。要说明的是，公益创业教育活动的全部意义在于促进人的发展，因此本章在第一节的个体价值中会进行详细说明，而第二节关于公益创业教育的社会价值则会笔墨略省，主要考虑到的是教育对于社会的间接影响，因此会从其潜在的积极意义与长远的战略意义进行思辨。

在对公益创业教育的个体价值与社会价值分别论述前，有必要对两者的关系进行简单的梳理，以避免在后续研究中出现混淆。价值产生于主客体相互作用的关系之间，公益创业教育价值产生于公益创业教育活动与不同的作用对象之间。第一，公益创业教育的个体价值与社会价值是统一的。人与社会本质上是统一的，如马克思所言，"首先应当避免重新把'社会'当作抽象的东西同个人对立起来，人是社会的存在物"①，因此马克思也就提出"人的本质不是单个人所固有的抽象物，在其现实性上，它是一切社会关系的总和"②。社会是由单个的人所组成，个人的全面发展必然促进社会质的变化。因此公益创业教育的价值在本质上是统一的。第二，公益创业教育的个体价值与社会价值在一定时间内又是对立的。公益创业教育发展的动力，根本动力在于教育对象的需求，现实动力则在于社会的需求，也就是代表着社会公意的政府组织，两者的诉求在一定时间空间内是存在矛盾和冲突的。例如中国的教育更加强调集体价值而忽视个人价值，但西方国家的教育则更加关注个人利益而非政治要求，因此公益创业教育的价值内在也会在不同地域呈现多样的运动态势。第三，在一定条件下公益创业教育的个体价值与社会价值是可以相互转化的。个体价值与社会价值本身不

① 《马克思恩格斯选集》第1卷，人民出版社1995年版，第76页。

② 《马克思恩格斯选集》第1卷，人民出版社1995年版，第56页。

会自动转化，而是基于人的主体自觉而进行的转化，也就是说在进行公益创业教育活动的过程中，个体基于道德和实践的自觉，将个人价值的实现融入社会价值的追求之中，而不是片面地将个人价值与社会价值对立起来，甚至于为追求个体的一己私利而损害社会利益。

第一节　公益创业教育的个体价值

教育的根本任务在于育人，具体地说就是要“使教育回到人、人的生活中来，把促进人的发展和生活的完善作为教育的根本出发点和归宿”①。因此公益创业教育的根本使命在于促进人的发展，以提高人的能力和促进道德品性的完善为己任。正如许多学者所忧心的，教育正在淡忘其追求人生意义的终极使命，沦为现代社会的“工厂”和“实验室”，忘记了“教育帮助学生应对各种挑战，包括深刻地洞察自己的使命，为自己完善有目标和有价值的生活的途径，过一种值得过且不局限于狭隘的职业生涯的成就的生活”②。因此对于公益创业教育而言，既要能够满足其作为自然个体的基本生存需要，又要能够唤醒其作为理性存在的意识自觉，能够成为“认识你自己”的中介和桥梁，进而达到使人成为人的终极目标。

个体价值作为个体需要与公益创业教育属性之间的主客体关系，首先就要从个体的需要出发来进行考虑，这是思考个体价值的逻辑起点。而关于个体需要，可借鉴马克思对于人的发展“三形态”说，即“人的依赖关系（起初完全是自然发生的），是最初的社会形式，在这种形式下，人的生产能力只是在狭小

① 鲁洁：《教育的原点：育人》，《华东师范大学学报（社会科学版）》2008 年第 4 期。

② ［美］安东尼·克龙曼著，诸惠芳译：《教育的终结：大学何以放弃了对人生意义的追求》，北京大学出版 2013 年版，第 26 页。

的范围内和孤立的地点上发展着。以物的依赖性为基础的人的独立性，是第二大形式，在这种形式下，才形成普遍的社会物质交换、全面的关系、多方面的需要以及全面的能力的体系。建立在个人全面发展和他们共同的、社会生产能力成为从属于他们的社会财富这一基础上的自由个性，是第三个阶段"①。由此马克思关于个人发展的阶段说可概括为"依赖自然的人""依赖物质的人"以及"自由发展的人"，这是人类进化发展的基本规律，也是人的需要发展的基本规律。为此可根据人的需要发展规律，将个体价值划分为生存价值，也就是能够满足人的衣食住行的生存要求；发展价值，也就是为进一步提升个人能力所进行的各种社会活动，能够满足作为处于社会关系中的人的尊严和价值；而精神价值，则是提升人对于事物的本质和规律认识的能力，这不仅包括理性能力，能够对事物的本质进行还原，掌握事物发展的基本规律及运作机理，还包括非理性能力，人的情感、意识、直觉、欲望等都直接影响着人的实践活动，这种精神属性也是"人之为人"的根本特性，与自然界的其他动物区别开来。

因此将公益创业教育的个体价值主要分为生存价值、发展价值和精神价值，既遵循了人的历史发展规律，也遵循了教育的基本规律，具有一定的合理性。

一、发展人的创业技能，夯实生存价值

大学的教育使命在历史上一直存在争论，但正是在不休而又纷繁的争论中，不同大学的定位也开始细分，大学的功能在一定程度上也得到了强化。正

① 《马克思恩格斯全集》第30卷，人民出版社1995年版，第107—108页。

如雅思贝尔斯所言,“教育必须辨明两种情况:第一种是为了适应当代科技化生活所必须的科学知识教育;第二种是可以引导和充实人们生活的教育。”①因此进行这两类知识的教育就成为满足人类生存所必须具备的技能的准备。

公益创业教育的首要价值,就是要满足人的生存需要,也就是要为人的衣食住行提供基本保证。公益创业教育的对象是人,也是“现实的人”。所谓“现实的人”,用马克思主义的观点来理解,就是指具体的、有血有肉的、从事实际活动的人,而不是由符号、图像、逻辑所构成的抽象、笼统的存在。“我们首先应当确定一切人类生存的第一个前提,也就是一切历史的第一个前提,这个前提是:人们为了能够‘创造历史’,必须能够生活,但是为了生活,首先就需要吃喝穿住以及其他一些东西。因此第一个历史活动就是生产满足这些需要的资料,即生产物质生活本身”②。从“现实的人”理解公益创业教育的“初心”,首先就要明确公益创业教育作为实现生存的一种手段,能够满足人的现实需要,在此基础上才能发展人的其他方面,这是一切理解的基点和前提。

高等教育实现从“精英教育”向“大众教育”的转变,由此教育的使命也发生转向,从培养“有修养的社会精英”到“有能力的社会公民”,这也是公益创业教育“出场”的依据。公益创业教育架构了社会与“象牙塔”之间对接的桥梁,将学术资源有效地转化为学术资本,高等教育的使命也实现了从“帮助人认识自己”到“为职业生涯做准备”的具体转变。因此,对公益创业教育的误解,实质上是对当今教育的理解不足所造成的,以为高等教育从云端跌落到了凡间。但正是公益创业教育将高等教育拉回人间,打破了社会精英阶层与普通大众之间的隔

① [德]雅思贝尔斯著,邹进译:《什么是教育?》,生活·读书·新知三联书店1991年版,第55页。

② 《马克思恩格斯选集》第1卷,人民出版社1995年版,第78—79页。

阂，方才彰显公益创业教育的价值所在。博克①曾深刻地指出“为什么这些教授对学生的职业需求如此冷漠呢？他们如何能回避职业教育面向学生传授象牙塔里的高深学问呢？他们又如何能不受职业教育的影响，完成本科教育的其他目标呢？教授们之所以反对职业教育，很大原因在于职业教育着眼于技能的训练而不是学生心智的发展”②。这种观念，普遍地存在于高校教师的头脑之中。简单地说，“理想的人”和“现实的人”成为目前高校人才培养的两难选择。创业教育能够培养“现实的人”，直接地说创业教育能够发展人的创新意识、创业技能，培养知行合一的人，而不仅仅只是单一的“思者”（thinker），或是“行者”（doer），将人带回到现实社会之中，而不是停留于理念或经验之上。

现实的人最基本的活动就是劳动，而拥有一定的劳动能力也是人发展的基础和起点。人的劳动能力的发展主要体现为：一是个体劳动能力的提高，由于人的劳动都是社会劳动，因此个人的能力都是以集体能力的形式存在和表现出来。在马克思看来，集体能力的大小首先取决于组成于集体的单个个体的能力，如果没有众多单个个体能力的提高，集体能力的提高也就无从谈起，但集体能力的总和又不是单个个体能力的机械相加，“不仅是通过协作提高了个人生产力，而且是创造了一种生产力，这种生产力本身必然是集体力”③。二是人的劳动能力也体现为利用自然、改造自然的能力，具体而言指的是人的体力、智力、情感力、意志力等，这些自然能力能够通过后天的训练得到发展。三是潜在的、尚未充分表

① 德雷克·博克（Derek Bok），1968年开始担任哈佛大学法学院院长，1971—1991年任哈佛大学校长。2005年前任教于哈佛大学肯尼迪政府学院和教育学院。2006年在劳伦斯·萨默斯卸任后，担任了一年的哈佛大学临时校长。目前已退休。撰写了包括《市场中的大学：高等教育的商品化》（*Universities in the Market Place：The Commercialization of Higher Education*）在内的六部高等教育方面的著作，以及有关美国劳工法和美国政府的研究著作。

② ［美］德雷克·博克著，侯定凯等译：《回归大学之道——对美国大学本科教育的反思与展望》，华东师范大学出版社2008年版，第169页。

③ 《马克思恩格斯全集》第23卷，人民出版社1972年版，第362页。

现出来的能力。马克思说人通过劳动在改变着客观自然的同时"也在改变他本身的自然,使他自身的沉睡着的潜力发挥出来"①。而在实际中,人作为社会的存在物,几千年来的文化积淀及实践基础,都通过内在的"人化"或社会性的基因遗传,逐渐形成人的潜在力量。

公益创业教育作为一种实践性的教育活动,其基本任务就是提高人的实践能力,具体而言包括以下几种能力:(1)公益慈善活动组织能力,能够对小型的临时性组织进行管理,并做好捐助者与受助者之间的对接,保证资金使用的公开透明高效,建立组织良好的社会信用;(2)社会组织的管理能力,协调好与政府及其他社会组织之间的关系,争取政府的政策及资金支持,并获得社会媒体的关注及监督,扩大组织的资金来源渠道,并能够对组织使命的完成情况定期进行评估,以确保资金使用的安全性和组织发展的方向性;(3)公司企业的注册运作能力,这是从传统创业教育的内容借鉴而来,对法人组织注册程序较为熟悉,对公司治理结构、税收、法律等相关事务均有较高程度的了解,包括机会识别、资源整合、产品开发、商业计划、组织建设等;(4)产品的转化开发能力,也就是要求将创意转化为有形的产品,并能够在竞争激烈的市场中获取一定的份额,能够为公司带来稳定的利润。以上几种能力均具有明显的技术性和专业性,需要接受一定时期的针对性训练才能具有,特别是在高校设置相关学科、开设相关课程尤为必要。在教育方法上也要按照层次性和差异性原则,针对不同年级的学生搭建不同的培养平台,如可将人才培养划分为"体验式教学(大一)+开展公益创业活动(大二)+组织创业类竞赛(大三)+创业实践(大四)"四个阶段,搭建阶梯式培养平台。

现代社会中政府和社会组织提供的各项福利措施能够保证社会成员普遍享

---

① 《马克思恩格斯全集》第23卷,人民出版社1972年版,第202页。

有生存发展的机会，同时个体的生存能力也在不断地进化之中，自此人类不再需要训练如何驯服野兽、制作衣饰、共同防御等原始技能，在社会分工日益精细化的今天，个体只需要掌握一门专业的手艺技能，或是在某个知识领域具有较为渊博的知识并具有一定的转化运用能力，便能够具备初步的生存能力。因此公益创业教育的第一层价值，或者说是微观价值、直接价值，就在于促进人的实践能力的提高。

二、厚实人的社会资本，提升发展价值

"人类的生产在一定阶段上会达到这样的高度：不仅能够生产生活必需品，也能生产奢侈品，即使最初只是为少数人而生产的。这样，因为生存的斗争——假设我们暂时认为这个范畴短时间内有效——就发展为享受而进行的斗争，不再是单纯为获取生存资料而进行斗争。"①在人的生存需要得到满足之后，人对公益创业教育又会产生新的需求，那就是满足人在社会中的交往、地位、荣誉、尊严等需求，这也要求公益创业教育必须承担更多的使命，以满足人的现实需要。正如马克思所言，"全部人类历史的第一个前提无疑是有生命的个人的存在"②。公益创业教育发展的关键，也在于确定人的在场，也就是尊重个体的主体性与积极性，充分呵护和发展个体的灵性与创造性，从而使人"从曾经僭越为主体的、高高在上的社会实体中解放出来，从一个被社会所消解了的抽象符号转身为真实的存在，才会找到每个生命个体存在的事实及其意义于价值"③，改变"见物不见人"的怪状。

---

① 《马克思恩格斯选集》第1卷，人民出版社1995年版，第67页。

② 《马克思恩格斯选集》第1卷，人民出版社1995年版，第67页。

③ 鲁洁：《教育的原点：育人》，《华东师范大学学报（教育科学版）》2008年第12期。

人的社会关系的发展，主要体现为三个方面：一是人的对象性关系的全面发展与生成，从单个人之间偶然的联系，到人—物—人之间的商品关系，也就是通过物作为媒介组成社会联系，直至发展到现在，社会联系发展为“自由人的联合体”，人的对象性关系才得以全面生成。二是个人社会关系的高度丰富和充分发展，即个人越来越多地参与到社会中的多个领域、多个层次的社会交往中去，在与众多其他个体的交往中，也就获得了与整个世界进行普遍交换物质生产和精神生产的途径，从而使个人摆脱主观的、地域的和民族的狭隘性，使人更全面地塑造自己，丰富自己的个性。三是提高人对社会关系的自由度，这种自由度不仅表现在人的社会关系的丰富性和多样性上，也表现在人对社会关系的全面占有上，但这种自由的社会关系只可能在共产主义社会里才有可能出现。

正如罗纳德·巴尼特(Ronald Barnet)所言“高等教育过去不是，现在不是，将来也不会是一种象牙塔。……作为维系和传播知识的机构，将作为更广大系统内智力资本的供应者”①。作为一种社会事实，高等教育已经融入现代社会之中，这已经成为社会各界共识，但这种融入也是有条件、有距离的融入。由此，公益创业教育从学理上实现了育人与教育的双向回归，同时也从实践上开辟了教育发展的创新路径。“在场的人”与“缺席的人”是相对的，教育活动本质上是人的活动，因为人是活动的主体与对象，人也是活动的根本目的与归宿。但目前“缺席的人”取代了“在场的人”，传统的创业教育是“为了创业而教育”，而不是“为了实现人的发展而教育”；部分人对于公益创业教育的目的停留在“物”的层面，而没有深入“人”的层面；教育对象不再是鲜活的、具有主观能动性的个体，而沦为被动的、丧失创造力的受体。公益创业教育中实现“人的在场”，关键在

---

① ［英］罗纳德·巴尼特著，蓝劲松译：《高等教育理念》，北京大学出版社2013年版，第86—88页。

于“尊重和关爱学生的生命本性”①，也就是尊重学生的主体性和发挥学生的创造性，以培养个体丰富多彩的社会属性。尊重个体的主体性，就是要充分尊重其选择权和发展权。公益创业教育作为一种“广谱式”教育，不能要求人人过关，必须分步骤、有层次地开展，以满足不同类型的需求。尊重个体的创造性，就是要营造良好的环境，鼓励和激发其批判精神与探索精神，发展人的探究兴趣，提升人的创造能力。

公益创业教育对于个人的社会发展而言，也具有相当重要的意义，不仅能够通过广泛的社会接触获得更多的创业信息与资源，更重要的是个人有过公益慈善事业的工作经历，对于树立个人声誉，获得社会的普遍尊重意义非凡。具体而言，包括以下几个方面：

第一，识别创业机会，整合现有资源。公益创业教育内容的一个重要方面就是要训练学生如何在竞争激烈的市场经济中开始创业，而公益创业教育的优势主要体现为：(1)找到市场的“盲区”，公益创业教育鼓励创业者采用新的技术或提供新的服务，发现新的市场，找到新的资源，在现有资源的条件下，找到解决社会问题的创新方法或模式，发现创业的机会。(2)对现有资源的最大程度整合，这是任何一个创业者都必须面临的挑战。不仅要对现有资源进行识别与分类，发挥其最大潜力，并要学会借力更要对潜在资源和相关资源予以充分识别，让隐性资源转化为显性资源。

第二，建立社会联系，拓宽信息渠道。公益创业教育的第二项重要内容就是教会学生如何处理好各种社会关系。中国几千年来是一个“人情社会”，因此非正式的关系、交往、聚会、聊天等交往形式发挥着正式制度、规则所不能发挥的作用。公益创业教育应着重在处理好以下几对关系：(1)处理与政府管理部门的

① 姚姿如、杨兆山：《“以人为本”教育理念的意蕴》，《教育研究》2011年第3期。

关系，由于制度化程度有限，目前对社会组织的管理以前期的注册管理为主，而中期的监督和后期的评估参与较少，而且往往采用“结果追踪”来评价社会组织。另外目前政府大力推行的 PPP（Public—Private—Partnership）合作机制，政府向社会组织购买公共服务，而社会组织通过提供优质高效的公共服务，进而获得生存的空间和资源，也有利于组织的发展壮大。（2）处理好与其他同行的关系，在差异化生存格局的市场经济中，每一个社会组织的社会使命具有一定的独立性和独特性，其服务的对象和提供服务的模式也具有相当的特色，均具有可借鉴之处。与公益慈善领域的其他组织打好交道，有助于吸纳优秀的管理人才、借鉴发展模式等。（3）建立较为广泛的社会联系，这是公益创业区别于传统商业创业的一个重要特征。目前社会各界均广泛地参与到公益慈善事业中来，政府官员中退休的高级别领导干部会将自己的部分或大部分稿费捐助给指定的公益组织或学校，社会新财富阶层也在试图参与公益慈善事业来改善本身的商人形象，社会普通成员在以更为科学、合理的方式参与到解决社会问题的议题中来，等等。这些广泛的人脉资源，都有助于个人建立广泛的人脉关系，为个人发展创造有利条件。

第三，创造社会价值，获得普遍认同。目前学界对于企业社会责任与品牌价值的相关形象研究较多，认为企业较好地履行社会责任能够提升企业品牌价值，提高社会认可度，提高市场占有率。但目前的研究结论相对谨慎，这种相关度有多高，企业在履行社会责任方面投入的资金越多，是否就能带来直接的经济效益？这也是目前争议较大之处。对于个人而言，有过公益慈善的工作经历，能够保证个人在道德上的正确性与个人价值观的上合理性，在与他人的交往中能够获得更多的信任，从而降低个体之间的互动成本。在中国古代社会的乡村中，士绅的社会地位能够得到官方和民间的双重认可，不仅在于乡绅的文化程度和专业能力比一般民众要高，能够处理好一般的技术性事务，可以成为政府和民间沟通的桥梁;更重要的一方面是乡绅在民间所拥有的威望和地位是政府所无法比拟的,而这种地位的获得就是乡绅依靠平日的施善布道、救死扶伤、赡寡助孤等慈善行为,在民众间树立了良好的道德威望。这种道德上的优势往往在现实中能够具备更大的动员能力和话语影响力,使得国家权力的系统尤其是基层政府权力系统,不得不将乡绅作为国家治理的重要力量。在现代社会,学校、政府机关、社会组织等仍然将个人是否参与过一定的公益活动作为人员录取的重要标准,一定程度上能够反映个人的责任心与价值观,能够为个人是否能很好地融入团队、处理好团队成员关系、工作责任心等提供评判依据。公益创业教育鼓励学生将个人价值的创造主动融入社会价值的创造之中,将参加公益慈善活动作为重要教学内容,并给予相应的学分,授予一定的荣誉和奖励,不仅能为学生提供现实保障,还能为学生将来的就业提供前期培训与实践经验,更容易获得就业单位的好感与认同,为顺利就业提供道义和信誉上的保障。

因此,公益创业教育的第二层意义,或者说是中观意义,就在于促进人的社会化,准确地说,就是帮助人主动成为"社会中的人"。在日趋拓展的社会交往中,通过不断地创造个人价值和社会价值,不仅能使个人获得发展享受的机会,也能使个人的尊严得到体现、个人的地位得到认可,使人成为社会活动的主体,人的能动性和创造性得到充分发挥,人的才能得到充分展示,人的尊严得到充分体现,这才是"人的社会化"的本质体现。

三、促进人的道德自觉,挖掘意义价值

雅思贝尔斯在谈到教育的意义时,直接指出"人不只是经由生物遗传而成为人的,更主要是通过历史的传承而发展为人。对人的教育可以由每一个个体在有意识或无意识中完成;在个人赖以生长的社会环境中,通过父母和学校的有

组织、有目的地进行教育，将其生平所见所闻与个人内心感受结合起来，至此，通过教育所具有的秉性与品格才能发展为人的第二天性。而教育则是借助于个人的存在将个体带入全体之中，个人也不再固守着自己的一隅之地而是全面地进入这个世界，因此他狭小的存在也就被所接触到的世间种种注入了新的活力和生气。显然，如果人与一个更明朗、更充实的世界合为一体的话，人就能够真正地发展为人，成为他自己”①。

公益创业教育除了要满足人的物质生存和社会发展需要之外，更重要的是唤醒人的自我意识、培养人的道德自觉、提升人的本体意义、实现人的全面自由发展。公益创业教育是手段或者工具，培养“全面而自由发展的人”才是目的。因此，对于公益创业教育的理解，不能囿于创业技能培训的理解，而应作为一种创新人才培养的崭新手段。因此有学者理解“公益创业教育是‘生存’教育与‘发展’教育的统一，既要关注其‘最低纲领’，即要关注学生生存之道；又要不忘‘最高纲领’，即提升学生追求崇高生活价值的自觉意识”②。如此，公益创业教育培养“全面而自由发展的人”也就具备现实基础。公益创业教育的全面实施，鼓励个体在改造客观世界的过程中改造主观世界，这也解决了教育一直存在的难题——如何实现由内化向外化的转变。

培养“全面而自由发展的人”是教育的根本使命，如马克思所描述的，“在共产主义社会里，任何人都没有特殊的活动范围，而是都可以在任何部门内发展，社会调节着整个生产，因而使我有可能随自己的兴趣今天干这事，明天干那事，上午打猎，下午捕鱼，傍晚从事畜牧，晚饭后从事批判，这样就不会使我老是一个

---

① ［德］雅思贝尔斯，邹进译：《什么是教育?》，生活·读书·新知三联书店 1991 年版，第 55 页。

② 张澍军：《作为理念和模式的创新创业教育》，《光明日报》2013 年 3 月 14 日。

猎人、渔夫、牧人或批判者”①。这里所指的“全面而自由发展的人”，体现在人的活动和需要的发展性上，从生理学和哲学的角度看人的潜能，只要人类延续，人的发展就不会停止。但“人的这种发展的无限性在现实中只表现为可能性，因为每一具体时代人的发展只能达到一个确定的水平”②。人的自由而全面发展是指“人以一种全面的方式，也就是说，作为一个完整的人，占有自己的全面的本质”③，即作为目的本身的人的本质力量的全面发展，包括人的劳动能力的全面发展、人的社会关系的全面发展和人的个性的自由发展。人的发展既可以具体地表现为专业知识的增加、智力能力的提高、道德精神的成熟，也可以表现为对大脑潜能的开发，但最重要的还是人自我存在的反思与发展，而教育此时扮演的角色应该是“发动机”“助燃剂”，保证发展的动力与扩大发展的范围。

人作为社会的动物，也是“政治的动物”。在古希腊，参与城邦公共生活是衡量一个人的社会地位的主要标准。参与城邦的公共生活，不仅能体现一个人的能力，也能体现这个人的价值取向和社会态度。在近现代，随着政治专业化和精英化，普通平民也就逐渐远离了直接的政治活动，但却越来越多地参与到社会公共生活中来，这种社会活动具有自发性和普遍性，不受到特定利益集团的影响，自主地参与到社会问题解决中来，尤其是一些与其自身紧密相关、影响其生活质量与水平的社会问题。在这个过程中，人们自觉或不自觉地结成社会组织或行动同盟，这就是公益或慈善作为一种社会现象出现的原因。人的道德自觉，不仅仅体现于个人的主观世界，更重要的体现于人的社会行为，在各种社会实践中体现个人的道德修养与思想品质。因此，公益创业教育对于个人更重要的价值可能体现于以下几个方面：

---

① 《马克思恩格斯选集》第1卷，人民出版社1995年版，第85页。

② 丁学良：《马克思的“人的全面发展观”概览》，《中国社会科学》1983年第3期。

③ 《马克思恩格斯全集》第42卷，人民出版社1979年版，第123页。

第一,主动关爱他人,弘扬社会正气。正如辜鸿铭先生在《中国人的精神》中所言,中国人的道德冷漠是一种普遍现象。这种冷漠,源于传统道德的虚伪性与欺骗性,尤其是儒家文化消极方面所带来的影响。以孔子言行为例,在《论语·子路》第十八节中,叶公语孔子曰:“吾党有直躬者:其父攘羊而子证之。”孔子曰:“吾党之直者异於是:父为子隐,子为父隐,直在其中矣。”以人之常情行事,则会有包庇护短之心。但孔子以“直在其中矣”为由,将包庇护短的不义行为合法化、正义化,试图用道德的理由来开脱法律的罪行。再有,西方人的母爱父爱是完全不图回报的爱,无私的爱,不像中国人那样隐含势利,当作一种人生的感情投资。中国人以多子多孙为福,而且重男轻女,就是作为一种养老的投资。西方人的爱是真正做到了“为爱而爱”,正是因为西方人的父爱母爱是完全出于真爱,不图回报的爱,所以相应地,西方人的孝敬父母,也是真正做到了基于真爱的一种感情。而中国人由于其一开始的父爱母爱就是出于一种隐含势利的养老投资,所以其衍生出来的“孝道”本质上也只是一种还债性质的行为。表面上看,西方的父母子女之间关系好像很疏远、冷淡。实际上以彻底的科学化、制度化、法律化运作方式,将人的权利和义务分得清清楚楚,好像有点冷冰冰,不够温馨,没有人情味,但实际上,只有这样才能够使人的基本幸福得到切实的保障。现代社会对于人性的看法更为客观与理性,认为人性既不是“性本善”也不是“性本恶”,而是善恶兼具,需要人在后天的训练中不断压制人性的恶,并弘扬人性中的善,使人的言行举止符合社会的文化传统和风俗习惯。

培养主动关爱他人的品性,则是公益创业教育的重要内容,其居于道德教育的底层,也是激发其仁慈之心的前提所在。公益创业教育的动力在于个体不仅对于自身生存状况的不满,更重要的是对于处于同样境况的同伴的不满,希冀采取有效措施来改善同类的生活状况,推己及人,由“小我”发展到“大我”,在改善同类处境的大背景下,个人的诉求也得到满足。主动关怀他人,是中华民族传统美德尊老爱幼、济寡扶贫的重要内容，但又将对象的范围拓展，体现了现代公益的普遍化原则。公益创业教育培养学生关爱他人的品性，就是要教育学生尊重生命、尊重人性，采用科学的方法对社会弱势群体进行帮扶，不再是一对一、点对点的帮扶方式，而是通过制度化的安排解决系统性的问题。

对于公益创业教育而言，培养关爱他人的品性着重于培养以科学化、组织化的方式解决社会问题的能力，而不仅仅只是道德的说教与灌输，则显得更为必要。在我们的传统教育中，过分突出对国家和集体的认同感和荣誉感，而对生命、对他人的关爱与尊重的教育往往被忽视，所以在初中、高中、大学甚至研究生阶段，都有思想道德教育，此举无异于亡羊补牢，效果有待商榷。公益创业教育对于大学生而言，就是要培养其准确发现社会问题并找到相应方法解决的能力，将关爱能力从一种主观的"恻隐之心"变为现实的、产生直接价值的社会行为，这样也与大学生成长成才的规律相适应。

第二，参与公共生活，履行社会责任。正如马克思所言，"作为确定的人，现实的人，你就有规定，就有使命，就有任务，至于你是否意识到这一点，那是无所谓的。这个任务是由你的需要及其与现实世界的联系而产生的"①。作为一个处于现实的社会联系中的个体，只有在履行社会责任的过程中才能实现自己的社会价值，明确自己的发展方向和社会定位。关于参与公共生活，古希腊许多智者均对其有所论述。亚里士多德在伯里克利的阵亡将士国葬典礼演讲中有感人至深的表达："在我们这里，每一个人所关心的，不仅是他自己的事务，而且也关心国家的事务；就是那些最忙于他们自己的事务的人，对于一般政治也是熟悉的，这是我们的特点：一个不关心政治的人，我们不是说他是一个注意自己事务的人，而是说他根本没有事务。如果把一切都合起来考虑的话，我可断言，我们

① 《马克思恩格斯全集》第3卷，人民出版社1960年版，第329页。

的城市是全希腊的学校;我可断言,我们每个公民,在许多生活方面,能够独立自主;并且在表现独立自主的时候,能够特别地表现温文尔雅和多才多艺"①。公共生活以其活动范围的广泛性、活动内容的公开性、交往对象的复杂性和活动方式的多样性著称,对于个体的社会能力完善和社会价值明确具有重要意义。

公益创业教育为个体参与公共生活提供了能力准备和实施路径。公共生活是由个体的自发活动所构成的有机联系体,在长期的交往过程中形成一定的道德规范和社会准则,每个参与其中的公民都是公共生活的主体和目的。有序的公共生活是以参与其中的个体的素质作为保证的,只有所有共同体的成员都能遵循相应的社会规则行为,公共生活才能健康地发展,但现实往往并不如意。公民社会在不同国家、不同地区发育的程度不同,公共生活的健康程度也就千差万别。在古代中国,"家庭之外的社会组织极不发达,基本公共生活的缺乏,导致人们除对家人外,难以对社会建立起责任感"②,"一人得道鸡犬升天"则是家庭责任极端化的集中体现。在当代中国,随着中产阶级的规模不断扩大,尤其是在市场经济中从事自由职业的人规模日趋扩大,其公共生活诉求更为明显,如要求有可以集会的广场、未经法律同意不得侵犯私人财产的安全感、对政府及负责人的批评权等,也包括对小区环境的美化、治安管理的完善、教育机构的水平提升、宗教信仰的保护等诉求。公益创业教育的目的在于鼓励人们寻求一套适合本地实际情况的解决方案,对现有的、有限的资源重新整合,而不是以"革命的""彻底的"激进方式寻求社会变革。在当代任何一个发展程度较高的社会,激进、暴力的社会革命方式已经不再受到吹捧,必须以一种折中的、利益相关方都能接

① [古希腊]修昔底德:《伯罗奔尼撒战争史》上卷,商务印书馆 1997 年版,第 130—133 页。

② 唐昊:《中国式公益:现代性、正义与公民回应》,中国社会科学出版社 2015 年版,第 157 页。

受的方案进行。公益创业则是在现有的社会政治体制下,在相对自由的市民社会空间里寻求社会变革的温和路径,而且能够作为社会治理的重要力量,为政府泄压减负,一定程度上能够帮助政府树立良好的公信力,巩固现有政权的合法性。

第三,科学分享财富,造福社会大众。正如美国第 28 任总统威尔逊(T. W. Wilson)所说,财富是人类不平等的起源,还是社会更合理、更公正的动力?这取决于我们如何认识财富,如何使用财富。中国古人有云,“君子爱财,取之有道,用之有度”,也在强调财富使用的合理性和公益性。最早提出科学公益的是古罗马时期的西塞罗,这也是近现代西方“科学公益”理念的起源。在古希腊罗马时期,富人的财富来源于战功、包税、农业等,因而其个人生活奢侈淫靡,在公众宴请、角斗表演、奢华游戏、野兽格斗等方面一掷千金。同时他们对于社会地位、名望的追求要远远胜过对资本积累的追求,因此所谓的“慷慨”“乐善好施”变成了富豪们竞相攀比的获取社会声誉的手段,加之当时的“共和国”政治也产生了需要依靠捐助公益来争取支持者的需要,因此罗马富豪的慷慨大方在历史上也显得尤为著名。在此背景下西塞罗提出了理性公益的理念。

西塞罗对于财富的分享主要有以下观点:一是“慈善有等差”,即如果每个人都按照与自己关系的密切程度对每个人都表现出相应的仁慈,那么社会利益与社会公约就能得到最好的保护。二是将志愿服务与慈善捐款区分开来,认为送钱对于富人而言很容易做到,但奉献时间与精力的志愿服务则显得更为可贵与高尚。在西塞罗看来,个人钱财有限,捐助也是有限的;但提供志愿服务则能感召众人参与,其效果与影响则是不可估量的。三是公益的对象要有区分,公益的作用在于改善社会群体的现状,而不是只针对某个具体的个体。因此西塞罗反对捐助修建纯粹象征性的豪华公共建筑,而是用于修建实用性的民生工程如城墙、船坞、港口、沟渠等,那么善款的使用则更加正当。西塞罗的理性公益思想对于近现代西方的富人财富观影响尤为深远，尤以美国为甚。自20世纪初期拉塞尔·塞奇基金会、卡耐基基金会、洛克菲勒基金会为代表，美国的公益基金自此崛起，成为美国社会的重要力量，在解决美国的社会问题和促进世界和平发展的进程中发挥着不可取代的作用。公益基金会为富豪找到了一条平衡财富与社会价值的中间道路，一方面，将个人财富或资产注入公益基金会，能够在一定时期内保证财富不遭到大规模削减或缩水；另一方面，通过公益基金会的科学管理和运作，能够确保自己的善款得到最大效率的使用，使自身的社会地位和企业的品牌形象得到最大程度的改善。

公益创业的目的不仅仅在于创造财富和价值，更重要的是将已创造或拥有的财富和价值科学、合理地用之于民，以高效的管理方式确保资金或服务得到有效发挥。因此公益创业教育的任务的重要内容就是如何合理对待使用财富，包括对公益基金会的管理、对公益项目的督查与评估等，以确保公益组织的使命得到完成，资金和物质使用去向符合捐助人的要求。

第二节　公益创业教育的社会价值

大学的职能是随着历史的变迁而不断发展的。现代意义上的大学首先出现在德国，由洪堡所主持的柏林大学，第一次将科学研究作为大学的主要职能，并形成了“学术自由”等诸多价值观念，强调大学应保持相当的自由，即不为政治、经济社会所左右，与之保持一定的距离，强调大学在管理和学术上的独立性。从1830年后科学研究也发展为大学的一项重要职能。20世纪大学在美国遍地开花后，现代大学制度也就逐渐建立起来。1904年，威斯康星大学提出了“威斯康星计划”，进行了深刻的改革，把教学、科研同直接为社会服务紧密结合起来。这项计划赋予大学两项重大使命——帮助州政府在全州各个领域开展技术推广和函授教育，以帮助本州公民。这也正如威斯康星大学校长范海斯所指出的，“教学、科研和服务都是大学的主要职能。更为重要的是，作为一所州立大学，它必须考虑每一项社会职能的实际价值。换句话说，它的教学、科研、服务都应当考虑到州的实际需要。大学要为社会、州立大学要为州的经济发展服务”①。至此人才培养、科学研究和社会服务就成为现代大学公认的三大职能。大学就不再是一个封闭的“象牙塔”，而是以一种主动的姿态走进作为人才培养、智力支持、技术服务的中心，主动承担着社会服务职能，在社会公共生活中扮演着重要角色。

公益创业教育正是以积极的社会服务姿态走入大众视野的。公益创业教育发端于非营利组织管理，在20世纪90年代“冷战”结束后，世界各国之间的民间交往日益频繁，国际间、地区间的非营利组织规模迅速扩大，为适应非营利组织管理，哈佛大学商学院首先开设了非营利组织管理课程，培养一批熟悉公益慈善事务、组织运营与管理、社会企业创办、媒体传播、公共关系等方面的专业人才，从而为社会问题的解决提供人力资源。因此公益创业教育与其他传统学科不同，其明确的社会服务指向与传统的科学研究功能有所区别，其主要目的在于培养专业的公益慈善事业人才或领袖，其教学模式与培养方式也以社会实践为主，并辅之以大量的社会项目，帮助学生获得更好的成长。

因此理解公益创业教育的社会价值也就是情理中的事。通过公益创业解决社会问题，其直接意义在于解决社会问题提高民众生活质量，但其根本或深远的意义在于对社会这个大系统的发展促进。将社会理解为一个大系统，其子系统就包括政治系统、经济系统、文化系统、生态系统等（此分类法是根据中国官方的传统，将国家或社会分为政治、经济、文化、生态四大部分），同时各系统间存

① 陈建国：《威斯康星思想与我国地方高校转型发展》，《高等教育研究》2014年第12期。

在交相影响。这也就意味着,公益创业教育以解决社会问题为中介作用于社会系统,然后通过人的理性分析与归纳能力,梳理出其对于社会子系统的具体影响,如下图所示:

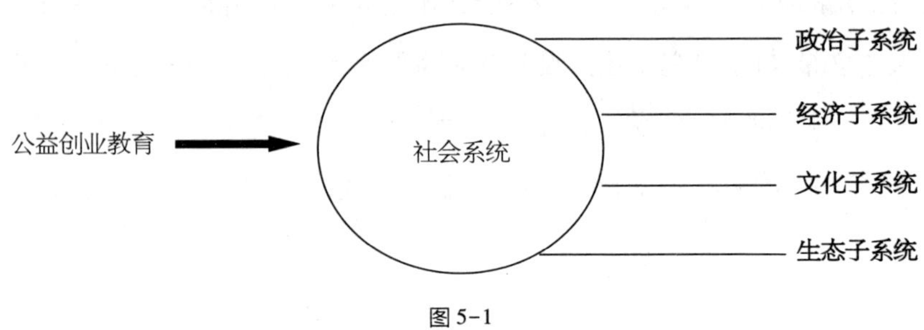

图 5-1

要说清楚公益创业教育对于社会各个子系统的不同价值,是非常必要的,但在此处作为章节则不宜过宽展开,不可能亦无必要,因此将结合公益创业教育的属性社会不同子系统之间的突出契合点进行分析。政治价值方面,公益创业教育着重于培养具有公共参与意识和能力的现代公民,为促进政治的民主转型提供现实基础;经济价值方面,突出公益创业活动中社会企业的作用,在公益这片尚未得到充分开发的蓝海中,社会企业以其明显的优势与传统公司企业区别开来,并发展为推动我国经济发展的增长新极;文化价值方面,则着重说明公益文化的发展对于社会风气的改良优化作用,这也与社会主义核心价值观所提倡的"和谐""友善"等具体要求相一致;而生态价值方面,则突出强调公益创业组织在解决社会环境问题,尤其是针对水污染、空气污染、垃圾堆放、噪声污染等方面进行治理所带来的直接贡献。以下也将依据此逻辑一一展开。

一、培养现代公民,促进政治民主转型

中国自 1978 年改革开放以来,一直在寻求政治的现代转型。中国共产党作

为执政党也提出要将中国在21世纪中叶，建设成为富强、民主、文明、和谐、美丽的现代化国家，其中作为政治建设的目标就是要实现民主转型。同时在经历了三次“民主浪潮”后，其他国家也会对中华人民共和国成立以后的政治体制产生示范性压力。再加上，市场经济在中国的高速发展，其内在的契约精神、平等精神等，使得现代公民通过市场经济活动来习得现代政治素质，也提出了要求政治走向民主的社会诉求。

而在当代中国的社会运作体系中，政治体制居于绝对的主导地位，其推动力更多地来自于经济体制的变革，也就是说市场经济的不断成熟，会对政治体制提出具体要求，而迫于巩固政权合法性和提升政府公信力的压力，政治体制则会以谨慎而缓慢的节奏进行变革。而通过社会公益来教育公民，鼓励公民在参与社会公益事业中实现自我教育，则是古已有之的传统。在当代中国，发展社会公益慈善事业既能参与到社会治理中来，也能分担政府的压力。同时，社会公益慈善事业与意识形态之间保持一定的距离，能够避免由于意识形态差异而陷入无休止的争论，保持发展的独立性与自主性，这一点在中国尤其重要。

关于社会公益实践如何促进现代公民的培养，法国启蒙运动时期的思想家们已有相关论述。19世纪托克维尔在对美国的民主制度进行分析时，称赞社团是“伟大的免费学校”，这所“学校”成为培养现代公民的“象牙塔”。在这所“学校”里，美国人所学到的“社会组织的一般理论”“如何综合运用”等公民技巧和知识，于此“公民社团为政治社团铺平了道路”，且加入公民社团有助于“传播一种关于社团的大众习惯和品位”①，这是民主文化的关键要素，这是培养现代公民的重要途径。帕特南（Robert D.Putnam）在对美国社会公共生活变迁的历史中，也发现“志愿活动会催生出更多的志愿活动，既有正式场合的也有非正式场

① ［法］托克维尔著，董果良译：《论美国民主（下卷）》，商务印书馆1989年版，第704页。

合的。有组织的参与活动似乎一直在反复灌输公民活动的技能以及伴随一生的利他主义精神，因为成年志愿者和捐献者更会由于他们的公民参与同青年人区别开来”①。

我国传统教育中缺乏公益慈善教育，反观西方社会，大学录取的标准中就明确要求学生必须参加一定的公益慈善活动或公益志愿服务，甚至于在进入大学前会给学生一年的休学期，鼓励他们参加社会公益慈善活动。由此可见，西方将公益教育的责任落实在家庭和自身，而中国正好相反，将公益教育的责任全部推给学校和社会，但学校教育内容受到政府的严格审查，直到 1994 年政府才第一次正面肯定公益慈善事业的积极作用，因而教材内容也就有意无意地忽略公益慈善内容，忽视对学生公益精神和公益能力的培养，而偏重于一种纯粹的知识灌输而非说理教育，所培养出来的是一种“安分守己的‘好人’”②，人们开始习惯于接受家庭、社会、政治生活的权威和体制，并将其视为生活世界的自然规范。由此每个人都能在这种已经安排好的社会秩序和生活方式中，找到属于自己的位置，而自己在其中安分守己、恪守本分，便能成为这个社会中的“好人”或这个国家中的“好国民”。

具体到公益创业教育，目前国内学者已开始进行探讨。公益创业教育的政治价值主要体现于：一是解决社会问题，直接提供公共服务或产品；二是参与社会治理，成为政府职能的重要补充；三是促进社会组织发展，为解决传统问题提供新的思路。但反观目前学界的研究主要聚焦于公益创业教育的间接作用，而不是其直接作用，也就是对人的作用。关于这一点，在前面论述公益创业教育的个人价值时已经进行说明，在此不再赘述。本节只着重强调参与公益慈善活动

① ［美］罗伯特·帕特南著，刘波等译：《独自打保龄——美国社区的衰落与复兴》，北京大学出版社 2011 年版，第 134 页。

② 徐贲：《统治与教育：从国民到公民》，中央编译出版社 2016 年版，第 302 页。

通过提升人的素质和能力进而促进政治民主化进程的作用。

第一，提升公共参与意识，培养公共道德。公共道德是公民在参与社会生活中所应具备的道德品质，主要包括两个方面的内容：一是对个体权利和自由的尊重。社会责任的承担，不是一个空洞的政治口号，而是需要每个社会成员建立起对自己的行为负责的观念。这样的观念不是个人去追问自己的良心或德性就可以主观地进行建构，而是需要整个社会对他人的权利和自由学会尊重的时候，个体才能习得这种道德。二是对他人和社会公共生活负责。而公益慈善组织则能够把具有公共信念的人结合到一起，在这种结合中就会自然而然地产生共同的价值观，这便是公共道德产生的源头。

现代社会中的公民道德是根据社会发展而产生的一种现实需求。在完善的市场经济生活中，没有诚信就不会获得顾客和合作方的认可，就难以获得利润；政府官员在提供公共服务的过程中，如果坚守"为人民服务"的信条，人民也有选举、媒体、政治权利等参与方式来监督政府，也有能力要求政府建立道德规范、忠于人民。所以在现代社会要建立价值观念，只能由普通人民在现实生活中逐渐培养出来，去培育适合现代公民道德生长的社会环境，而非靠政治力量从上而下强迫灌输。但要注意的是，这种公共参与"并非是以一种新的拯救原则即社会拯救，来取代市场拯救和国家拯救，而是彻底抛弃拯救信念，改变被动姿态，以主动参与、自助互助的方式发展社区，改善社会"①。现代社会在逐渐祛除社会革命的土壤，任何公共事务都可以通过制度化的途径进行协商解决，而不必诉诸激烈的暴力革命或社会反抗运动。

第二，提升公共参与能力，促进社会治理现代化。公共参与能力是评价现代公民与否的重要标准，而公共参与能力中最重要的就是政治参与能力。目前学

① 于海：《志愿运动、志愿行为和志愿组织》，《学术月刊》1998 年第 11 期。

者对于政治参与的内涵已初步达成共识，认为是“公民、社会团体和组织及政党参加公共政策的制定与执行，管理国家事务和社会事务，管理经济和文化事务等行为”①。周庆智认为我国目前实现了从“动员式政治参与”到“主动型政治参与”的转变②，这种由下到上而不是由上到下的政治参与，也是公益介入政治生活的主要方式。常见的公共参与方式包括执政、议政、政治选举、参加政治组织等，对于普通人而言，一般的社会活动都可纳入公共参与之中。但普通民众的无序公共参与则会导致社会秩序的混乱，学者对此忧心忡忡，才会如此关注公民的公共参与能力的提高，尤其是在当下找到一条合适的具体路径来进行，而公益作为一种新兴事物，可以承担其中的一部分功能，这与现代公益组织的特点及运作方式有关。

目前中国的公益慈善事业在公募权、注册程序、政府购买服务等方面取得了较大突破，但法制环境尚未得到彻底改善。目前只有《慈善法》《公益事业捐赠法》《红十字会法》《收养法》等少数几部法律，而《社会组织管理条例》《基金会管理条例》等皆为行政法或规章，现有的公益法律法规位阶较低，地方性法规也难以突破全国性法规的限制，约束力有限，难以构成一个较为完整的法律体系，从而难以发挥保障和促进公益事业的作用。但公益实践所带来的制度创新也显而易见。在民间社会相对发达、地方政府相对开明的地区，地方政府和民间社会有着合作解决社会问题的传统，特别是在无关意识形态和经济利益的领域，地方政府也乐于让民间力量参与到政策制定的过程中来，而民间力量自身也具备这种能力。其实，公益领域的创新与社会主流意识形态维护社会公平正义的倾向是一致的，且不具备意识形态方面的挑战性；而公益领域创新对利益分配产生的

① 张永桃等：《政治学概论》，高等教育出版社 2011 年版，第 175 页。

② 周庆智：《当代中国的政治参与——政治现代化意义上的讨论》，《哈尔滨工业大学学报（社会科学版）》2015 年第 3 期。

影响也是积极的，其所影响到的利益集团也是在既得利益集团中处于边缘地位。在这种大势下，再加上公益创新所产生的道德感召力量使其积累了绝对的政治正确性和舆论力量，从而推动政策的改革与创新，使公益活动有较为系统、完善的法律保障。

现代公益组织的突出特点就是组织性与科学性，以系统化、市场化的运作方式来解决特定的社会问题，要求组织内的成员必须按照特定的规则活动，根据组织的统一要求和安排行事。正如唐昊在对现代公益概念的界定，“是一种以利他主义价值观为导向、以改变社会体制和社会生态为目标，服务于公共利益的志愿行动”①，其中就突出强调建立一个社会生态系统，从整体上、根本上依托公益组织来解决问题，而不是“头痛医头脚痛医脚”。现代公益志愿社团“为了他人的利益而有组织地干预他人的生活，比起政治或经济，志愿社团在道德预警下更具有合理性”②。

以上两个方面，作为公益创业教育的教育内容，也是教育目标，培养学生的公共参与意识与公共参与能力，引导学生成为合格的现代公民，为促进政治的民主转型提供基础和保证。

但是，需要注意的是，国外政治势力通过国际公益组织进行意识形态渗透和价值观的宣传，以实现其不可告人的政治目的，目前已经有多起案例发生。为此中国专门出台了《中华人民共和国境外非政府组织境内活动管理法》（简称《境外 NGO 管理法》），加强对境外公益组织的规范管理。这也一定程度上提醒着公益创业教育，必须在我国法律规定的范围内行事，不仅包括教师聘请、出国交流、教材引进，还有组织教材编撰、课程设置、实践活动，都要严格执行法律规定和规章制

---

① 唐昊：《中国式公益：现代性、正义与公民回应》，中国社会科学出版社 2015 年版，第 11 页。

② Putnam, Robert D. *Bowling alone: The collapse and revival of American community*. Simon and Schuster, 2001.

度要求，按照我国文化接受习惯和社会心理来组织教学和实践，否则将适得其反，得不到政府和社会的支持，就会让公益创业教育面临不利的发展环境。

二、升级就业结构，孵化经济增长新极

教育的直接经济作用长期遭到忽视，这与人们的认识偏差有关。在人们的思维中，认为政治是经济的集中表现，由此推论公益创业教育对经济的作用，只能以政治为中介，而不能形成真正意义上的作用。但公益创业教育对于经济的作用，实际上可从宏观层面与微观层面展开。所谓宏观层面，是指通过公益创业教育的实践活动能够形成一定的经济文化、经济道德和经济思想，从而影响整个社会经济行为的价值取向。而微观层面，公益创业教育则是通过培养具有思想意识的人，培养具有竞争意识、创新意识的高素质人才，直接创造经济价值，从而推动经济社会的全面发展和整体进步。

目前中国正处于经济升级转型提质增效的关键期，在“新常态”的发展状态下，经济发展从高速增长转为中高速增长，从要素驱动、投资驱动转向创新驱动，经济结构也不断优化升级，第三产业消费需求逐步成为主体。同时，全球新一轮科技革命和产业革命也已经到来，颠覆性技术层出不穷，“互联网+”蓬勃发展，科技更加注重以人为本，科技创新活动日益社会化、大众化、网络化。这些变化都在呼唤着新业态、新产业的出现，迫切需要找到经济增长的新极。同时市场对于劳动力素质的要求也在不断提高，结构性失业①逐渐发展为一种较为普遍的

① 结构性失业，是美国经济学家汉森（Hansen，1947）在《经济政策与充分就业》中所提出来的，认为在一个动态的市场经济条件下，季节性、过渡性和技术上的失业是不可避免的，如果把因技术进步、经济结构的调整使一部分人处于劳动力市场中待业的现象称为失业，那就只能叫作结构性失业。（参考孙强：《我国结构性失业与对策研究》，2009 年第 4 期）

社会现象，使得大学生就业形势日趋紧张，需要找到新的就业思路和出路。这都对于人才培养提出了新要求，也对高等教育在新时期的社会责任与使命提出了新要求。高等教育作为社会系统的重要组成部分，其对于社会经济发展的重要程度不言而喻，但就目前而言高等教育对于社会经济的发展作用有限，学科和专业的设置与社会需求存在严重脱钩，所培养的人才素质难以满足市场的多样化、差异化、精细化需求。

具体到公益创业教育的经济价值，则可以根据其出现的社会历史背景进行分析。在20世纪90年代末，"冷战"结束，世界各国逐渐从"全能政府"转向"职能政府"①，对社会公共事务从大包大揽到部分负责，但社会公共事务的规模日趋庞大、划分日趋精细，政府也难以满足社会的全部需求，一部分公共服务和产品的供给就存在缺位。与此同时，传统慈善组织的组织能力与活动影响有限，不具备完全承接提供现代公共服务或产品的能力。在创业教育的基础上，结合传统非营利组织管理教育，哈佛大学商学院率先提出了"公益创业"(Social Entrepreneurship，亦翻译为"社会创业")的概念，试图用市场化的运作方式来解决社会问题，也就是所成立的公益组织自己通过制造产品或提供服务以获得利润，在平等竞争的市场条件下获得市场的认可。而与传统的公益组织有所区别，其资金来源不是主要依靠政府财政资助、社会捐助和少数的自创收入。在这个过程中，大量的社会企业(Social Entrepirse)崛起，为解决社会边缘群体(残疾人、老年人、青少年、LGBT等)的就业问题做出了重要贡献，也为社会创造了直接的物质财富和经济价值。

因而本节对于公益创业教育的经济价值探讨，不是对其所有方面均进行探讨，而只着重对解决大学生就业和促进社会企业发展两个方面展开，前者是对其

① 罗峰：《渐进过程中的政府职能转变：价值、动力与阻力》，《学术月刊》2011年第5期。

直接的教育对象的现实作用，后者作为社会经济的新亮点，已逐渐得到世界各国的广泛接受，能够作为一种新产业、新业态实现在中国的深入发展。

第一，以创业带动就业，提升就业质量。目前大学生就业问题是社会就业问题的重中之重，不仅是由于其数量增长迅速，更重要的是基数庞大，直接关系着社会的稳定与发展。目前高等教育在我国已实现了由“精英化教育”到“大众化教育”的历史发展，每年的高校毕业生数量相当于一个小型国家的人口总和。由于就业形势直接与经济发展趋势挂钩，经济发展形势良好则能提供更多的就业岗位，而经济形势糟糕则会导致大量毕业生处于闲置状态，两者相关性紧密。为此可通过图 5-2 了解当下的就业概况：

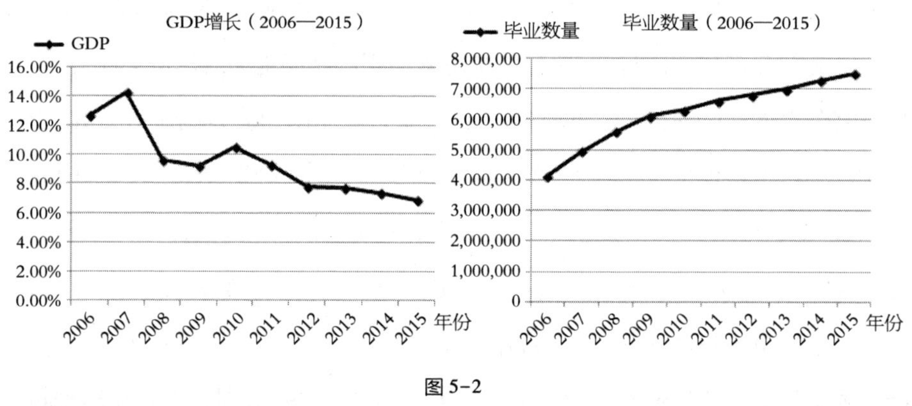

图 5-2

数据来源：中华人民共和国统计局。

由图 5-2 可看出，在 GDP 增长逐年放缓的情况下，大学生毕业人数仍在持续增长，从 2006 年到 2015 年十年间翻了一番，将近 800 万。在传统经济学里，一般认为 GDP 每增加一个百分点大概能带动 120 万人的就业。也就意味着在 6.9%的经济增长新常态下，每年能解决 830 万左右的就业人员。但 2016 年全国仅高校毕业生就有 765 万人，中职毕业生和初高中毕业以后不再继续升学的学生大约也是这个数量，加起来约为 1500 万人（数据来源：中华人民共和国人力资源和社会保障部官网)。以目前的 GDP 增长趋势而言,很难实现为所有的待岗人员提供岗位的要求,这就要求进一步拓宽就业渠道、优化就业结构、提升就业质量。

创业不仅能够解决个人自身的就业问题,而且在扩大就业、创造就业岗位方面具有倍增效应。有调查显示,平均每个创业者可带动至少 8 个人就业(数据来源:人力资源和社会保障部劳动科学研究所所长,郑东亮,2016 年 4 月 26 日)。长期以来,我国大学生的创业水平较低、创业成功率不高,根据麦可思①研究院所发布的《2015 年中国大学生就业报告》的数据显示,2014 年我国大学应届毕业生创业的比例为 2.9%,而同期美国大学生创业的比例达 20%。根据我国目前大学毕业生的规模每年将近有 700 万人,如果其中有 10%的人选择创业就有 70 万人,首先解决了自己的就业问题;其次按照"一人创业带动 8 人就业"的倍增效应计算,将创造 560 万个新的就业岗位;再加上 2014 年 GDP 增长所带来的 880 万个就业岗位,三者相加总共约有 1500 万个就业岗位,理论上基本能满足高校毕业生的基本就业需求,大大缓解了我国毕业生就业的压力。

根据官方统计,美国每 10 个人中就有 1 个人就职于公益行业或从事直接与公益相关的工作。而我国的官方数据显示目前这一比例只有 1%左右,如果从公益组织的严格定义上来计算的话,根据业界不完全统计,这个比例估计只有万分之一左右。因此从全社会的整体发展需求来看,这样的人才分布十分不均衡。(数据来源:中华工商时报,2015 年 2 月 3 日)

---

①　麦可思研究院是中国首家提供高等教育管理数据与解决方案的专业公司,也是高校、社会大众、用人单位和政府公认的第三方权威数据机构,是教育部、人社部、司法部、中国科协、中国社会科学院、中国机械工程学会、中国民办教育协会高等教育专业委员会、中国职教学会质量保证与评估研究会、世界银行、哈佛大学中国教育论坛等机构的合作单位。

开展公益创业教育，对于提升学生的创业能力意义尤其重大。但我们不能狭义地将创业理解为创办公司企业，将创业能力单一地理解为创办公司企业的能力。正如有学者所言，“创业就其实质而言，就是‘创新+立业’。也就是说以创新的精神、创新的方法来成就自己的事业，实现自己的人生价值、人生理想，从而服务社会、奉献社会”①。因此公益创业教育的任务在于培养学生的一种进取的工作态度，对待工作，不仅仅视为一项不得不完成的工作，更重要的是将其看成是一种事业，看成是个人创新立业的重要途径，进而实现从“要我做”到“我要做”的观念转变；对待生活，不仅仅抱着“过生活”“混日子”的心态，得过且过，而是主动创造一种新的生活方式、保持一种主动的生活姿态；对待人生，不仅仅只是为了满足衣食住行而进行社会活动，更重要的是满足自己对精神的追求，并不断丰富自己的内心世界，能够为社会创造一定的物质财富和精神财富。这种创业精神的培养，比一般的创业技能意义更为重要，对于个人的职业生涯和未来发展更为重要。

第二，带动公益经济增长，迎接“善经济时代”。中国经济发展进入“新常态”，“三驾马车”（投资、消费、出口）的神勇不再，拉动我国国民经济增长的动能已悄然发生变化。“双创”首倡者李克强总理指出，“可以说经济增长的新动能，就是我们在致力推动的‘大众创业、万众创新’”。而公益创业教育作为大众创业万众创新的重要突破口，将发挥公益创业在带动经济增长方面的重要作用。正如徐光耀所言，“善经济时代”正在来临，积极履行社会责任、主动创造社会价值的组织将引领这个时代的发展，推动经济的转型升级。社会企业作为公益创业的一种主要形式，正受到越来越多地区的认可与欢迎。

---

① 唐亚阳：《以公益创业教育为抓手，着力培养大学生社会责任感》，人民网访谈，2016年8月1日。

社会企业①(Social Entreprise)作为社会创新的产物近年来发展迅速。2012年前仍鲜有人知,到2014年后恍如“一夜梨花”,各个领域争先将其引入。创业者开始把社会企业作为自己的创业类别之一;NGO、民非在考虑是否提高造血功能,转型为社会企业;民间智库出台行业认证,扶持社会企业发展并争取政策支持;投资界在持续观望,社会企业能否成为一个新的投资点。2015年李克强总理访问巴西时,其夫人程虹还专门参观了位于巴西利亚为贫困人群提供职业培训的社会企业,这是中国官方有记录以来第一次以正面形式予以肯定。社会企业对于经济发展的贡献主要体现在促进就业、提升经济收入等方面,社会企业甚至于可以通过资源整合带动地区或社区的经济复苏。

英国作为社会企业的发源地,也是目前社会企业发展规模最大、影响力最大的国家,其快速发展的原因可归结为,“政府部门主导下的政策战略推动;社会企业家的社会资本网络推动;可持续发展理念与道德消费人群数量及其需求增加;社会企业的内部治理结构与民主决策方式推动”②。根据《2015年英国社会企业调查报告》所显示,在2015年里英国社会企业部门依然保持蓬勃发展的势头,并几乎在每个业务领域都超越了主流中小型企业,如营业额增长、劳动力增加、创造就业岗位、创新、企业乐观度和启动速度等。在公共部门财政紧缩和全球网络化市场的大背景下,社会企业为解决人类面临的重大社会和环境问题提供了切实答案。关键数据有:(1)社会企业站在经济复苏的最前沿,在过去12个月中,52%的社会企业营业额呈现增长,比主流中小型企业的比例(40%)更

---

① 根据OECD(经济合作与发展组织)对社会企业的定义:指既利用市场资源又利用非市场资源以使低技术工人重返工作岗位的组织。同时,也包括任何为公共利益而进行的私人活动,它依据的是企业战略,但其目的不是利润最大化,而是实现一定的经济目标和社会目标,而且它具有一种为社会排挤和失业问题带来创新性解决办法的能力。

② 陈伟东、尹浩:《合力与互补:英国社会企业发展动力机制研究》,《华中师范大学学报(人文社会科学版)》2014年第3期。

高;(2)社会企业在创造利润的同时也带来了社会改变,有50%的社会企业有盈利,26%显示收支平衡,而几乎所有社会企业都将盈利再投资,用于实现其社会或环境目标;(3)社会企业往往扎根在最需要的地方,其中31%的社会企业在英国排名前20%最为贫困的地区提供服务;(4)社会企业的商业贸易收入比重较高,73%的社会企业通过交易所得的收入占整体收入的75%以上;(5)社会企业更加强调公共服务,27%的社会企业的主要收入来源是购买公共部门服务,59%的社会企业与公共部门有业务来往;(6)作为社会的创新开拓者,在过去的一年中,59%的社会企业开发了新产品或者新服务,而传统中小型企业这一数字降至38%;(7)在岗位增加方面,41% 的社会企业增加了就业岗位,而传统中小型企业该数字仅为22%;(8)在所雇用的员工中,59%的社会企业雇用至少一名劳动力市场的弱势人员;16%的社会企业超半数员工来自于弱势群体;(9)在企业内部的员工薪酬上,社会企业 CEO 薪酬和最低级别员工的工资比率只有3.6∶1;而在金融时报100指数(FTSE 100 Index)中,这个比例是150∶1,两者的区别也就显而易见了①。

而中国的社会企业虽历经多年发展,在就业、扶贫、教育、医疗、社会服务、社区建设、环保等领域发挥着越来越重要的作用,但其发展规模较小、社会影响有待拓展、社会认可度也较低,对于经济的直接作用有限。

三、弘扬友善风尚,引领社会新风养成

公益创业教育的文化价值体现于个人在社会交往中所表现出来的价值取向、道德情操、生活情趣等之中,具有相当的主观性、独特性、发展性。公益从本

① 数据来源:Final version state of Social Enterprise Report 2015,Social Enterprise UK。

质上而言是社会的伦理道德之于人的行为所表现出来的一种社会文明形态，公益精神中所蕴含的责任、博爱、利他、仁慈等价值观都是社会主义核心价值观的题中之义。正如学者周有之所言，“社会主义价值观中的‘友善’是公益慈善精神的灵魂，所倡导的‘和谐’‘公正’‘文明’是当代中国公益慈善活动的目标”①。因此公益所蕴含的“向善、向上”的价值取向也与当代执政党所提倡的价值观一脉相承，具备在全社会推广发展的心理基础与社会基础。

公益创业教育对于社会新风的养成意义重大。不仅因其具有可能性，作为一种教育活动，能够通过系统科学的教学活动使教育对象的道德品格、思想素质发生一定程度的变化；而且具有特殊性，是因为公益创业教育所倡导的科学公益、理性公益等思想，能够在个体诉求与社会价值两个方面达成平衡，促使个人在社会交往中更自觉地体现个人的道德品格、思想修养及生活情趣。所谓社会新风，是指在当代中国所独具的社会风气，尤其在社会公益慈善领域的社会风气，与历史上以往任何一个时期、任何一个地域的均有所区别。具体而言，公益创业教育对于社会新风的养成有以下几方面的作用。

第一，爱无等差。在前文中关于西塞罗和孔子的“爱有等差”思想已有论述，在此不再赘述。公益创业教育所提倡的“爱无等差”不是标新立异，为了创新而创新，而是根据公益创业教育本身的特性所提出的，公益创业教育的目标在于培养学生的仁慈、友善之心，因个体的不幸遭遇或生存处境而对这一群处于同样状况下的人都产生同样的情感，进而试图寻找改变的办法。因此公益创业教育所提倡的“爱无等差”具有相当的合理性，其主要观点可归纳如下：(1)公益创业所关涉的对象具有普遍性、大众性，不再仅局限于社会上的弱势群体，仅对老年人、残疾人、流浪儿童、性工作者等群体提供帮助，而是某个社会问题所牵涉的

① 周中之：《慈善公益与社会主义核心价值观的培育与践行》，《思想理论教育》2015年第6期。

所有当事者和潜在当事者，所有因该问题现在或未来可能利益受到损害或情感体验变得糟糕的人。因而无论当事者是否在场，或者利益的牵涉程度，都不能成为否定其合理诉求的理由。（2）公益创业的帮扶依据不是基于地缘性、血缘性等因素，而是基于共同的生存与发展需求。历史上无论西方还是东方社会，都在自觉或不自觉地以“爱有等差”为公益践行原则，以血缘亲疏或地域远近作为开展公益慈善活动的依据。该因素发挥着决定性作用，具有深刻的历史背景，不能简单地理解为古人的愚蠢或偏见。在历史上的封建社会时期，开展地缘性的公益慈善活动，能够一定程度上缓和统治阶级与被统治阶级之间的矛盾，确保受助者对统治阶级的宽容，从而巩固自身的社会地位；而开展血缘性的公益慈善活动，则是家族势力占据统治地位的历史时期，能够确保家族势力得到充分发展，并进一步提升其影响范围。因而公益创业可以说是先见问题再见人，通过科学有效的方案解决区域性、系统性的问题，一定程度上克服了公益发生依据的局限性。

第二，行动互惠。在传统公益慈善的观念中，公益慈善是一种纯粹的利他行为，认为“只有无私利他才是善的、道德的，而只要目的利己便是恶的，不道德的……行为只有当其动机纯粹是为了他人时，才具有道德价值”①。这也就要求公益慈善活动必须是纯粹的利他，不能带有任何的私人动机或利益。由此也为开展公益设置了门槛，过滤了一大批持“主观为己客观为他”或“己他两利”的普通人，这种“道德绑架”的公益让人望而生畏进而退避三舍。而现代社会中提出的“普遍互惠”原则，则为普通人从事公益活动提供了活动依据。正如泰勒（Michael Taylor）所指出的：

在一个互惠系统内行动的每一个人，通常都兼具两个特征，可以称其为短期

① 王海明：《伦理学原理》，北京大学出版社 2009 年版，第 192 页。

的利他与长期的利己，二者结合在一起。我现在帮助你，并期望你会在未来帮我脱困，虽然这个期望可能是隐隐约约的、不确定的、未精打细算的。互惠性是由一系列行为组成的，这些行为在短期内都是利他的（对他人有利，对助人者不利），但这些行为结合在一起，通常会让所有参与者都受益①。

互惠原则是现代文明生活的基石，如果一个社会共同体内的成员能够遵守互惠的行动原则，就会发现自身的利益也得到了实现。经济学家鲍丁（Boulding K.E）也提出了同样的看法——系列互惠，即“我们要回报别人对于自己的善举，就是对他人也做出善举，而这善举应当是基于第三人而不是帮助我们的人。当我们需要帮助时，会希望每个路过的人都能够相信这一金科玉律，或者他们能够预测到自己某天也会陷入同样糟糕的境地，因而会施以援手。同时我们还可能指望此时有一个善良而有能力帮助的人，由于其以前曾经接受过帮助，因此很想通过某种方式予以回报”②。这也就意味着，对于我们大多数人而言，既是受助者也是捐助人。我们给予他人以帮助，也希望从他人那里得到帮助，使我们的生活更加富足。休谟也提到“我不肯为你白费辛苦；如果我为了自己利益帮你劳动；期待你的报答，我知道我将会失望。而我所依靠于你的感恩也会落空的”③。从某种程度上说，每个人都深深陷入公益慈善债务之中，从而要求我们应当通过为第三方提供帮助来对我们的获取做出报答，而不应该考虑这些回报是否回到了给我们施助的人手里。这也就是所谓的“正确意义上的自利”④。

目前社会各界对公益仍存在或多或少的误读。或者是“纯粹公益”，认为

① Michael Taylor, *Community, Anarchy, and Liberty* (New York: Cambrige University Press, 1982), pp. 28–29.

② Boulding.K.E, *A preface to grants economics: The economy of love and fear*, New York: Praeger, 1981.

③ David Hume, *Treatise of Human Nature*, book 3, part 2, section 5, 1740.

④ ［美］罗伯特·帕特南著，刘波等译：《独自打保龄——美国社区的衰落与复兴》，北京大学出版社2011年版，第134页。

“无论是公益机构，还是从业个人，都不可以和商业有任何干系，也不应该把收入或薪酬纳入自己的追求范围”①；或者出现的“慈善殖民主义”，无视当地文化、地理和社会风俗等方面的巨大差异，好心办坏事，将一个地方的成功模式生搬硬套应用到另外一个地方，进一步恶化了受助者的生存状况；或者是“暴力公益”，即以牺牲受赠人的尊严来获得自己的满足，行善者只顾自己高调做事，享受众人欢呼的热闹场面，却不顾及受助者的心理感受。陈光标则是典型案例，屡屡以暴力慈善的作秀手法，来赢得曝光率；甚至于出现“公益绑架”，将从事公益的人置于道德高地，认为公益应该是有钱人所必须承担的义务，为此就出现“逼捐”“裸捐”的荒唐闹剧，例如汶川地震中的万科集团、天津爆炸事件中的马云等受害者，“网络暴民”以自己认为正确的目的绑架他人的行为，剥夺了别人的自由和权利，这些现象屡见不鲜。

四、优化生存环境，倡导绿色中国理念

公益创业教育的生态价值集中体现于公益创业组织在解决社会环境中的行为之中，通过公民的环保意识、公益组织的治理能力及社会的生态文明程度等方面得以体现出来。尤其在目前的社会背景下，执政党将“绿水青山”和“金山银山”放在同等重要的地位对待，将环境保护和 GDP 都作为执政绩效的重要考核指标，这为社会进入环境保护领域提供了政策保护和舆论支持。公益创业组织一般首先进入的是环保领域，不仅由于其门槛低、成本少、成效快，更是由于与百姓生活息息相关，更容易得到市民的支持和政府的认可，因而发展空间更大。在前文(5.1.4)中已对公益创业教育开展的社会生态环境进行论述，在此不再

① 张涛：《中国公益界的“左倾”怪现象》，《华尔街日报》(中文版)2013 年 5 月 25 日。

赘述。

绿色中国的核心特征是人与自然的和谐相处，既要充分满足人类的生存发展需求，使人类主体得以不断进化和发展；又要实现自然资源的可持续发展，实现生态系统的相对平衡和优化，从而为人类提供良好的居住环境。但现实是，人类的索取越来越多，自然的更新速度难以跟上人类不断增长的需求，自然系统的稳定性遭到破坏，自然资源的生产速度变慢，而人类的发展速度也由于资源的匮乏而放慢，与此同时由于资源的争夺而陷入无穷尽的争斗和抢掠之中。公益创业教育作为一种广谱性的大众教育，其目的在于尽可能唤醒更多的民众参与进来，让更多的社会组织具备更充分的治理能力，让社会舆论给予更多的关注和支持。目前中国的公益环保组织发展迅速（说明：根据影响面及考察可能性，主要论述组织化的公益环保活动），在推进污染治理、环境保护等方面发挥着与日俱增的影响力。根据2015年发布的《自然保护领域基金会发展趋势分析》报告，显示在2013年我国各类基金会（包括政府设立和社会创建的）的资金流向主要是植树造林和草地管护两个领域，占比79%，具体分布如下表所示：

表5-1

	植树造林	草地管护	宣传表彰	替代资源开发	物种多样性保护	自然保护区建设	其他
金额（万元）	19565	8937	2384	2197	854	808	1455
占比（%）	54	25	7	6	2	2	4

因此本节将着重对公益创业组织的活动进行论述，从现实层面揭示公益创业教育的实际意义，对公益创业组织在环境治理方面的突出作用进行分析。目前中国公益环保组织的社会活动主要集中于以下几个方面。

第一，成立公益组织，直接参与环境治理。在全国各地，各类民间环保组织正跨越“种树、捡垃圾”的发展初期，形成一支不可忽视的绿色力量。新的公众参与环保事件模式的出现——可持续的自组织和民间结社。这种模式让相对自发、零散的民间维权行动走向常态化，组织化程度和参与者的环境认知水平更高，而且关注的议题更具公共性，不局限于具体的项目、社区所在地，开始超越只针对某个污染点和事件的应急性，向着长期监督、寻找制度性解决方案的方向发展。自1994年“自然之友”在北京成立以来，民间的环保公益组织相继成立，截至2012年年底，全国生态环境类社会团体已有6816个，生态环境类民办非企业单位1065个，环保民间组织共计7881个（数据来源：《2013环保NGO工作报告》，由中华环保联合会和北京化工大学联合发布）。

近年来，民间环保组织开始探索更多公众参与环境的“入口”，可供公众密切参与的项目遍地开花。例如“自然之友”就提供与百姓生活密切相关的项目，鼓励公众积极参与进来。通过开发低碳家庭项目，鼓励家庭制作太阳能发电板，带动了一大批志愿者参与进来进行家庭节能改造；针对城市河流污染缺乏市民的关注的问题，启动“清河行动”，为公众有效参与城市河流保护提供行动渠道；针对雾霾问题，发起名为“蓝天实验室”的项目，在科学家和公众之间搭建桥梁，通过多样化的行动，让更多人了解雾霾和自身防护。

目前我国的民间环保组织多数均进行了注册登记或拥有其他合法身份，在法律法规的框架下行动，通过为社会公众提供环境公益性、互助性服务，反映和兼顾不同社会群体的环境权益，缓和社会矛盾，维护社会稳定，为实施国家可持续发展战略，起到了社会“调节器”和“稳定器”的积极作用。

第二，开展公益活动，唤醒民众环保意识。正如撒切尔夫人所说，道德是个体性的。谈论社会正义、社会责任、新世界秩序也许很容易并感觉良好，但这不能消除每个人的责任。我们承担道德责任的方式不是采取公共的立场，而是自己选择去做些什么。你无法消除个人对国家的责任，你即你的国家。随着时代的发展，在环境污染与破坏的代价为民众所深刻感受之时，民众的环保意识也被唤醒，要求参与环保活动的热情也在不断提高，逐步实现了从“围观者”到“参与者”①的转变，在一个个貌似独立、分离的事件中，可以看到从一个人到一群人的呼唤与行动。在我们的身边，这样的现象也在日渐增多：有人在践行着垃圾分类、节约用水；有人为各种动物的生存福利发出呼声；有人看到工厂任意排污、垃圾随意堆放本能地拿起电话，把消息及时反馈给相关部门；还有越来越多的公民一次次不怕碰壁去申请环境信息公开，寻求法律途径，去督促那些怠于作为的环境监管部门履行职责；更有自发了解环境真相的各种“学习兴趣小组”大量诞生，不厌其烦地去搜集环保部门处罚过的各企业信息，并将其汇总到电子地图上，然后对这些数据进行分析利用，促进企业整改……

在过去，绝大多数公众处于围观者的状态，大家相信环境灾难的受害者是少数人，是局部地区，与自己没有多大关系。而近几年，频繁发生的大范围环境污染事件敲响了警钟，当人们发现，所有人都是环境灾难的受害者时，没有人会再忍耐下去。这种“不忍耐”在 2012 年体现得尤为突出。在四川什邡，当地引入宏达钼铜项目建设刚刚开工之际，什邡市民即聚集到市政府门口抗议示威；1 个月后，在江苏启东，由于反对大型造纸厂尾水入海工程，启东市民也走上街头；到 10 月，在浙江宁波，当地市民理性有序地“散步”，反对当地 PX 项目。这些事件最终都以工程建设停止而告终。民间的环保热情和力量充分显现。

第三，组织游说活动，影响人大立法和政府机关。随着协商民主发展为我国民主参与的两大主要途径之一②，社会组织以有序的方式参与政治生活正成为“政治新常态”。目前已有民间环保组织甚至还参与到环保政策法规的制定之

① 王怡红：《围观研究初探》，《新闻与传播研究》2013 年第 8 期。

② 马一德：《论协商民主在宪法体制与法治中国建设中的作用》，《中国社会科学》2014 年第 11 期。

中。研究发现，目前近半数的背景环保 NGO 参与了政策倡议活动，相比之下绝大多数地方环保 NGO 的活动依然聚焦于教育、物种保护等无涉政治的传统领域①。在目前的游说队伍中，活跃着一批数量相当的环保 NGO 组织，包括自然之友、绿家园、北京地球村、云南大众流域、绿岛、阿拉善 SEE 生态协会等。2016 年 1 月自然之友北京办公室收到了一封来自最高人民法院的感谢信，感谢他们在《关于审理环境民事公益诉讼案件适用法律若干问题的解释》起草过程中所做的大量工作。自然之友对该司法解释提出了上万字的建议。

我国当前“两会”的游说在政治生活中的影响力日益提升，每逢“两会”召开，“游说者”“走廊上的人”“编外代表”“民间谏客”等就走入大众视野。“在我国，当前的‘两会’游说与国外相比，总体上呈现理性和温和的态势，公布投票记录、抗议示威等相对激进的手段暂未出现。”②除了直接当面游说“两会”代表，还可以利用信息技术包括打电话、发短信、邮件、寄送材料等方式。

第四，发起公益诉讼，惩治违法行为。到 2016 年 1 月，由十二届全国人大常委会第八次会议审议通过的新修订的《环境保护法》正式实施，备受社会关注的环境公益诉讼主体资格，历经几次调整修改，最终扩大到“设区的市级以上政府民政部门登记的相关社会组织”。这就意味着近 700 家社会组织拥有了法定起诉资格，环境公益诉讼迎来了春天。这意味着从制度层面，环保组织对污染企业提起公益诉讼的大门敞开。自然之友、中华环保联合会、大连市环保志愿者协会、福建绿家园等多家环保组织提起多个公益诉讼。在这些民间组织的介入下，环保监督无处不在，环保民间力量正在变得越来越强大。

同时政府相关部门也在采取实际行动予以支持。2016 年环保部发文“支持

① 数据来源：“中国环保 NGO 为何能参与政策倡议？”NGOCN 发展交流网 2016 年 5 月 24 日。

② 洪伟：《“两会”游说现象的政治学解读》，《天府新论》2014 年第 5 期。

检察机关提起三起环境行政公益诉讼案件”①,这是有记录以来中国官方第一次正式公开支持检察机关起诉。但大部分是官办的社团组织,很多是行业学会,提起公益诉讼的意愿不高。正如学者王灿发所说,“在实际中,其实真正愿意打官司的环保组织其比例还是比较低的,本来具有诉讼资格的组织就少,而愿意‘管闲事’的组织则更为稀有了。”目前的公益诉讼现状也验证了他先前的预测:公益诉讼不仅不会出现滥诉的情况,也不会出现“井喷”式的爆炸增长。

① 2016年1月7日,环保部以通告的方式在官方网站发文:环境保护部近日获悉,有关检察机关就山东省庆云县环保局、贵州省锦屏县环保局和福建省清流县环保局不依法履行职责向有关人民法院提起环境行政公益诉讼。环境保护部表示支持检察机关监督环保部门依法履行职责,对不履行职责或履职不到位的问题依法提起环境行政公益诉讼,并对地方各级环保部门提出三项要求:一是要求三起诉讼案件相关环保部门全力配合检察机关和法院对行政公益诉讼的办理工作。二是要求各级环保部门在工作中依法履行环境监管工作职责,对违法问题依法查处到位、移送到位、执行到位。三是各级环保部门要举一反三,认真梳理在环境监管执法、执法与司法衔接配合方面的职责,高度重视检察机关的法律监督,有针对性地规范执法程序、加强信息公开,依法履职到位。

第六章 公益创业教育价值实现的内在矛盾

正如鲁品越所说,“实践活动的基本矛盾表现为主观与客观的矛盾,具体地表现为两个方面:认识论方面的矛盾表现为人们对客观世界的认识与客观世界本身是否一致;价值论方面的矛盾则表现为人们创造价值和实现价值中的种种冲突”①。人在追求价值的过程中,本身就是一个矛盾的过程。一方面,价值创造活动作为一种主体性活动,人作为价值目标的生产者和承担者,具有自由的、无限的需求,这种永无止境的冲动和欲望正是推动人类和社会发展的永恒动力;另一方面,作为具有自由意志的人类的无限欲望和需求,必须在客观的物质活动实践中才得以实现,必须遵循不以人的意志为转移的客观规律,必须在有限的时空条件下依靠有限的资源进行。因此价值创造活动既是一种主观的、自由的精神冲动,又是必须遵循客观规律性的客观物质活动,两者构成了永恒的内在矛盾。正如康德所提出的“二律背反”,认为“人们如果把种种事情,甚至它们发生所在的这个世界只看成现象,那么这种冲突并非真正冲突;因为同一个能发生行

① 鲁品越:《当代中国价值冲突的哲学透视——创价活动的永恒矛盾及其当今表现》,《江苏社会科学》1994 年第 2 期。

为的存在者，作为现象看，虽然在感性世界中有一种永久符合于自然机制的原因性，但在同一事情方面，它就又可以包括那种虽然也依据于自然法则而自身却不受其支配的原因性的决定原理"①。康德看到了主体的自由意志与客观的现实环境之间的永恒矛盾，但又无法在主观思辨中找到解决的办法。这也是公益创业教育价值的内在矛盾产生的根源所在。

公益创业教育价值的内在矛盾根源是价值创造与价值实现的不一致。在公益创业教育活动中，不同主体具有不同的利益诉求，在相互作用的主客体关系中，具有动态的发展性和不稳定性，由于主客体的异质性使得这种关系中必然蕴含着矛盾与纠结，再加上环体的发展变化使得这种关系的现实呈现愈加复杂。矛盾是推动事物发展的决定性因素，公益创业教育价值作为一种发展中的主客体关系也不例外，总是由于其内部的主客体、介体、环体之间及其内部产生矛盾实现新的发展。因此要深刻地认识公益创业教育价值，就必须要认识公益创业教育价值的内在矛盾，要说明公益创业教育价值"之所以然"的内在根据，由此才能把握公益创业教育价值的运行规律与作用机制。因而要认识公益创业教育价值，不仅要认识它是什么，还要分析所呈现的这种价值为什么是这样，这就需要我们深入分析这种价值内在的矛盾结构及运作机理。当然公益创业教育价值的矛盾是一个很宽泛的话题，无论从哪个点开展都难以做到面面俱到，只能选择某个突破口来进行论述。

本书分析公益创业教育价值的内在矛盾，着重于从公益创业教育价值的创造过程中所产生的紧张和对峙来展开分析。在公益创业教育价值创造的过程中，首先是创价主体的内在矛盾，包括个体的思想斗争与价值观摇摆、不同主体间的价值离心等；其次是在价值创造的过程中，对象、方法、条件等都存在不可调

① ［德］康德著，韩水法译：《实践理性批判》，商务印书馆1999年版，第112页。

和的矛盾;最后是对价值结果的分析上,对其性质、形态、评价也是众说纷纭。同时在分析具体价值矛盾的过程中,对矛盾产生的原因也进行了相关分析,试图揭示矛盾的全貌,为找到矛盾和解的路径提供思路。

第一节　价值主体间的龃龉

在公益创业教育价值的创造过程中,最基本的活动主体是人,人作为价值活动的实施者和承担者,一切价值活动从根本上说都是由人的活动所组成的。而个人在追求自身价值的过程中,必然要受到多重制约:首先是自身的价值取向摇摆,个体之间的知识水平与道德修养有别,对于公益创业教育的目的认识不清,必然会经历“利己”与“利他”之间的动机困惑;其次是在追求自身价值的同时必然要受到其他主体的制约,形成后者对他的限制力量,因此在公益创业教育的活动中,个体与由其他个体所组成的整体之间的矛盾不可避免,少数民众总是以虚伪的道德行为行事,“严以律人宽以待己”,使得个体与整体之间总是存在着龃龉;最后是关于公益创业教育的活动开展目的问题,到底是优化社会风气还是创造直接的社会财富,这一点目前争论较大。当然这三个方面只是说明了公益创业教育价值主体间的部分矛盾,但也是目前社会争论的焦点,这也是本研究的意义所在。

一、动机之争:利己抑或利他

利己还是利他?这个争论了几千年的道德问题在当今社会依然争论不休。王海明叹道“界说利己主义、利他主义、己他两利主义,揭示其本质,确定他们的根本特征,援引任何名家的断言都是不足为证的;唯一的科学途径,便是考察这些流派公认代表人物的原著"①。本研究并不打算对利己主义或利他主义进行一一梳理,只对其发展进行简单回顾。利他主义主要以儒家"仁学"和基督教伦理观为代表,在古代其发展便已达到非常高的程度,在进入近代和现代后仍发挥着巨大影响,其代表人物有孔子、墨子、耶稣、康德(Immanuel Kant)等,其主张包括:(1)认为每个人的行为目的都能达到无私利他的道德境地;(2)每个人的道德完善是人之异于禽兽的根本特征;(3)凡是真正爱己、目的爱己的行为,都是有害于社会和个人的道德自私行为,只有爱人无私、目的利他的行为,才真正有利于社会和他人,符合道德目的。这种伦理观既否定为己利他,又否定单纯利己,只把无私利他作为善恶评价的唯一标准。而利己主义则发展较晚,起步于18、19世纪,以欧洲的爱尔维修(Claude Adrien Helvetius)、霍尔巴赫(Heinrich Diefrich)、费尔巴哈(Ludwig Andreas Feuerbach)、车尔尼雪夫斯基(Nikolay Gavrilovich Chernyshevsky)等为代表,其主张包括:(1)认为每个人的行为目的只能利己,即"人不为己天诛地灭",但必须依靠社会通过利他手段才能得以实现;(2)道德标准是他律的,只有促进社会的存续发展才是善的;(3)只有依靠以自我为手段,也就是既不给予也不索取,既不利人也不单纯利己,才真正符合道德标准,因而才是善的。

在利他主义与利己主义相互对立的时期,也有学者提出了折中方案如"合理利己主义""精致利己主义""两利主义"等,即费尔巴哈所认为的,"用'一切人的利己主义'或'大多数人的利己主义'代替那种'为别人发明出地狱而为自己发明出天堂'的'少数人的利己主义',这已从事实层面摒弃了以个人为本位的利己主义,并试图将利己主义与利他主义结合起来"②,这也在一定程度上缓和

① 王海明:《利他主义与利己主义辨析》,《河南师范大学学报(哲学社会科学版)》2001年第1期。

② 萧成勇:《费尔巴哈:从合理利己主义到集体主义之桥》,《南京社会科学》2007年第8期。

了两者的极端冲突。中国学者往往诉诸以“集体主义”来予以调和。王海明、罗国杰、李苏文等学者就认为“集体主义”是对利他主义和利己主义的历史性超越，认为“集体主义乃是将‘集体价值至高无上’奉为解决集体与个人关系的道德原则的理论，是一种认为集体价值至高无上的关于集体和个人关系应该如何的道德原则的理论，是一种认为集体价值至高无上的关于善恶道德总原则的理论”①，该理论概括为一句政治性术语即“集体利益高于个人利益，当二者发生冲突时，集体利益优先，并最大化保全个人利益”。目前集体主义理论是官方钦定的指导思想，用以教化民众、凝聚社会力量。因此社会对于公益组织的管理者获得报酬不解，对于公益志愿者获得荣誉的奖赏会投以质疑，对于不需要给予回报的帮助会付诸以“最坏的揣测”。这些现象产生的根本原因就是对于个体和整体之间的关系认识模糊，在“官本位”的思想中，个人应无条件地服从集体，以集体利益为先；但在自我意识已经觉醒的民众中，会优先考虑自身的现实利益。这两者时时会产生冲突，进而带来价值观的混乱和行动的动摇。

当代社会对于公益创业教育的最大质疑，莫过于公益创业教育的动机问题。无论是在学界的专业探讨，还是在社会公开的公益论坛上，总会有人来质疑公益实践动机。在学校里，家长会质疑公益创业的可行性；在课堂上，学生会质疑公益创业的前景，能不能改善自己未来的生活；在与媒体打交道的过程中，媒体总会质问作为教育者的你，如何处理物质诱惑与道德榜样之间的两难问题；在与政府打交道的过程中，政府更多地怀疑公益创业是否有诋毁或取代政府职能的嫌疑；在与同行的交流中，公益创业者之间相互猜忌，对资源的抢掠多于互补合作。

这显然不能用纯粹的利他主义或利己主义来解释公益创业教育的动机。纯粹的利他主义将使公益创业教育失去社会基础，“道德是用来约束自己而不是

① 王海明：《伦理学原理》，北京大学出版社 2009 年版，第 200 页。

批判他人的”，纯粹的利他主义会让当事者陷入尴尬的境地，一方面要维持生存需要获得充分的收入，另一方面高道德标准又会使其收入大大减少，这就是目前公益领域难以吸引专业人才的重要原因所在。在新通过的《慈善法》中，规定公益慈善组织的行政管理支出不得超过总支出的15%，对于超大型的公益组织而言这个比例的行政管理支出费用能够应付常规开支，但对于小型公益组织而言则是致命性的打击，缺少足够的行政管理费用则难以招募到优秀的管理人才，甚至于日常的人员劳务费用都要通过透支组织的社会信用来抵偿，这会让小型公益组织的发展陷入恶性循环。而对于一般的公益志愿者而言，也不愿背上道德的十字架使自己承担额外的义务。因而纯粹利他主义作为公益创业活动参与的道德依据已显得不合时宜。

用纯粹的利己主义来解释公益创业教育也略显偏颇和极端。正如董志强在借助“最后通牒博弈”“独裁博弈”和“信任博弈”三种实验所得出的结论，“彻底的利己主义最终使得每个人都为自己和他人的彻底利己主义所害，反而不能真正利己，这就是所谓的利己主义悖论”①。首先不能否认的是每个人参加公益创业活动都有一定的私欲或目的，或者期望改善小区生活环境，或者期望培养小孩的道德品质，或者期望提高企业的社会知名度，或者期望改善个人名声获得社会名誉，等等，都具有一定的目的性。目的性本来是一个中性词，但在公益领域则被贬低得一无是处，认为有目的就是要从公益组织中获得不法利润或报酬，从而在舆论和道义上将其打死。其次纯粹的利己主义不可能提供公益创业的存活空间，既不能获得社会的广泛认可从而截断资助资金的来源，也不能因为满足个体发展便遮掩其逻辑的荒谬性。但中国的情况比较特殊，尚未经历过文艺复兴、法国大革命等彻底的文化运动，人们对利己主义的态度较为暧昧，官方历来大张旗

① 董志强：《纯粹利己主义反思与经济学方法论的二重性》，《学术月刊》2006年第8期。

鼓地反对利己主义，从几千年来的封建社会到改革开放后的社会主义新时期都是如此的指导思想，但市场经济的快速发展及西方人文思想的传入，个体开始重视自身的价值、个体开始崇尚人性的光辉，敢于公开追求自身的价值，勇于实现自身的价值，这就使得利己主义成为民众奋斗与发展的内在动力。

而用集体主义来理解公益创业教育的动机，则稍显牵强与无力。集体主义在当代走向形式化、虚幻化、功利化，陷入解释困境，根本原因在于其“主体异化”，杨明（南京大学，哲学系教授）认为“在市场经济原则的主导下，作为主体的人陷入消费社会里的物化逻辑，以交换原则为上，致使人与人之间的交往功利化、货币化、冷漠化，由此给个体的精神上带来无法消解的孤独与不安，个体之间也逐渐丧失了彼此感情融合的亲和力”①，从而使集体主义沦为聊以慰藉的道德口实，甚至于成为个人主义置换集体主义的道德幌子。用集体主义来解释公益创业教育的动机，也会陷入同样“主体不明”的尴尬，即“集体”到底是虚幻的组织成为少数人谋取利益的工具，还是根本不存在的事物，进而导致开展公益创业活动的目的不明，进而丧失道德责任感和道德约束感，公益创业活动也就不存在任何责任主体，最后不了了之。

针对公益创业主体的动机问题，目前可采取“不问目的问影响”的策略，以避免观念和价值之争，阻碍公益创业活动的深入发展。在2015年的中国公益论坛上就有学者提出这个观点，即不要随意揣测从事公益活动的当事人动机是什么，关键在于看他所做的事情产生了哪些社会影响，是积极的还是消极的，使多少人受益还是多少人受害。只有从这些方面才能评判一个人的公益行为。至于通过这项活动其本人得到了多少酬劳、企业影响力有何提升、个人知名度有何提高，交给法律裁决。这也是美国公益基金得到广泛发展的根本原因，以美国

① 韩玉胜、杨明：《当代集体主义的现实困境及其主体性重塑》，《探索》2013年第4期。

2017年总统候选人希拉里(Hillary Clinton)2015年的公益捐赠为例,她一共捐献了104.2万美元,不过其中100万美元是捐给自己家的克林顿基金。剩余的4.2万美元,则捐给了Desert Classic慈善基金。根据美国税法的规定,把钱捐给合格的慈善基金会,那么就可以税务减免。而克林顿基金恰恰是"合格的慈善基金会",这也就意味着希拉里一只手把钱锁进自己家小金库,举起另一只手申请免税,但这是合法行为①。

回避公益创业教育的动机问题,一定程度上可以消除社会参与的门槛,调动更多的社会资源和力量参与进来。毕竟社会上的不同个体其教育层次、道德水平、行动能力等各有差异,很难用一把同样的标尺去评判不同的人,也非常不现实。只要其所创造的社会价值是积极的、正面的,能够促进社会进步的,都应该予以肯定和鼓励;至于其个人是否从中获得了利润、博取了功名,则交由客观中立的法律判决,而不是一味进行道德的指责和围攻。

二、自由之争:个体抑或整体

在探讨公益创业教育的发展时,一个不容回避的敏感问题就是,公益创业在进行自主的社会活动时,因为规模的不断壮大和社会影响的深入人心,可能取代政府的部分职能,冲击到政府的合法性和执政基础。同时,由于个人的自主意识觉醒,政治诉求会爆发式地增长,日渐增多的社会运动可能会对现有的社会秩序造成冲击。这个问题从政治学的视角来看,算是"新瓶装老酒",也就是社会组织与政府的关系问题。

在中国的传统文化中,个体与整体可描述为公私之间的关系。在传统的理

① 数据来源:新浪微博,@Silk_River_Research,2016年8月13日,http://weibo.com/5393673654/E3iWjyJC6? type=comment#_rnd1471167063157。

解中,公私这对范畴主要包括三个方面的含义:(1)公共道义和私人意愿之间的关系,古人谓之为“公义”和“私意”;(2)国家、民族、部落、阶级的整体利益与家庭、个人或小集团之间的关系,古人谓之为“公利”和“私利”;(3)道义和物质的关系,也谓之“公义”与“私欲”①。本研究所采用的公私关系将偏向于第二种理解,即作为现代基本管理形式的国家和基本单位的个人或家庭之间的关系,个体为维护自身或家庭利益而采取的自发行动。在封建社会,由于生产方式和交换方式的狭隘性,使得个体行动难以转化为大规模的集体行动。在1949年新中国成立后,以单位为基本组织的社会格局也将不同个体限制在有限的活动空间内。直到改革开放后市场经济的逐步建立,个人的迁徙自由和搬迁自由才逐步实现,这也为个体的自由行动提供了保障。以组织化、运动化的方式进行集体活动,在20世纪90年代末期虽有所体现,但由此带来的社会动荡也超出了执政党和政府的容忍底线,很快这种势头就被遏制沉寂下去,由此对于以政治诉求为主的集体活动或社会运动受到严格限制,特别是政府随之所采取的“维稳”政策,使得各类以政治诉求为主的集体活动偃旗息鼓②。但与此同时,因为市场经济的发展及国际贸易的迅速发展,以经济诉求、民生诉求、文化诉求为主题的社会活动也日趋增多,非营利组织、非政府组织、各类公益基金会等先后成立。由此,个体化的行动逐渐转化为集体性的、制度化的社会活动,公益创业教育也正是在这一背景下产生的。

公益创业教育鼓励个人自发参与公共事务、成立社会组织,是否可能会冲击现有的社会政治秩序,降低政权的合法性?在19世纪初期托克维尔就已经看到社会组织的发展对于促进国家治理的积极作用,但遗憾的是,在中国直到21世

① 赵馥洁:《中国传统哲学价值论》,人民出版社2009年版,第291页。

② 唐皇凤:《“中国式”维稳:困境与超越》,《武汉大学学报(哲学社会科学版)》2012年第9期。

纪的今天,无论是体制内的还是体制外都对这个问题忧心忡忡,因此就出现如今这荒诞的一幕:学者和公益从业者在大力呼吁放开社会组织管理,而政府则忧心忡忡,从而使这个问题陷入困境。关于社会组织与政府关系的问题,西方其他国家的经验较为丰富。加拿大所采取的"志愿参与模式",即政府与志愿部门签订《加拿大政府和志愿部门协议》,规定双方权利义务;英国则采取"合作伙伴模式",以英国慈善委员会(Charity Commission)为登记注册机关和管理机关,以《政府与志愿及社区组织合作框架协议》(COMPACT)为合作蓝本进行具体合作;而美国则是采取"民间主导模式",即任何人都可以无须政府批准和他人联合建立一个非政府组织,可建立独立的银行账户、接受社会捐助、提供公共服务或产品等,但如果计划从政府部门寻求资金和政策支持,就必须要向政府部门登记,但其具体运作并不受政府监管。

在政府与社会组织部门之间的关系中,也可以看到人类智慧的发展轨迹。从开始的冲突式的对立关系,到后来的多样化的合作关系,抑或是中国学者所提倡的"支配性功能协作"的关系,即"公益组织在权力上依附于政府,但在功能履行上又与政府具有天然的互补性,只有由于公民社会的发展羸弱,公益组织暂时并不具有强大的社会动员能力和资源整合能力,因此公益组织尚处于协作的地位,尚不足以强势到与政府讨价还价以至于平等合作的程度"①。

因此对于开展普遍性的公益创业教育,是否未来可能产生大批量的"社会领袖"和社会运动则杞人忧天。可借鉴微博的发展历程来看,从 WEB1.0 时期的论坛里活跃的"吧主",到 WEB2.0 时期的博客中风靡一时的"博主",到 WEB3.0 时期的微博里独领风骚的"大 V""意见领袖"等,也并未出现先前预料的社会混乱或风气败坏,相反随着网民的素质逐渐提高,利用网络进行社会创新

---

① 谢志平:《关系、限度、制度:转型中国的政府与慈善组织》,北京师范大学出版社 2011 年版,第 160 页。

反而成为目前推动社会经济发展的重要亮点。同理,公益创业教育也不可能酿成大规模的"社会领袖"和社会运动的出现。未来的社会运动将更多地在制度化的框架内展开对话和行动,利益相关者多方将会更多地采取合作与对话的方式进行交流沟通。与此同时,政府的治理能力也在相应提升,会主动地从社会公共服务的部分领域撤退出来,聚焦于重要民生,社会组织对于公共服务的承接能力提升,也提高了自身的地位和社会影响力,与政府对话不再处于被动或受支配的地位。另外政府的管理能力也会相应改进,不再将社会组织或社会活动视为"洪水猛兽",而是作为推进国家现代化治理的重要力量,并将其纳入国家现代化治理体系之中,也一定程度上为政府"减压释重",使得政府更好地集中力量和精力处理好具有全局性、战略性的重大社会民生问题,这样政府的公信力和合法性不仅不会遭到削弱,相反还会进一步得到增强。因而促进社会组织的发展,可以说是一个社会发展中的必经阶段,是一个国家文明程度和现代程度的综合体现。

三、目的之争:财富抑或道德

公益创业教育的目的何在,是创造直接的物质财富,还是丰盈人的道德世界和优良社会风气?这个疑问萦绕在所有的参与者及围观者的心头。如果接受教育不能维持自己的生存和发展,那么教育对于普通人的意义何在?但教育的终极意义又在于帮助人回答"认识自己"的终极难题,如果教育变为纯粹的职业技术教育,那么教育也就丧失了其发展的初衷。在 20 世纪 90 年代发展起来的创业教育,其教育目的非常明确,即教会学生掌握创业的基本技能,增强学生的创业本领,主要是通过开办公司企业获取利润,这是评判的唯一标准。但近年来大学生在就业创业过程中责任感意识淡漠、自私、频繁跳槽等现象,也引起了大家的关注。现有的创业教育强调“制器”而非“育人”，使教育的使命本末倒置①。过于强调创业之“术”，忽视创业之“道”；单纯地强调以利诱人、以术导人，简单地以创业成败论英雄。在此意义上，比起创业技能的训练，创业价值观教育更为重要，推进创业教育需要高度重视固本强基。因此，开展公益创业教育要高度重视理想信念教育，重视世界观、人生观、价值观的引导，重视学生创新精神、合作精神、社会责任和家国情怀等的培养。

要回答公益创业教育的目的，首先可以回顾历史上教育目的发展的历程。以前“学而优则仕”，教育无须考虑其实用性问题，以“四书五经”为基本的教育内容着重人的道德修养和思想素质的培养，塑造其忠君忠国的价值取向。但随着现代教育的兴起，教育不再是社会上少数人的特权，而发展为普通人都有权利接受的大众教育，教育内容也必须进行调整，为普通人的生存发展问题提供对策。虽然不同历史时期社会对教育的要求不同，但是要实现这种转变尤其是观念的变革则不是一件易事。

公益创业教育一方面以个人兴趣为出发点，将公益作为个人谋事创业的领域，对于创业者而言这个领域和其他的社会经济领域没有区别，只是作为一片具有广阔发展前景的“蓝海”，更具有发展的空间和更多的机遇，能够更好地实现个人理想；但另一方面，公益创业活动直接创造社会价值，其所产生的作用能够直接解决社会问题、造福大众，才让这项实践活动彰显道德的光辉。因此既不能将公益创业教育置于“道德高地”，使其“高处不胜寒”，又不能将其视为一种简单的公益慈善活动，失去应有的时代价值。

具体来说，公益创业教育追求经济利润，通过创造物质财富来实现个人的理想。要采用系统性的方案解决一定的社会问题，就必须要成立具有法人资格的

① 洪大用：《创新创业教育不能本末倒置》，《中国教育报》2015 年 12 月 9 日。

社会企业或组织，组织一旦成立就意味着维持组织的生存就成为其基本任务，组织的持续生存才有可能实现组织使命和组织目标。在组织的日常运作中，常规支出包括员工薪酬、场地出租、办公设施、广告营销、公共关系、法律顾问等①，这些日常支出考验着组织的运营能力和管理能力。作为一个自负盈亏的社会组织，一旦资金流陷入困境，组织的运转就难以为继。另外，个人作为家庭的重要成员，也要承担养家糊口的任务，不管从事什么工作首先要保证自己和家人的生活无忧。因此进入公益慈善行业也要保证自己的报酬得到及时发放，自己的能力通过薪酬得到体现，否则就会跳槽到其他行业，去获得不菲的薪水。毕竟现代公益不是少数富人从事的活动，还是需要一大批社会精英的进入，而这批社会精英的进入，不能仅靠爱心和仁慈来开展工作，让他们“流汗又流泪”并不是长久之策，而是通过丰厚的薪水确保其安心工作，领导组织提高运营效率和社会影响力，这本身就是对社会的贡献。但目前不管是民众心态还是社会舆论，都难以接受这种观点。

美国的公益基金会高度发达，对社会产生广泛而深远的影响力，也正是因为承认从事公益行业的人的正当利益，找到了两者的平衡点。以盖茨基金会(Bill & Melinda Gates Foundation)为例，其基金会现有资金约 270 亿美元，但每年必须捐赠其全部财产的 5%，也就是 10 亿美元以上。但如果这笔钱直接由其子女继承，那么就要最高缴纳 50% 的遗产税，而这笔税收必须由继承人以遗产以外的资产中的现金进行缴纳，这无异于是天文数字。因此现在美国的许多超级富豪纷纷以公益基金、公益信托等方式，并派家族成员或自己直接来管理这笔资金，并通过投资的方式使这笔资金升值，这样这笔原始资金不但不会枯竭，相反还会得到一定程度的提升。这样确保巨额财富不会落入他人之手，还可以通过持

① 邓国胜:《民间组织评估体系:理论、方法与指标体系》，北京大学出版社 2007 年版，第 297 页。

续的公益慈善投入赢得社会名誉地位，可谓是"不负如来不负卿"，既满足了个人财富保值增值的意愿，又能为社会做出贡献。这种制度的设计就是充分体现了人性和理性之间的平衡，才能促进越来越多的人主动参与到社会公益慈善事业中来。

尊重人的现实、合理需要，是推进公益事业大众化、社会化的必由之路。正如马克思所说"人们为了能够创造历史，必须能够生活，而为了生活，首先就需要吃喝住穿以及其他一些东西"①，只有个人生存与发展得到很好的满足，才有更大的能力和精力投入公益事业中来。在人类近现代以前的发展历史中，公益慈善事业之所以是少数富人的特权，主要是因为大部分社会民众整天忙于生计奔波，没有多余的钱财和时间来参与。而富人不仅有足够的能力参与进来，还能收获社会名誉和地位，扩大自身影响力，因而也就乐此不疲。现代社会人们的生存问题得到普遍解决，改善生活环境、帮扶社会弱势群体、构建和谐社会就成为人们的共识，因而具备参与公益事业的能力和意愿。

因而公益创业教育的目标也就非常明确，既要帮助人在从事公益慈善事业的过程中个人的生存及发展需要得到满足，又要使人的尊严和社会地位得到充分认可和尊重。这既是对传统教育观念的颠覆，也体现了现代教育理念的创新发展。教育作为社会系统的有机组成部分，必须回应时代的要求才能实现跨越式发展，否则就会变成自吃自语的孤岛。公益创业教育可以说很好地回答了这个历史上的两难问题。

由此可能引发一种批判：公益创业教育是否会将教育的意义庸俗化？正如尼采所哀叹的"在超人眼里，普通人就像畜生一样可笑。超人与现代人类的差别甚至比现代人与猿类的差别还要大。'超人'是天生的统治者，是宇宙的真正精华"②。该理论被法西斯主义滥用，成为其进行种族灭绝和发动世界大战的理

① 《马克思恩格斯选集》第1卷，人民出版社1995年版，第79页。

② ［德］尼采著，钱春绮译：《查拉图斯特拉如是说》，三联书店2014年版，第226页。

论注脚，注定是人类思想的糟粕。历史总是在肆意嘲笑着人类的自作聪明，大学开始承担社会服务的功能正是从19世纪初德国的柏林大学开始，大学教育就由精英教育逐步转变为大众教育，教育的“纯洁”就已不再。因此从这个意义上来说，公益创业教育不仅不是对教育初衷的背叛，反而是对教育初衷的时代化发展，是对教育使命的本质性更新。

当然，以上所选择的主体间的三组矛盾，主要是基于公益创业教育活动中的不同主体所具有的主要思想矛盾，尚未进行完全概括和总结，有以偏概全之嫌。但无论是利己抑或利他、个体抑或整体，还是财富抑或道德，都是从事公益创业或接受公益创业教育所面临的主要思想困惑，都在不同程度上影响着当事者、利益相关者甚至旁观者的心态或看法。对这几对矛盾进行分析，有助于释疑解惑。

第二节　价值创造中的纷争

作为一种主客体关系的体现，公益创业教育价值在创造的过程中也面临着多种多样的困难和障碍。实施具体的教育活动直接关涉价值的性质、大小等，但这种教育活动又是复杂多样的，在实施的过程中包括确定教育对象、研究教育条件、比较教育方法、组织教育内容等，每个方面都会不同程度地影响公益创业教育价值的生成，而这些实施过程中的具体环节，不仅自身的每一种状态会影响价值的生成，不同环节之间的相互配合也会影响到价值的具体生成，该论述在前文中已有涉及，不再赘述。

本书重点关注在公益创业活动中的实施对象、社会条件和教育方法三个主要方面。公益创业教育狭义上只是一种单纯的教育活动，开始于课堂、结束于课堂；但从广义上来讲公益创业教育既包括课堂上的教学活动，也包括课前的教学策划、课后的教育效果，也就是接受过公益创业教育的人在现实中所作出的积极回应。在这个实践活动中，公益创业教育也面临着几组主要矛盾：一是确定公益创业对象的问题，也就是如何确定所帮扶对象的依据，是根据传统的地缘性或血缘性原则，还是根据现代公益的平等公正原则实施，都还具有一定的争议；二是目前实施公益创业教育的社会条件是否成熟，尤其是相关的政策环境是否对开展公益创业教育有利？政策风向的转变在中国一直尤其敏感，稍微的风吹草动就会引起社会的动荡，这也是大家犹豫不决的一个问题；三是公益创业教育的具体教育方法之争，其实方法之争的实质就是传统与现代教育方法之争，一方面不能否认实践教育的巨大价值，但另一方面又不能完全掌握实践教育的基本要领，由此对以实践教育为主的公益创业教育具体方法有所怀疑。

一、对象之争：普遍抑或特殊

公益创业的对象如何确定？也就是要明确所解决的社会问题或帮扶对象。回答这个问题，可根据古代慈善的帮扶对象确定原则，再结合现代公益的本质特征，即可找到思路。

费孝通先生形容中国古代社会是一个“熟人社会”，也是一个“差序格局”明显的社会，并将其形容为“我们的格局不是一捆一捆扎清楚的柴，而是好像把一块石头丢在水面上所发生的一圈圈推出去的波纹”，由此根据“剩余和婚姻所结成的网络……像个蜘蛛的网，中心是自己，然后推出去包括无穷的人，过去的、现在的和未来的人物”①，而编织这个网络结构的依据则是“血缘”和“地缘”，所谓“血缘”是指“人和人的权利和义务根据亲属关系来决定”，而“地缘”则指“地域

① 费孝通：《乡土中国》，人民出版社 2008 年版，第 25 页。

上的靠近,也是亲疏关系的一种反映"①。由此在"差序格局"的文化中,公益慈善事业就成为熟人间的相互帮扶。而所谓"差序",就是要分轻重、有远近、分亲疏、有厚薄,存在多个层次不同维度,地位是有明显差别的。在所谓血缘、地缘,甚至于族缘、乡缘的伦理文化圈的影响下,"个人—家庭—社会"的三维社会结构就基本确定了由亲及疏、由远及近、由内及外的慈善原则,具有浓厚的家族情结和邻里情结。一般宗族、家族的内部成员之间互助行为发生较为频繁,但对于超出宗族、家族之外的其他人而言,其救助热情和救助力度则明显减弱,而对于与己无关的陌生人则缺乏基本的人道主义关爱。这种主次分明的、层级严格的、先后有序的慈善观具有相当大的封闭性和狭隘性,难以形成普世主义的人文关怀。这种"熟人伦理"也具有深刻的历史背景,它"脱胎于传统农业社会和小农经济,向受助者提供生产辅助、物质支持、精神慰藉、情感疏导等,这种富有特色的'差序慈善文化',体现了社会大众自觉自愿、守望相助的朴素情怀"②。

当社会发展到一定程度,从"熟人社会"转变为"陌生人社会"时,与"熟人伦理"相对的"陌生人伦理"也就找到了市场。所谓"陌生人伦理",用周中之先生的话说,就是"要求人们在慈善活动中不问受助者是谁,不管血缘、族缘、乡缘、地缘,尽可能一视同仁"③。这种建立在平等原则基础上的慈善伦理观,一定程度上反映了世界文明发展的潮流,也反映了当代中国社会发展的实际趋势。改革开放后,随着社会主义市场经济的发展,地区间人员的频繁流动,猛烈冲击着自然经济中形成的血缘、族缘、乡缘、地缘基础上的伦理关系。如果不是亲戚、同

① 费孝通:《乡土中国》,人民出版社2008年版,第88页。

② 刘威:《冲突与和解——中国慈善事业转型的历史文化逻辑》,《学术论坛》2014年第2期。

③ 周中之:《中国慈善伦理的现代变奏》,在上海师范大学的演讲,2015年2月7日。

乡、同事、朋友等熟人，就不热心伸出援助之手的观念和行为，已经与时代的要求相背离了。另外由于现代信息技术的快速发展，人们通过网络与“陌生人”可以进行更为广泛、深入的交流，这也就大大地冲破了传统的建立在血缘和地缘基础上的伦理关系藩篱，从“小爱”走向“大爱”。更多的人开始拥护并且呼唤建立在“陌生人伦理”基础上的慈善观念和慈善行为，希望将慈善伦理更多地建立在社会责任感的基础上。在民主政治、市场经济和网络信息技术的共同冲击下，共同体本位因其阻碍个体公民意识的形成而瓦解，个人本位成为慈善事业的主要载体。“冷战”结束后，国家之间的对抗逐渐消解，以经济联系、文化联系为纽带的交往日渐频繁，公益慈善走向地区化、国际化的趋势不可扭转，倡导“陌生人伦理”的公益慈善文化也就逐渐成为各界的共识，因而 20 世纪 90 年代的超级流行巨星迈克尔·杰克逊（Michael Jackson）创作了一首脍炙人口的公益歌曲 we are the world（《天下一家》）轰动世界，也是该理念得到普遍认可的深刻体现。

因而公益创业教育就是要倡导“陌生人”原则，就是要用“普遍性”代替“特殊性”，让所有的受助者不再因为血缘、地缘、宗缘等原因而被区别对待。“陌生人伦理”所代表的“爱无等差”理念理应成为开展公益创业教育活动的指导思想。

二、条件之争：压制抑或催发

目前中国开展公益创业教育的条件是否成熟？这也是大家所关心的问题。这种条件主要指的是社会政治环境和舆论氛围，是否支持公益创业教育的发展，主要根据其所采取的政策及相应的行为进行判断。

为进一步了解公益创业在中国发展所面临的机遇与挑战，笔者对“首届中国青年公益创业大赛"金银奖获得者的20个项目展开了调查。2015年首届中国青年公益创业大赛有83个项目参赛,经过初评和终评两个程序产生20个金银奖。根据2015年11月组织的初评成绩,前20名自动进入12月份在重庆举行的终评大赛。在终评大赛中20个项目在通过路演(30%)、答辩(70%)的考核后,根据得分高低产生5个金奖和15个银奖。2016年11月,为了解这20个受到特别支持的公益创业项目发展状况,特别是这一年来受到资助后的实际表现状况,特制定《首届公益创业赛获奖项目评估问卷》,对20个项目的负责人进行针对性调查。回收结果显示,20个项目的负责人均已填报,且主要数据及材料的可信度符合研究需要。

(一)公益创业发展条件调查

1.政府支持情况

政府进行表彰、奖励的目的在于树立榜样,以点带面,鼓励更多的优秀组织、优秀事迹、优秀个人脱颖而出,同时利用政府的公信力为其背书,使其获得审批、贷款、税收、社会形象、企业影响力等方面的优势。"中国青年公益创业大赛"是由团中央联合其他中央层面的部门共同发起举办,其公信力与号召力不言而喻。上行下效,也能带动地方政府部门和社会企业的参与热情。自大赛开展以来,政府奖励次数的大幅度增加如图6-1所示。

以"首届中国青年公益创业大赛"为分界点,各级政府对于公益创业组织的表彰奖励频次大幅增加。总次数而言,2015年12月以前,总次数为126次,大赛后的一年时间里增加53次,增幅为42.1%;国家级奖励从之前的34次,到一年时间内增加15次,增幅为44.1%;省市级奖励从之前的29次,到一年时间内增加14次,增幅为48.3%;市级奖励从之前的40次,到一年时间内增加15次,增幅为37.5%;县(区)级奖励从之前的22次,到一年时间内增加11次,增幅为50%。

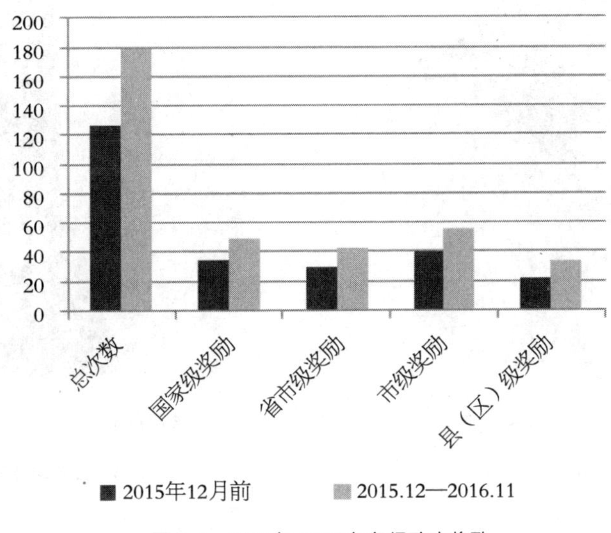

图 6-1　2015 年、2016 年各级政府奖励

2.组织注册情况

目前我国对社会组织实施“双重管理”体制，即需要先后经过业务主管单位和登记管理机关批准，才能合法地进行公共活动。经过公益创业大赛后，20 个公益创业项目的组织发展更为规范，充分体现了公益创业这一新生事物的巨大发展潜力，切实彰显了举办中国青年公益创业大赛的“初心”，具体体现于：注册情况良好。根据数据统计，自参加大赛后，有 2 个组织进行注册，截至 2016 年 11 月，20 个项目中有 17 个已完成注册，占比 85%，可以说态势良好。

评估等级有所提升。根据数据统计，在参加大赛之前，20 个组织仅有 3 个为星级组织，占比 15%。其中北京的“梦想体验馆”为 4A 级，河南的“残障青年创业行动”和青海的“互助县农村妇女公平贸易项目”为 3A 级。参加大赛之后，20 个组织有 11 个为星级组织，占比 55%，增幅为 267%，具体态势如下图所示：

3.社会资金投入情况

公益创业组织以市场化的运作手段解决社会问题，首先必须解决财政收支

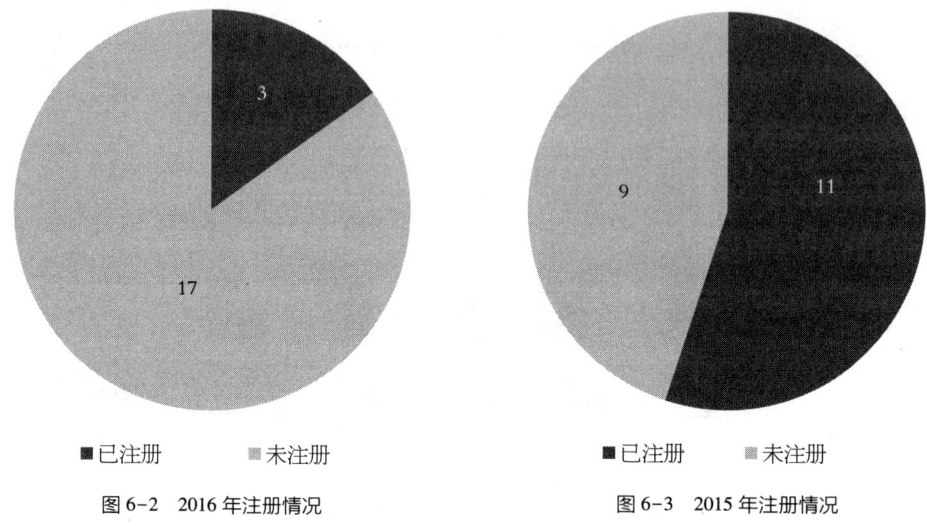

图 6-2 2016 年注册情况

图 6-3 2015 年注册情况

平衡的问题。根据已披露的财务信息,20 个项目在获得大赛的支持后资金增量迅猛,具体体现为以下几个方面:

(1)资产总量增长迅猛。2015 年 12 月前,20 个项目的总资产为 2637.96 万元,平均每个项目的资产为 139 万元;2016 年 11 月,20 个组织的总资产跃升至 6162.27 万元,平均每个项目的资产为 308 万元,相比增长 122%。这一定程度上说明大赛的开展吸引了大量的社会资金进入,尤其是大赛支持资金、政府购买服务资金及其他来源的注入,使得公益创业拥有充沛的发展资金。

(2)项目主营收入同步大幅度增加。2015 年 12 月前,20 个项目的主营收入为 3070.92 万元;2015 年 11 月后的一年时间里,主营收入增长至 5841.5 万元,同比增长 90%,收入的大幅增加一定程度上能够反映组织运营能力的增强。

4.社会力量参与情况

大赛的作用不仅在于给予项目具体的政策和资金支持,更重要的是通过优

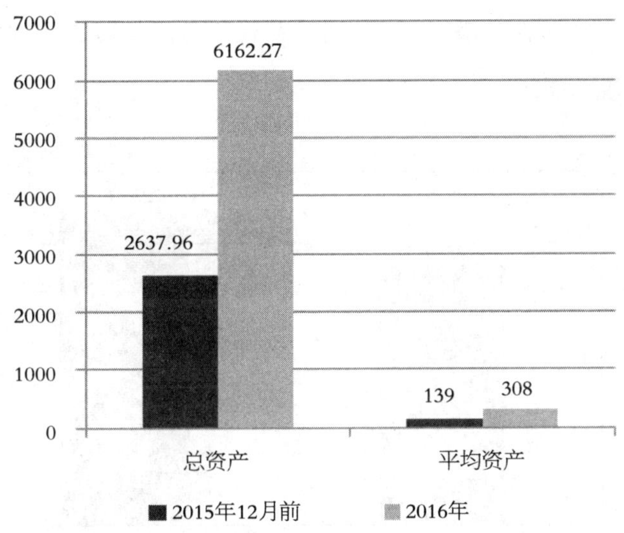

图 6-4　2015 年、2016 年资产状况(单位:万元)

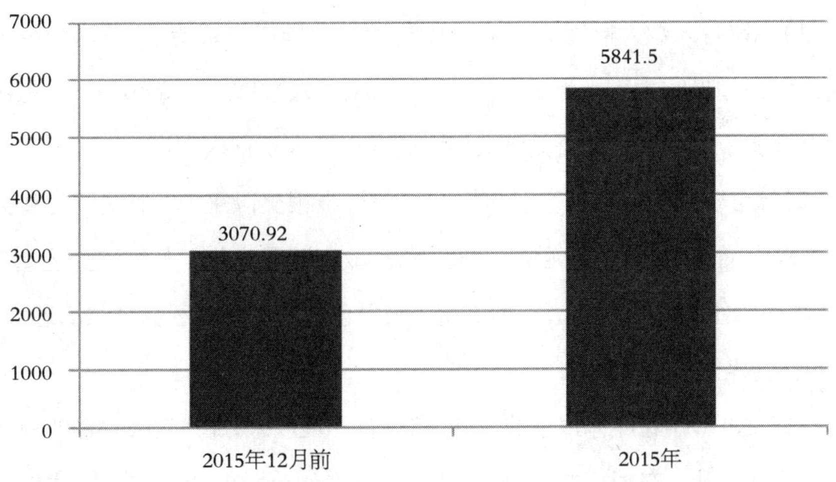

图 6-5　2015 年、2016 年主营收入(单位:万元)

胜劣汰，选出具有典型性的项目，得到政府的认可和背书后，其社会信用和社会形象能够得到相对保障。因而民众的参与热情也就随之被调动，积极参与到公益志愿服务事业中来。

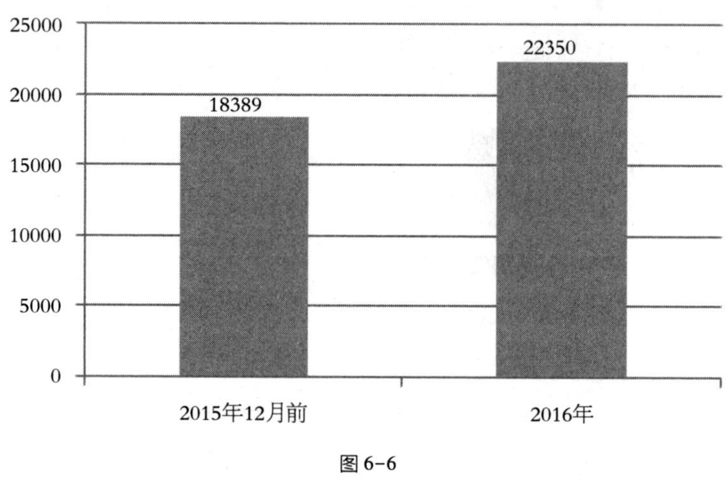

图 6-6

（1）志愿者人数大幅增加。20 个优秀项目的推广与宣传，使得这些组织的社会公信力和吸引力大大增强，一年之内志愿者人数增加了 3961 人，在总数的基础上增加了 21. 54%，为公益创业组织的发展注入了积极力量。

（2）社会资金大幅增加。自参加大赛获得金银奖以来，20 个项目的社会资金均有较大增长，其中社会融资达 482 万元，政府购买公共服务的资金达 112 万元，平均每个组织达 30 万元，有力支持了公益创业组织参与社会公共治理。

5.社会媒体报道情况

政府政策影响着媒体报道的倾向，自大赛开展以来，媒体对公益创业组织的关注大幅度上升。在短短的一年时间里，可以看到公益创业组织的媒体报道力度迅速加大。

从总的次数而言，2015 年 20 个组织的媒体报道总次数仅为 607 次，而获奖后一年增加1092次，增幅为180%；国家级媒体报道次数也呈现翻番的迅猛趋势，2015年12月之前总计149次，而获奖后的一年间增长为628次，增幅为420%；省级媒体报道的次数增长趋势较为平稳，获奖之前总计274次，获奖后的一年为271次；市级媒体的报道次数从38次增加到130次，增幅为342%；县级媒体报道的次数也从46次增加到56次，增幅为122%。

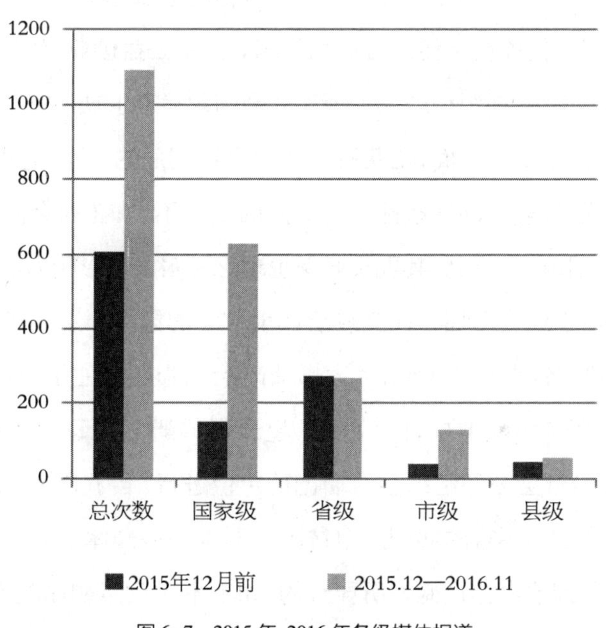

图6-7　2015年、2016年各级媒体报道

（二）发展分析及总体判断

通过这20个项目在政府过去一年支持下的发展状况进行调查，可以清晰地看到公益创业在中国发展所具备的有利条件，无论是政府直接的政策资金支持、购买公共服务、进行表彰奖励，还是社会资金大量涌入、媒体争先恐后报道、志愿者参与人数与服务时间的大幅增加，都可以看到公益创业所面临的积极形势。

但与此同时，我们也要看到目前公益创业组织所暴露出来的普遍性问题。

一是公益创业行业标准有待厘清,准入条件低、评选标准执行不严,少数申报项目的组织性质不符合公益创业项目申报的基本条件,其自创收入在总收入中比例较低,主要依靠财政拨款、社会募捐等途径,缺乏具有市场竞争力的产品或公共服务。二是涉及面较窄,对社会的回应不够。要充分体现党政需要、时代特色、行业亮点,因此在组织发展的过程中,要充分回应党和国家的号召,如"一带一路"、振兴东北老工业基地、"互联网+"、精准扶贫、城镇化等主题。但目前大部分公益创业组织仍停留于传统行业和领域。三是公益创业组织治理能力有待提升。作为新创组织,在组织内部治理和社会问题治理中缺乏充分实践经验,主要体现于:组织内部治理方面,在获得大赛的金银奖后的一年时间里,将近一半的组织在专业服务能力、硬件条件改善等方面变化不大;在社会问题治理中,又因缺乏明确定位和核心产品,其现实表现也缺乏说服力和影响力。

但目前公益事业也面临着社会政治环境方面的挑战。正如唐昊所担心的,"许多组织的策略都是避谈政治,尽力撇清政治色彩而专注于具体问题。就连环保组织也不参与环境维权,以致在风起云涌的避邻运动①中缺位,甘于边缘"②。因为部分社会公益组织会对自己的定位进行"自我阉割","鸵鸟心理"就慢慢成为公众心照不宣的共识。但贫困人群等弱势群体,部分原因正是由于现行制度的不合理或者存在偏差所导致的,如果不对政策和体制方面进行诉求则无法从根本上革除社会弊病。

公益创业教育需要引导学生来认清社会现实,也就是要明确公益组织的行

① 1977年,O' Hare首次提出了"邻避设施"这一概念,通常是指一些有污染威胁的公共设施,包括变电站、垃圾掩埋场、医院、养老院、发电站、殡仪馆等,会对周边地区的生态环境产生潜在威胁。后来发展为"邻避效应"(Not-In-My-Back-Yard),指居民或当地单位因担心建设项目对身体健康、环境质量和资产价值等带来诸多负面影响,从而激发人们的嫌恶情结,滋生"不要建在我家后院"的心理,及采取的强烈和坚决的、有时高度情绪化的集体反对甚至抗争行为。

② 唐昊:《"公益的"必然是"政治的"》,《南风窗》2014年第10期。

动策略及活动底线，目前在中国发展公益事业的整体环境是相当有利的，但是在确定公益组织的社会使命与行动方式上，要严格遵守国家与地方的相关法律法规政策，处理好与主管部门及“官办”公益组织间的关系，通过制定一定的策略让尽可能多的利益相关者参与进来，实现资源的优化整合。

三、方法之争：理论抑或实践

价值实现的根本方法是实践，这在前文中已有详细论述。公益创业教育价值作为价值的一种具体表现形式，也必须遵循价值的根本规律和基本原则，也必须将实践作为创造价值和实现价值的根本方法。但对于实践的内涵与外延的认识还存在较多争议，狭义的实践指有形的劳动活动，但广义的实践则包括人所从事的一切活动，既包括主观的思维活动，也包括现实的社会活动，因而对于公益创业教育价值的创造方法就出现了多样理解，认为创造公益创业教育的价值只能通过社会劳动活动，而课堂教学、科学研究等相对主观的思维活动则不应纳入，这种理解虽然片面但也有一定的市场。

价值创造的具体方法多种多样，可以说一切增加了价值的活动都可被视为价值创造活动，因而价值创造的途径和形式也就是多种多样的，包括物质生产、精神生产、社会关系生产、人的生产等主要几种形式①。但究其根本，实践是创造价值和实现价值的根本源泉，这些实践包括生产实践、处理社会关系的实践、科学实验、政治实践、道德实践、体育实践、艺术实验等，是一种“主观见之于客观”“客观作用于主观”的“自由的活动”②。公益创业教育价值作为价值诸多种类中的一种，其创造与实现的途径也受其普遍规律的制约和规定，也就是说在公

① 马俊峰：《马克思主义价值理论研究》，北京师范大学出版社2012年版，第295页。

② 马俊峰：《马克思主义价值理论研究》，北京师范大学出版社2012年版，第55页。

益创业教育的实践中创造价值，在实践中完成“主体客体化”和“客体主体化”的双重转换，就意味着公益创业教育价值的生成。“在生产中，人客体化，在消费中，物主体化；在分配中，社会以一般的、占统治地位的规定的形式，担任生产和消费之间的媒介。”①因此要分析价值的主客体相互作用就可从主客体之间的双向互动之间考虑。

所谓的“主体客体化”，主要“表现在使客体打上主体的印记，体现主体的意图和意志，成为主体的表现物”；所谓的“客体主体化”，“也就是主体在活动中不断地消费价值物，由此不断得到满足、丰富和提高的过程”②。这两个环节，是人类活动所必不可少和不可或缺的两个重要方面，一方面价值创造是价值实现的必要前提和准备，没有主体的客体化就不会存在客体主体化的发生；另一方面，价值实现则是价值创造的继续和完成，倘若价值无法得到实现，价值创造也就失去了本来意义。因此可以说，价值创造决定价值实现的社会形式，而价值实现则赋予了实践创造的现实社会形式。两者倘若相互促进、协调发展，就能够充分满足主体的需求，提高主体的创造能力，从而不断产生新的需要和新的追求，催生新的价值创造。但毫无疑问，无论是价值创造还是价值实现，其根本手段和路径都是实践，都是以现实的社会活动和主体的思维活动作为承载对象。

公益创业教育价值创造的路径，无论是主观的思维活动还是现实的社会活动，两者均无明显的高低之分，对于价值创造的作用大小也很难加以辨别，但决不可厚此薄彼，认为理论不如实践的方法成效更容易凸显，或认为实践的方法过于形而下不能反映作为人的尊贵性，这两种认识偏差在现实中较为普遍。但如果能够深刻地认识到价值的创造是主客体之间的双向作用过程，既不是人的主观意愿可以得到任意满足的主体要求过程，也不是被动地适应客体的自然属性

① 《马克思恩格斯全集》第46卷(上)，人民出版社1986年版，第26页。

② 袁贵仁：《价值学引论》，北京师范大学出版社1991年版，第312页。

和主要功能，而是在实践中双方不断地调适与促进，从而确保价值得到最大程度的创造与发挥。

第三节　价值结果上的分歧

公益创业教育价值作为一种主客体关系，既以一种动态的、发展的状态存在，也通过一定的现实载体而得以表现出来，是一种相对静态的、可观察的状态存在。公益创业教育价值作为一种现实活动的结果或目的，也可以借助一定的方法或手段进行分析观察。公益创业教育价值作为一种结果的呈现，也是在多种因素的共同作用下形成的，本身也蕴含着诸多不可调和的矛盾，在现实中以复杂的面目出现，对人们的现实行为和思想道德也会产生影响。从结果的角度对公益创业教育价值分析，能够更直观地说明公益创业教育为什么具有价值，也就是现实的合理性与必要性，这也呼应了前文中对公益创业教育价值研究的意义说明，有助于从更具体、更深刻的层面来详证本研究的科学意义。

从结果维度来分析公益创业教育价值，将其视为一种相对静止的状态进行观察，有以下几个方面需要进行澄清。一是如何从性质上界定公益创业教育价值，也就是要回答是与非、美与丑、善与恶的大问题。认识事物的性质，是理解、分析、利用、判断任何一件事物的前提和必要准备，如果是非不分、美丑不辨、善恶不识的话，行动也就失去意义。二是如何理解公益创业教育价值的存在状态问题，作为一种社会活动，其价值必然会以主观和客观的形式同时存在，但对于作为一种教育活动的公益创业教育价值而言，其价值更多地体现为人的主观世界的发展，而不是可以直接被观察的物质积累。三是如何对公益创业教育价值进行评价。任何一项活动都需要进行评估，公益创业教育活动也不例外，但在具体的评价方法上目前也存在争议，到底是采取事中的过程评估还是事后的结果评估,哪一种方法更为客观与全面,目前也尚存争议。

一、性质之争:公益抑或公害

在历史上,关于公益慈善作用的争议就一直存在。对于统治者而言,公益慈善组织的崛起无疑是对现有政治权力的侵蚀,社会领袖的崛起更容易造成社会的动荡和统治的危机;对于普通民众而言,由于以前的公益慈善行为是基于地缘、血缘所开展的,获得感不足,自然会对由大地主、巨贾、乡绅等人所开展的公益慈善活动动机产生质疑。这些质疑一方面是由于不同主体的利益差别所致,但另一方面也反映了公益慈善事业本身的矛盾,特别是在不同的历史阶段、不同的社会地域中公益慈善事业本身的性质变化。

在中国古代,专制帝王"以我之大私为天下之大公"的结果,是"强制产生公益"的职能变成了"强制产生私益",许多"社会福利"在这种情况下反而变成了社会祸害①。例如"右贫抑富"的抑制兼并政策成为历朝历代国家垄断而搜刮民财的聚财之举。政府为抑制兼并所通告天下的理由一般有:道义方面的理由则为削富益贫,从而使得"百姓均平";官方财政的理由,则谓之"利出一孔",进而"富国足用"。从而历史上大规模的抑制兼并运动反复上演,从汉代的盐铁官营、均输平准、五均六管、王田私属,到北宋末期的熙宁新政,明末的三饷加派,都是在朝廷入不敷出的背景下开展的,其直接后果便导致"国富民穷"的局面在历史上一再出现。先秦法家商鞅就认为民穷才会求"赏",而国富才有能力予"赏",两者兼备,朝廷则可以差遣百姓去做任何事情,因此"利出一孔"导致"家不储粟"则是统治者最乐于见到的局面。这也使得当时的老百姓对这样所谓的

① 秦晖:《政府与企业以外的现代化——中西公益事业史比较研究》,浙江人民出版社1999年版,第187页。

"右贫抑富"不仅丝毫不领情,相反则纷纷投奔到富民那里去参加反抗官府、抵制税粮的行动中去。这就是在我国四大名著之一的《水浒传》中反复出现的"官逼民反"的局面。

在现代社会中企业往往以"公益"之名行"公害"之实。一部分公益组织对破坏生态环境、危害人民健康、侵犯劳工权益的企业宣战,剑指其累累恶行,以及借公益"洗绿""漂白"的虚伪时,另一部分公益组织则会接受这些企业的资助,与其展开各种直接或间接的合作,成为助其体现社会责任、改善社会形象的伙伴,以至某些企业既获得了直接的经济效应,又获得了良好的社会效应。由于处于法律监管的真空地带和道德的争议地带,能够带来直接的经济效益和广告效应,许多企业屡试不爽。

公益创业教育价值在现实中以不同的社会活动和不同主体的个人行为所表现出来,因而所呈现出来的价值也就有高低之分、正负之辨,高低之分能一定程度反映教育效果的好与坏,但正负之辨则能够反映教育方向与路线的正与误。如果通过公益创业教育所培养出来的企业家偷税漏税、污染环境、压榨劳工、坑蒙拐骗,所培养出来的公益从业人员滥用善款、假公济私、套取资助,所培养出来的社会企业家虐待工人、克扣工资、套取政府补助等,这些行为随着公益创业教育的普及肯定会出现,并且以一种常态化的面目反复出现,那么就要提前采取相应的预案和补救措施,尽可能减少此类现象的发生。

而对于公益创业教育价值的判断,还是要从公益创业教育在这个时代中所发挥的主要作用出发进行思考,分析其在这个社会里所扮演的角色,在促进社会整体发展、人的素质提高、生活环境改善等方面进行思考,既不能以偏概全,用局部的、偶然的、少数的、极端的案例来否认其主要方面;也不能忽视问题、放任这些负面和消极的现象蔓延甚至恶化,从而影响到公益创业教育的积极价值。

二、定位之争:工具抑或目的

在价值哲学发展历史中,将价值分为工具价值和目的价值一度成为主流思想。目的性价值是因事物的本身而凸显其存在的意义,是人类孜孜以求的终极价值,不因历史变迁和社会条件情境变化;而工具性价值则依附于他物的某种目的而存在,以满足他物的某种需求为存在前提,比如经济价值、政治价值、文化价值等,具有明显的量度性、手段性和暂时性。在对公益创业教育价值的认识上,有人认为应将其视为一种工具价值,即作为一种培养新型人才的教育手段,其本身所具有的创新性能够满足高素质人才培养的内在要求;也有人认为应将其视为一种目的价值,作为一种时代的产物,其内在的合理性与创新性充分反映了现阶段社会对于教育的具体需求,也一定程度上能够满足学生的发展需求,将其视为一种合理的历史产物。毫无疑问,这两种争论都具有一定的合理性与局限性,但也充分展示了公益创业教育价值的多样性。

在公益创业教育的实践中,由于对公益创业教育价值的认识摇摆不定,也使得教育者在组织和实施公益创业教育时,对公益创业教育价值的认识存在一定程度的误解、混淆、偏差等,其中最突出的就是对于公益创业教育应该"培养什么样的人"存在较大争议。

第一,目前公益创业教育的教育目标偏差。为此可借鉴历史上的人性假设论,从"亚里士多德的'政治人'、亚当·斯密的'经济人'、卡希尔的'文化人'"①的论述中获得启发,依据个体在不同情境下所实施的一种行为或是展现的一种主要特征,对公益创业教育情境下的不同个体特征进行归纳。

---

① 黎红雷:《人性假设与人类社会的管理之道》,《中国社会科学》2001年第2期。

一是培养忽视道德伦理的“经济人”。“经济人”的概念首先由亚当·斯密提出，他认为“经济人”的理性能够带来社会财富的最大化。但经过新自由主义者的过度诠释，不断夸大经济理性的作用，认为“从个人的工具理性出发，追求个人利益最大化就会导致社会利益最大化，社会道德和法律的规范约束应极小化”①。创业教育具有明显的市场导向性，在遵守市场经济规则的前提下，利用市场的手段实现价值的最大化，也就是培养具有道德的“经济人”。但在市场经济的条件下“经济人”摘掉了道德的帽子，创业教育也就走向普遍化、现实化和极端片面化，在“人性本善”还是“人性本恶”的犹豫中选择了后者，于是工具理性被无限僭越、经济自由被扭曲和滥用、市场信用被漠视和践踏。特别是在市场经济体制发展相对不足的中国，创业过程中的官商勾结、制假贩假、欺骗、侵权等现象层出不穷。由此，创业教育也就失去了应有的人文性质和精神关怀，失去了对整个社会的智力支持和精神引领。高校成为技术人才培养的工厂、物质价值创造的主阵地、“精致的利己主义者”汇聚的大本营、自以为是的道德高地。

二是培养迷信技术制造的“工具人”。21世纪初杨叔子“大学的主旋律应是‘育人’，而非‘制器’，是培养高级人才，而非制造高档器材”②的呼吁，产生了广泛而深远的社会影响。创业教育深受功利主义的影响，逐渐背离了“育人”的根本目标，投向功利主义和实用主义的怀抱，以培养“工匠”而不是“全人”为目标。从而使得个人蜕化为马尔库塞（H.Marcuse）所言的“单面人”，“人蜕化到物的境地，作为工具，作为物而存在”。目前创业教育的评价标准是盈利能力、企业创办数量、创业成功率等，而不是实现培养人的创业意识、创新精神和实践能力，由此人们用

① 唐凯麟、陈世民：《伦理的视阈：从金融危机看“经济人”的偏执及其危机》，《道德与文明》2009年第5期。

② 杨叔子：《是“育人”而非“制器”——再谈人文教育的基础地位》，《高等教育研究》2000年第2期。

"物质的超越"去取代"精神的超越",用"物质的批判"去取代"思想的批判"。创业教育也就"不再是社会的中间力量,而是维系着一种代表社会控制方式的技术理性"①,个人也就沦为"工具的个人",失去了思想、感情、个性以及精神世界。

三是脱离社会关系的"真空人"。所谓"真空人",不是指物理意义上与空气隔绝的人,而是指过于专注个人价值、忽视社会责任和价值的个人,是伦理学意义层面的理解。马克思指出"作为确定的人,现实的人,你就有规定,就有使命,就有任务,至于你是否意识到这一点,那是无所谓的。这个任务是由你的需要及其与现实世界的联系而产生的"②。社会是人生存发展最重要的环境,社会发展程度的好坏也与个人的发展前途息息相关,人是社会的动物,个人的利己目的只有依靠社会通过利他手段才能实现。合理利己主义认为"每个人的行为目的只能利己,而行为手段却只能利他"③。为此必须将个人的发展与社会的改良紧密结合起来,在解决社会问题的过程中增益个人价值。既不是单纯地采用市场经济的"利己主义"一味地追求经济效益和个人利益,在创业的过程中为赚取利润不择手段,包括采用污染环境、偷税漏税、抄袭剽窃等不法手段实现利润的最大化;也不是"大公无私"的"利他主义",一味强调个人奉献与牺牲,这也与"以人为本"的基本理念相悖,削减了个人的主动性与积极性。创业教育应帮助个体树立正确的价值观,在实现个人价值与社会价值的统一中彰显个人理想,在发展自身与解决社会问题的过程中发展个人能力。

第二,公益创业教育育人价值回归的理论路径。在上文关于如何提升公益创业教育的个体价值中,从个体的生存、发展和精神意义三个层面展开,探讨了如何培养人、发展人、教人成人的问题,这也为公益创业教育回归育人本质提供

① 赫伯特·马尔库塞著,刘继译:《单向度的人》,上海译文出版社 2006 年版,第 23 页。
② 《马克思恩格斯全集》第 3 卷,人民出版社 1960 年版,第 329 页。
③ 王海明:《伦理学原理》,北京大学出版社 2009 年版,第 194 页。

了依据，也就是尊重人的自然本性、发展人的社会特性、提升人的精神个性，从而实现个人发展的飞跃。

一是回归到教育育人的本真状态。所谓本真状态，包括其本体构成及其现实表现。重回本真状态，就要正视其在现实社会的种种实践，这是探讨回归的逻辑起点和科学依据。公益创业教育育人的本真状态具有两面性，包括善与恶、真与假、美与丑，对人性弱点的充分利用、对物质占有的无限欲望、对个人英雄主义的极端推崇、对市场垄断的战略偏好等，都成为公益创业教育不容回避的负面效应。由此现实的公益创业教育对育人也就表现出一种矛盾的态度：渴望摆脱本真状态的"野蛮"成分，但又不得不对其表以必要的尊重和依赖；渴望理想的状态，但又在对个人进行调试以适应当前的状态，矛盾由此产生。因此，如何在起点与终点、善与恶、现实与理想之间保持合理的张力，便成为必须要解决的问题。而要解决这个问题，也须了解育人的理想状态，这也成为公益创业教育回归育人本质的又一任务。

二是重温育人的理想状态。所谓理想状态，指客体满足本体最高需求的能力以及客体本身发挥最大的潜力。公益创业教育育人的理想状态，则是指公益创业教育成为人实现全面发展的重要途径和载体，其自身能够实现知识性与实践性、现实性与理想性的统一，个体的思维意识、行动能力、道德信仰、理想与精神等能够实现均衡发展，特别是对于自身的存在意义与责任使命有较为清晰的认知。如尼采所言："无论哪一个个体、群体，还是民族都需要一些未经反思而又虔诚依恋的信仰，并视之为遮蔽性、保护性的云层。而只有在这种幻象的云层庇护之下，个体和群体才具有生存的根据和意义，才会富有想象力、创造力。"①人为地设定理想状态，能够给予我们的生命和行动赋以意义、幸福和安慰，因而是一种必要的幻想。但这种理想状态是必要的，也是危险的。这种危险主要体

① ［德］弗里德里希·尼采著，李秋零译：《不合时宜的沉思》，华东师范大学出版社 2007 年版，第 131 页。

现在:强调理想状态的合理性而忽视实现理想状态的手段的合理性,从而导致过程中充满教育的暴力与私欲的干预;强调理想的唯一性而忽视多元性,造成对个人发展的压制;向我们描绘未来美好的图景而将灰尘与污渍掩盖起来,从而给塑造一个虚假的天堂,因此这种蒙了面纱、做了修饰、掩盖了缺陷的教育理想一旦成为现实,则有可能成为令人胆寒心怯的地狱。因此我们在呼唤理想状态的同时也应对其保持必要的警惕,对潜在的危险要防患于未然,在追寻教育理想的过程中始终保持反思。

三是憧憬育人的可能状态。公益创业教育育人本质究竟是选择本真状态还是理想状态?很显然“非此即彼”二元思维下的抉择是不理性的。作为逻辑起点的本真和本质归宿的理想,从根本上而言并不是完全对立和泾渭分明的,两者存在交叉与重叠的部分。作为教育理论而言,不在于找到多少合理的“证据”来试图对某方优劣予以证伪,因为合理因素总是客观存在的。但如果避开一些暂时无法解决的争端,以明智的态度和合理的方式,充分把握两者之间的交互关系与重叠世界,尊重各自的逻辑立场与要求,并保持适度张力,则能够为公益创业教育提供根本性观照,进而真正促进育人本质的实现、提升人的能力、发展人的意识,使人更好地认识自我与履行责任。

三、评价之争:过程抑或结果

价值能否被评价?价值作为一种主客体关系,从实体层面而言具有观察的可能性和可操作性,因而目前关于这个问题的争论已趋近偃旗息鼓。但在具体的操作方法层面,如何科学、客观地评估价值,尤其是这种教育活动的价值,着重于人的思想素质发展和道德水平提高,目前尚未有统一的或得到大家公认的标准。目前对于公益创业教育价值的评价,主要根据其所培养的人才所创造的经济价值来进行统计，包括增加就业岗位数、创造企业效益规模、社会影响力等方面，这些都可以用具体的数字进行量化评价。但如何对教育活动的育人价值进行评价，目前学界主要是采取结果评价，也是根据人的现实活动和社会表现进行评判。但随着实证分析、田野调查等量化统计方法进入人文社科研究，过程研究就逐渐得到学界的认可和重视，基于主体发展的动态评价近年来也逐步得到完善。

所谓发展性评价，“强调以评价对象在整个教育过程中的表现作为评价的主要内容，强调人在评价过程中的主体能动性，鼓励被评者主动参与评价，以此激励被评者的积极性”①。发展性评估区别于其他评估模式的特点主要体现在它强调的是系统的、和谐的、复合的生态学意义上的评估，重点突出评估主体的多元性、评估内容的针对性、评估对象的差异性、评估过程的动态性和评估标准的发展性，从而全面、立体地显示评估客体的责任状况，以实现有效的责任培养评估。

构建发展性评估指标体系主要围绕三个方面的具体内容展开：一是对教育者、管理者和服务者的具体工作进行评估，对教育管理者既有工作态度、工作作风、工作能力、工作成果等方面的评估，也有制度建设、队伍建设、党团建设、校园建设、经常性工作、特色活动等方面的评估。并积极引入社会第三方力量参与，改变教育主管部门既当“裁判”又当“运动员”的传统模式，第三方专业机构的专业水平和能力，服务质量的优劣以及操作流程的严谨性、规范性和人性化程度都会有力推动教育评价的专业化、规范化。早在 2012 年，就已经有学校开始尝试引入第三方评价。2012 年 9 月，西安市通过购买服务的方式，与社会第三方评估机构合作，市教育局成为合同甲方，第三方评估机构作为乙方正式介入创新教育评价体系建设工程；在当年的 12 月，成都市青羊区教育局委托“公众学业素

① 邬志辉：《发展性评估与学校改进的路径选择》，《教育发展研究》2008 年第 18 期。

质教育评价研究所”对该区域所有小学3到5年级学生的学业质量情况进行评估。二是构建学生成效评估模式。对受教育学生的包括政治素质、思想作风素质、道德品质素质、法纪素质、心理素质五个方面进行具体展开，这有赖于教师的积极参与，不同课程的老师要统一安排，对每个学生的成长进行详细的记录，包括课堂表现、作业完成情况、课后反馈、日常沟通等。三是构建介体评估模式，主要对学校的工作队伍、经费投入、物质设施、基地建设等方面指标进行评价，这方面的评价目前较为成熟，数据也可以通过公开途径进行搜索。

创新发展性评估的方法主要有四个方面：一是周期评估与动态评估，即建立常规性的评估机制，定期开展评估工作，但同时也要充分把握责任教育过程中出现的不可控因子，以更准确把握评估的精准性；二是全面评估与单项评估，既要从整体着眼全面把握责任教育的主要方面，但同时也要对重点环节、特殊对象予以更多关注，方能把握责任教育的公平性；三是政府评估与第三方评估相结合，为此“必须强化国家教育督导，委托社会组织开展教育评估监测”；四是传统评估与网络评估，既要充分发挥传统评估方法如实地走访、数据分析、文本研究等方法的优势，也要主动利用网络新媒体开展借助网络社交工具进行案例分析和数据采集，从而提高效率、降低成本。

公益创业教育采用发展性的评价方法，既能够充分把握受教育者的思想素质和道德水平发展状况，又能较为全面地认识其对社会发展的直接影响，能够较为系统地覆盖其作用对象，具有一定的科学性和合理性。但这种评价方法的不足在于体系过于庞大、方法过于复杂，其可操作性与复制性也就较差，不易推广。即使得到应用也由于实践中存在的诸多困难，使得评价往往流于形式，往往难以达到理想效果，需要以乐观而审慎的态度加以对待。

第七章 公益创业教育价值提升的实践路径

目前学界对于价值的研究一般限于对积极或正面价值的解读，而对于同时所产生的负面价值或内在矛盾则少有涉及，而对于如何解决价值中的内在矛盾更是少之又少。这也一定程度上反映了目前学界的研究宗旨，不在于发现真问题，解决重点、难点、热点问题，而是将研究视为一种佐证的工具，为现实存在的合理性提供依据，也就是解决"为什么是对的"，而较少关注"为什么只有对的"的问题，这种研究倾向在人文社科领域尤其明显。价值哲学作为一种评判性工具，自然无可避免地受到该理念的冲击，问题意识也就日渐匮乏。

公益创业教育价值的内在矛盾是公益创业教育价值的重要内容，是从本质上揭示公益创业教育价值得以运行的内在矛盾，透析公益创业教育本质的规律性联系有助于更深刻地理解公益创业教育价值产生及发展的运作机理。公益创业教育价值的内在矛盾的客观存在，要求我们只能正视而不能忽视，只能采取措施进行消解而不是盲目逃避。公益创业教育本身是一项实践性活动，不同主体的思想斗争与价值疑惑也不能诉诸"以主观对主观"，这种价值的内在矛盾本身是对现实的映射，因而解决公益创业教育价值的矛盾必须要回到现实中来，通过实践的发展来解决认识上的困惑，通过对现实问题的解决来弥合思想的纠葛与价值的纷争。

公益创业教育本身是一种实践性的社会活动，因此要探寻矛盾的化解之路就必须要从纷繁复杂的社会关系着手。公益创业教育价值的内在矛盾本身也是一种实践性的社会活动，它既不是一种纯粹思维的产物，也不是仅以主观想象中的形式存在，而是在复杂多样的社会活动中、在不同主体的参与下、在不同要素的相互作用下、在多边多样的环境的影响下所形成的。因而要化解公益创业教育价值的内在矛盾，也必须要在纷繁复杂的社会实践中着手，找到合适的切入点和突破口，以达到事半功倍的效果。对于公益创业教育而言，容易造成价值混乱与纷争的因素主要有三个大的方面：一是社会整体环境有待优化，公益创业教育只是社会活动的一个子系统，但整体系统的发展状况又直接决定其发展的程度，因此包括对国家与社会的关系、政府与社会组织的关系、公益生态圈的优化等；二是从公益创业教育本身出发，对公益创业教育的教育使命、教育理念、教育内容、教育方法等进行调整和完善，不仅要减少可能出现的争议和困惑，还要尽可能提供解决矛盾的方案和思路；三是从个体层面来讲，既然选择了公益创业教育，个人各方面也需要进行调整和发展以满足公益创业教育的需求，例如对于公共事务的参与、对于社会问题的敏感、对于社会弱势群体的关怀等，都需要自身主观层面的努力和改进，才能减少对公益创业教育价值的误判和质疑，才能实现公益创业教育与个人共成长、共发展的理想目标。

第一节　明确公益创业教育使命

要化解公益创业教育价值的内在矛盾，也要从公益创业教育本身出发进行思考，尤其是重点关注公益创业教育自身的教育理念与教育使命，核心争论就是要培养什么样的人。教育使命的确立与否，直接关系到教育活动开展的成败。

公益创业教育作为一种新兴的教育活动，社会各个领域均对此抱有期望，对于公益创业教育的教育宗旨理解也就千差万别，在上文从个体的生存、发展及意义三个层面对公益创业教育的个体价值进行了剖析，但这是从公益创业教育对人的积极作用出发所作出的思考，但对公益创业教育的具体教育使命则缺乏探讨。

为此本节将重点探讨公益创业教育应该培养具有什么素质的人这个重要问题。公益创业教育应该培养什么素质的人才，这不是一个依靠主观思辨就可以解决的问题，还必须回到现实的社会中来，解决目前的社会问题需要什么素质的人才，而当前的公益创业教育发展程度又能培养什么样的人才，目前的公益创业教育导向又存在哪些偏差，只有对这些问题进行深入而系统的思考并作出回答，才能让公益创业教育的教育使命趋向清晰明朗。

一、道器并立，立德树人

自 2001 年杨叔子院士提出高等教育是“育人”还是“制器”①的问题以来，教育界和学界也开始反思教育的使命何在。尤其是在我国高等教育从精英化走向大众化、职业教育迅速发展的背景下，不同类型的院校所培养学生的素质也存在较大差别，普通高等院校着重于知识和道德的发展，而高职高专则侧重于专业技能的发展，因此就出现孰高孰低的争论。另外 2013 年北京大学的钱理群教授在一次座谈会上提出“精致的利己主义者”这一概念，认为“我们的一些大学，包括北京大学，正在培养一些‘精致的利己主义者’，他们高智商，世俗，老到，善于表演，懂得配合，更善于利用体制达到自己的目的。这种人一旦掌握权力，比一般的贪官污吏危害更大”。也就是说大学在培养“理性人”“经济人”“空心人”，

① 杨叔子：《是育人而非制器——再谈人文教育的基础地位》，《高等教育研究》2001 年第 2 期。

不是在教会大学生如何"Know Yourself",而是怎样赚钱、怎样享受,罔顾道德、罔顾他人。如果教育所培养出来的都是这样的一批利己主义者,我们的民族和国家又有什么未来。此语一出,一石惊起千层浪,社会各界也开始进行反思。

2012 年 11 月,党的十八大报告就指出,"把立德树人作为教育的根本任务,培养德智体美全面发展的社会主义建设者和接班人"①。这也是对上述争论所作出的官方回应,即在教育过程中主动地、自觉地、全方位地实施道德教育。将"立德树人"首次以党的报告的形式确立为中国特色社会主义教育的根本任务,具有明显的历史继承性与发展性,可明确看出是对十七大报告中"坚持育人为本、德育为先"教育理念的进一步发展与深化,指明和规定了今后一段时间中国教育深化改革发展的方向。立德树人,就是要求教育事业不仅要承担传授知识、培养能力的任务,还要帮助学生培养优良的道德品质和正确的价值取向。但对于"德"的具体内容,目前还存在较大分歧。官方在对文件解读时,认为就是社会主义核心价值体系②,具体为"立四德、三树人","四德"指政治品德、社会公德、职业道德、生活美德,"三树"则指树人的社会责任感、树人的创新精神和树人的实践能力③。但也有人提出不同意见,认为"立德树人"在新时期有两项主要内容,一是以平等和公正为基础的公共道德,二是教育工作者所倡导的善良、尊重、诚实等④。教育本身具有"传道、授业、解惑"的功能,在古代所传之道无非"圣人之言、哲人之思",但在近现代,教育的"传道"要实现从培养个体的私人道德到公共道德的转变,着眼于现代公民的培养。

"道"与"器"的争论,与其说是教育理念之争,不如说是中西文化之争。众

① 《十八大报告辅导读本》,人民出版社 2012 年版,第 35 页。

② 张烁:《立德树人是根本》,《人民日报》2012 年 11 月 30 日。

③ 王建南:《把立德树人作为大学的根本任务》,《求是》2014 年第 8 期。

④ 王晓莉:《"立德树人"何以可能?——从道德教育角度的审思与建议》,《全球教育展望》2014 年第 2 期。

所周知，中国古代教育一直忽视对技能、工艺的培训，而注重道德养成、品性教化，直到现代大学制度引入我国这一局面才得到改观。在经济狂飙和人的欲望无限放大之后，教育也就渐渐沦为谋财获利的工具，成为改善人的生活水平的工具，所以学界才开始反思教育的发展方向。

公益创业教育也正是在这一背景下所产生的。正如本人在先前发表的论文中所述，“培养具有高度社会责任感的人才，是公益创业教育区别于其他任何一种现有教育形态的主要特征，主要体现于以下两方面：第一是和传统的思想道德教育相比，公益创业教育更加重视实践和个人价值实现，与‘知、情、意、信、行’的思想道德转化规律更为契合；二是与以往的商业创业教育相比，其道德境界和价值观更为宏大和高远。”①公益创业教育一定程度上能够弥合“道”与“器”的分歧，使得实现学生的“道器并立”成为可能，主要优势在于：

第一，公益创业教育所倡导的“道”，不仅具有科学的时代内涵，更具有坚实的实施条件。杨叔子所言之“道”乃为人处世的道理，即如何成为更好的自己、如何更好地与这个世界相处，也就是我们所说的世界观、价值观、人生观的问题。公益创业教育所提倡的“道”，就是引导学生更好地认识自我价值，在充分认识和开发自身潜能的基础上，最大限度发挥个人的主观能动性和积极性，为个人的生存提供最充裕的物质条件，为个人的发展创造最理想的社会环境。我们反复强调的是公益创业可以创造社会价值，却忽略了公益创业也可以创造个人价值，可以为个人的生存和发展提供最充分、最现实的实现条件。因而这种传“道”之法，褪去了虚伪的光环，充分释放了个人的天性与潜能，具有实施的合理性。这也与中国古代教育的“齐家治国平天下”理念吻合，具有内在的吻合性、历史的延续性和时代的发展性。

---

① 唐亚阳、杨超：《公益创业教育：大学生社会责任感培养的新抓手》，《国家教育行政学院学报》2015 年第 10 期。

第二，公益创业教育所倡导的“器”，不仅具有崇高的价值使命，更具有广阔的发展空间和有利的社会环境。所谓的“器”则较好理解，指工作技能、工艺、方法、手段等，是实践活动得以完成的凭介。公益创业教育所倡导的“器”，则是指解决社会问题的手段和方法，具体来说就是用市场化的运作方法来解决社会问题，这与传统公益慈善相比具有质的区别。用市场化的运作方式来解决社会问题，有以下几点优势：(1)市场化的运作方式就是等价交换、合作共赢，使参与其中的利益者根据其贡献大小获得相应收益，为聚拢和吸收更多资源提供更多的可能性。(2)市场化的运作方式使每个人权责分明，使个人尤其是组织管理者不再背负过重的道德包袱而毁灭自己的生活。公益组织行政管理费用支出比例只是其中的争论焦点之一，包括组织者的生活方式、消费物件、政治诉求等都有可能因为过高的道德期待和要求遭到破坏。而公益创业教育则帮助更多人来认识用市场化运作方式解决社会问题的优势和好处，并对那些具有充沛热情、额外能力的人提供解决社会问题的系统方案。(3)市场化的运作方式要求注重对效果和回报的考察，公益慈善领域就不再是投资的“黑洞”，而是能够持续改善企业形象和品牌影响力的重要手段。

第三，公益创业教育的“道”与“器”相得益彰、相互促进。道德高地①令人可敬又可畏，既要避免让自己走上道德的高地，也要避免将他人绑架上道德高地。公益创业教育着眼于解决全局性、系统性的社会问题，其所覆盖的受益人群具有相当的普遍性和广泛性。但要让这个宏伟的目标落地具有实施的可能性，就必须有配套的实施措施。而公益创业教育不仅很好地回答了“道”存在的合

---

① 近年来，“道德高地”一词走入大众视野，包括知乎、豆瓣等讨论社区也参与进来，众说纷纭。但在笔者看来，道德不是个人与他人的关系，而是个人与自己的关系，这种关系长期处于摇摆不定的斗争状态，因而进行道德评判的主体和尺度都只能由自己掌握。而目前各级政府在刻意打造道德高地、树立道德榜样、宣传道德故事，反而会让当事人在日常事务中陷入选择困境，无论哪种选择都会遭到非议。

理性与必要性，还为“道”的实施找到了“器”，就是采用市场化的运作方式，两者交相辉映、相得益彰。

二、知行合一，践实笃行

正如马克思所言，“意识在任何时候都只能是被意识到了的存在，而人们的存在就是他们的现实生活过程。如果在全部意识形态中，人们和他们的关系就像在照相机中一样是倒立成像的，那么这种现象也是从人们生活的历史过程中产生的”①。思维能够指导实践，是因为思维真实反映了实践，能够揭示实践发展的规律，这就要求思维与实践统一，这种统一不是形式的统一，而是在相互作用的过程中达到相互促进的和谐与统一。同样，教育也应如此，不仅要教会学生怎么去做，还要启迪学生明白为什么做的道理和原因所在。

目前中国教育尤其是人文教育最受人诟病的知行不一，主要体现于理论与实践的脱节、教学内容与教学方法的不匹配、教师素质与教学水平要求的不一致等，故其造成的结果就是学生对教学内容学而不信、行而不一。这种情况下所导致的后果就是所学知识在实践中的应用性不够，理工科如此，人文社科更甚，“教育无用论”的极端思想泛起，教育尤其是道德教育的虚伪性也就不言自明。

公益创业教育作为一种新型的教育形态，一定程度上能够弥补传统教育中知行不一的弊端，主要原因在于以下几点：

第一，意识形态脱敏，使得教育内容安排具有更大的自主操作空间。众所周知，无论是哪个时代还是哪种社会制度下的教材，都会受到国家权力机关的严格审查和内容甄别，尤其是对意识形态、历史问题、领袖人物、时政热点等相关内容

① 《马克思恩格斯选集》第1卷，人民出版社1995年版，第72页。

会重点关注。公益创业教育的优点则在于,理论部分充分展现中西方学者的智慧,在解决人类的发展问题上所探索出来的思路,而实践部分则首先对我国国情有具体而深入的分析,在此基础上所诱发的"问题意识",鼓励人们在充分汲取西方治理经验的基础上,提出切实可行的本土化措施。这样就更尽可能避免教学内容与时代脱节的问题,能够真正反映时代的问题和人们的关注焦点,教育过程中的知行合一才具有可能。

第二,公益创业教育所强调的"知",更多的是"智"。如"智"字构成,即"每天都应该知道更多"。公益创业教育所强调的"知",不仅在于说明我们要做什么、怎么做的实际问题,还要从根本上说明为什么这么做的思想问题,而思想认识透彻与否直接关系教育成效的好与坏。因而在"知"的方面,公益创业教育首先会从历史与现实的角度说明为什么这么做,包括社会问题的日渐突出、政府职能的日渐收缩等,而在历史上我们有这样的做法,自古以来绵延不绝,积累了很多好的传统和做法,为当今开展公益创业提供了宝贵的经验和借鉴;并同时对西方开展公益创业教育的经验进行介绍,重点对其好的经验进行推介。要强调知识的问题导向,首先就要确保知识的真实性、完整性、科学性,公益创业教育所组织的知识内容,既紧跟时代步伐、反映时代需求,又充分学习和借鉴已有经验,让知识处于一种动态的、发展的状态,才能真正启迪人的智慧、活跃人的思维。

第三,公益创业教育所强调的"行",是一种理性的"行"。公益创业教育通过其教育理念与教学内容,可反映出其对"行"的具体规定;(1)个人是否将公益慈善事业作为个人终身事业,取决于个人判断与抉择,而不必予以道德约束,准入与退出的权利可以得到充分保障。(2)公益创业行为具体而言包括多种形式,有一般的公益慈善活动、非营利组织活动,也包括成立社会企业和企业所进行的公司公益行为,公益创业的价值不在于组织的规模,而在于其对于现实的实际正向作用,因而个人的公益行为既包括职业化的长期行为,也包括业余性的经常性参与。(3)公益创业教育所倡导的社会行为是与现行政府寻求合作而不是制造对抗,是在现行法律和政策范围内的合法活动,因而这种行动不会危及个人的人身安全和财产安全,也不会给组织和家庭带来不必要的监督和审查。

知行合一,关键在于知识的科学性与行动的合乎理性,两者若任何一方出现偏差,知行也就难以对接起来。公益创业教育正是有效避开了意识形态的干扰,能够安排合理的知识结构和组织有效的社会实践,让知行统一,以知促行、以行化知。

三、义利兼收,义行天下

公益创业教育从一开始就主张义利兼收,让所有的参与者能够找到实现自我价值的途径,不仅可以寻求一份有品质、有保障的生活,还能获得社会的广泛尊重和认可。该主张并不是空洞的口号或收拢人心的幌子,而是建立在具有现实基础的时代之上。

在中国古代,"义利是中国传统哲学中最基本的价值范畴,义利之辩贯穿于中国古代哲学的整个过程,渗透于社会生活的许多领域"①。所谓"义",原意为"仪",假借为"适宜""合宜",指公正、合理而应当做的事情或行为,而在进入理论范畴后,意为人们应当遵守的道德规范和政治原则。而所谓的"利",原意为"锋利",指刀、剑等物件的特性,后引申为"利益""好处""财利"等,在价值领域指人们现实的物质利益。而所谓的义利关系之辩,包括两个层次的争论,一是义与利的关系问题,二是义与利的价值地位或等级层次问题。

思想的争论并不总是会给人提供一个绝对的、明确的答案,其作用在于启发

① 赵馥洁:《中国传统哲学价值论》,人民出版社 2009 年版,第 205 页。

人的思考，给人提供更多的可能和选择。众所周知，孔子是重义轻利论的典型代表，认为义高于利，人应该重义轻利，以义作为最高的价值选择标准，因而就有"君子喻于义、小人喻于利"的说法。包括后来的孟子、荀子、董仲舒、王夫之无一不是循着孔子的思想在延伸发挥。而以商鞅、韩非等为代表的法家则认为，"世情尚争，不用仁义"，即在竞争激烈的社会里民众财寡，必须要主动地参与到竞争中去，而此时仁义则不能发挥任何作用；"人情好利，不贵仁义"，即人的本性是趋利避害，一切行为均以对自己是否有利为出发点，以显示的利益得失为评价和取舍标准，也不会自觉地推崇仁义道德；"利使国强，义使国弱"，法家认为一个国家的强盛兴旺必须以强大的经济实力作为基础，就需要积极发展农业、手工业、工商业等。而以墨家为代表的则坚持义利兼重论，认为"兼相爱、交相利"，认为"世以义治"，认为义是人类生存、生活富裕、社会安定的重要条件，如果人们都爱人如已，则国不相攻、家不相贼、强不劫弱、众不仇富、诈不谋愚；认为"人以利生"，衣食丰足，则一人一家生存才有保障，财力丰厚国家才能固本足用。历史上有三次较大规模的义利之争，分别为春秋战国时期、以盐铁会议为中心的两汉前期、以二程为标志的宋朝时期等多次争辩都和当时的社会震荡有关。

在中国古代历史上，就有一批兼顾"义利"的"儒商""义商"。所谓儒商是一个兼有儒士和商人双重身份、力图沟通两者价值观念的特定社会群体。将中国历史上的儒商文化内容及精神注入创业之中，将义利合一的商业经营理念贯穿过程始终，将仁政管理、诚信待人、和气生财、勤俭戒奢等价值观念渗透到教材之中，引导学生对中国古代的经商理念有所了解和认知。中国历史上著名的粤商、徽商、晋商、浙商、苏商，包括近现代以来的浙商，均以"诚信"和"团结"立于天下，成为中国儒商的典型代表。

"义利"之争，历经千年，难有定论。如张汝伦所说，"现代伦理学的两大主流（义务论和功利论）的根本目的不是像古代伦理学那样讨论人如何成德或如何过好生活，而是关注个人的权利和义务，权利与义务普遍适用并且必须是一般的，不管这些权利和义务以什么组成”①。因而可借鉴这种思路，转换义利讨论的焦点，以迂回侧击的实践方式来解决思想上的困惑。公益创业教育所倡导的“义”和“利”之所以具有实现的可能性，不仅因为赋予其全新的时代内涵，符合当代社会的需求，更是因为人们认识水平的提高和社会生产工具的发展，为平衡个人与社会的关系找到了一条可持续发展的路径。

第一，公益创业教育所强调的“义”是有良知、有温度。古代的“义”，是基于“君君、臣臣、父父、子子”的伦理关系，强调对某个具体的人或某个集团的忠诚，进而所表现出来的个人理想、奋斗目标、情感信仰等；但在现代社会，个人对他人的人身自由已完全解除限制，个人之间更多地由道德关系转向法律关系，“义”的内涵也就发生了转变，更多地强调公民责任、法律义务，即个人对陌生人的关心、对社会问题的关注、对人类命运的担忧，以及所必须要履行的法律责任等。人与人之间由道德转向法律关系、契约关系，血缘、地缘甚至宗缘的影响日益下降，但社会也不可能是由冷冰冰的法律关系所支配运转的，也必须要充分调动人的“四心”（恻隐之心、羞恶之心、辞让之心和是非之心），社会才能称之为人的社会，而不是一座没有人情味的“丛林”。而公益创业教育所强调的“义”，也是基于该全新的现代内涵，也就是做一个有良知、有温度的公民，即在契约和法律的关系之外，对人性中真、善、美的道德坚守，对人类社会美好前景的追求。中国历来有一个“情理”的说法，或者说是“义理”，很多两难问题可能有理无情，也有可能是有情无理。例如老人不小心摔倒了扶还是不扶，《人民日报》就评论道，“在社会普遍信任尚未形成的今天，充满信心，尊重内心，扶的举动并不宏大，却用行

① 张汝伦：《义利之辩的若干问题》，《复旦学报（社会科学版）》2010 年第 3 期。

动守住了‘德不孤、必有邻’的最大可能，守住了向善的内心呼唤”①，“扶老人，更要扶的是我们这个民族千百年来尊老敬老、孝顺长辈的道德传承；扶老人，最终扶的是每一个总有一天要老去的我们自己”②。

第二，公益创业教育所强调的“利”是共赢的、长续的发展。在目前的公益事业中，存在着“功利公益”的不良倾向，即公益成为个人财富积累的手段和工具。正如知乎上的一位网友(泥藻)所忧虑的：

> 一是我为什么做公益？是因为大学时间很多，想通过公益来让自己充实，还是我是真心热爱这份事业？二是我要怎么做公益？在那个时候，我的收入已经不允许自己出去走访学校了，那我应该做什么？三是我想做什么样的公益？公益种类有很多，乡村教育、留守儿童、环境保护等。四是我想通过公益达到什么样的效果？引发我思考的是我觉得我的公益行为实在有限，我无法带给他们我想要的那个效果，我可能只是让他们开心了一下下而已。五是我能从公益中得到什么？那时候我觉得我做公益并没有那么快乐了，我很焦虑，甚至不愿意承担团队安排的工作。③

以上疑问涉及的一个核心问题就是关于利益的分配与权衡，在传统的公益慈善活动中几乎萦绕在每个成员的脑海里。正如我们常说的，只谈梦想情怀愿景而不提高员工福利待遇的公司不是一个好公司，同理，一个只谈服务社会创造社会价值解决社会问题的公益组织闭口不谈组织成员的个人利益与发展，也注定不是一个优秀的公益组织。公益创业教育从不避讳个人利益的谈论，是因为

---

① 赵婀娜：《“扶还是不扶”成热词：抉择之时，不妨尊重内心》，《人民日报》2014年2月20日。

② 贞元：《扶老人，也要扶人心》，《人民日报》2015年9月30日。

③ 话题：你怎么看待那些抱着功利目的去做公益的人？知乎，2013年11月29日，http://www.zhihu.com/question/22139803。

一开始就找到了实现个人利益与理想的平衡之道，在现实中寻求利益之间的和解之道。(1)充分尊重个体合理、正当的利益诉求，例如通过劳动(包括管理、技术、股份等)获得相应的报酬，用以改善个人及家庭的生活水平，用以个人的能力发展，这些必需的利益诉求必须得到保障。(2)在法律制度的框架下，制定合理的行政支出管理费用，包括所有员工待遇、福利、绩效奖励等，让成员的获得感与付出成正比，避免"流汗又流泪"的现象屡屡上演。(3)对公益组织的成员，政府应该在荣誉、奖励等方面给予充分的肯定，包括资助其进入高校就读、成为人大代表或政协代表参政议政、以国家的名义举办仪式等；法律在税收、信用等方面予以倾斜；企业通过设立公益基金对个人和组织进行资助等；社会舆论发挥喉舌的作用，对公益事业中的正面案例和负面事件客观报道，为公众提供更为全面、客观的信息。如此，个人的个体价值和社会价值得到充分肯定，个人的物质财富和精神财富得到双重丰富，才会鼓励更多的人自觉地参与进来，让公益真正发展为全民性、社会性的大众事业。

第二节　优化公益事业发展环境

诚如马克思所言，环境的改变和人的活动从革命的实践上来讲是一致的，环境能影响人，而人亦能改变环境。这种环境包括自然环境和社会环境，自然环境是客观存在的，人虽然能产生一定的作用但不能左右其发展的基本进程；而社会环境则是人类有史以来长期发展的结果，充分体现了人的主观能动性。优化公益事业的发展环境，就是要从国家与社会的层面考虑公益创业教育所面临的社会环境问题，这是公益创业教育得以发展的大前提，也是公益创业教育价值内在矛盾得以化解的根本路径。比如没有国家政策的支持，公益创业教育就不可能在高校发展起来，并失去资金等方面的支持，这也就能理解为什么要首先着重分析公益创业教育所面临的社会环境。

要优化公益创业教育的整体环境,就必须有所为有所不为,要根据不同地方的具体实际突出工作的重点和难点,而不能眉毛胡子一把抓面面俱到,否则事倍功半得不偿失。在中国开展公益创业教育,目前面临着几个重要挑战:一是如何厘清政社关系,也就是在国家与社会日渐分离的大趋势下,社会组织如何处理好与政府的关系,至关重要。在中国,由于中国共产党在国家事务中发挥领导性和主导性的作用,处理好政社关系首先就要处理好与党之间的关系,直接关系到公益组织的生存发展问题。二是如何完善公益生态的问题,公益作为一种崭新的概念在中国发展的历史并不长,而社会对于公益事业的认识也存在相当大的偏差和误解,再加上屡屡曝光的公益负面事件也一再冲击着公众对于社会公益事业的信心,如何完善公益生态,打造结构合理、形式多样、覆盖面广、影响力大的公益组织群则成为目前发展的主要任务。三是突出跨界合作,充分创新社会合作模式,例如与媒体联姻,使得"免费午餐"走向全社会;与政府联姻,"PPP"合作模式也成为政企关系的新亮点;与高校联姻,培养专业的公益人才;等等。当然这三个方面只是突出了当前这个时期公益创业教育所面临的社会环境中的重要问题,并非能够全部或一劳永逸地解决所有问题。

一、厘清政社关系

在当代中国社会的时空语境下,慈善公益正处于一种从传统到现代的过渡之中,经历着从"差序慈善""政府慈善"到专业慈善,从道德恩赐到公共责任,从关系本位、权力主导到权利本位的重大转变,一场深刻而剧烈的公益变革正在悄然拉开大幕。在这个大背景下,如何处理好社会组织与政府的关系则成为重中之重的首要问题。在现实中，一部分公益组织通过接受政府购买服务等方式与政府建立亲密的合作关系，获取丰富的资源支持、享受政策的优惠，但有的认为自己本来就是帮政府拾遗补缺的助手，有的甚至觉得自己就是政府的代理人（甚至于称之为“二政府”①）；另一部分组织则始终与政府保持距离与警惕性，非常看重自己的独立性或民间性，愿意与政府合作，但坚守自己的原则和价值观；不过也有少部分组织不愿意或不擅长与政府打交道，与政府主管部门的关系比较紧张。寻求社会组织与政府的关系也就成为当务之急，目前学界也有大量涉及。但要研究中国问题，也必须尊重中国的历史文化传统和社会心理，否则任何对策研究都只能是纸上谈兵。

第一，历史上政社关系的发展演变。在中国源远流长的公益慈善发展史上，公益文化也经历了三种形态的发展：基于血缘、地缘、宗缘的差序慈善文化，政府主导的官办慈善文化以及社会转轨和市场转型下所孵化出来的专业慈善文化②。这三种公益文化下的政社关系也不尽相同。在古代中国，“专制国家组织早熟、大共同体控制严密的同时，民间公共生活长期以来并不活跃”③，这也就意味着在封建专制的国家体制下，国家政权对社会进行全方位的严密控制，社会组织没有存在的土壤，所谓的慈善活动大部分是体制内的官僚、乡绅、地主等所进行的行为，主观目的还是为了维护社会秩序、巩固专制统治。同时自汉朝开始封建统治者所采取的“编户齐民”政策，也严密控制着百姓的迁徙、集会、反叛等行为，不会放任社会组织势力和影响力的扩大，威胁到国家统治和社会主导地位。在社会秩序相对混乱的民国时期，政府的管理能力有限，以知识分子、财阀新贵、

① 所谓的“二政府”，特指包括行业协会在内的社会组织，出现“戴市场的帽子，拿政府的鞭子，坐行业的轿子，收企业的票子，供官员兼职的位子”等怪现象，社会便将其称为“二政府”。

② 刘威：《冲突与和解——中国慈善事业转型的历史文化逻辑》，《学术论坛》2014 年第 2 期。

③ 秦晖：《政府与企业以外的现代化》，浙江人民出版社 1999 年版，第 229 页。

工人等为代表的城市常居人员组成了多种多样的社会组织，以报刊、革命会、文化运动、国民革命等为代表，政府与影响力较大的社会组织之间组成结盟的关系，政府在某些方面也要满足社会组织的政治诉求，政府与社会组织之间保持平等协商的地位。在新中国成立之初，党和政府成为社会救助的唯一承担者，原有的社会慈善组织遭到取消和“改造”，民间互助的社会组织则日渐式微，“官强民弱”“官主民辅”就成为具有中国特色的政社关系。在1978年改革开放后，社会资源流动加快，社会自由空间日渐扩大，社会团体和公共领域迎来了发展的良机，以专业慈善团体、民间公益组织、非公募基金会的迅速发展，社会公益组织逐渐具有承接公共服务的能力，成为政府的合作方与协助方。经过多年发展，官办公益的弊端日益明显，“以政府名义强迫公众参与公益日益频繁，挤压民间慈善组织的发展空间”①。但总体而言，官办公益占据主导、民办公益补充协助的大格局没有变，短时间内也难以发生质的改变。

在西方社会发展的历史中，政府与社会组织的关系可分为五种主要类型：(1)社会组织是制衡政府权力、防止政府肆意扩张的重要手段，现代自由主义认为政府是“必然的邪恶”，因而必然要“以市场经济原则为模式来调控政治权力的总体运作”②，实现对国家权力扩张的遏制；(2)社会组织对抗政府，两者是此消彼长的关系，通过媒体发声、国会游说、游行示威等形式，争取政府的财政支持和政策倾斜，此种状况在政府治理能力较弱的国家或地区常有发生；(3)社会组织与政府共生共长，两者处于势均力敌的状态，这种均衡状况是基于政府现代治理能力的强大和社会组织的自主性得到充分保障下的理想情况，英国和北欧的

---

① 林卡、吴昊：《官办慈善与民间慈善：中国慈善事业发展的关键问题》，《浙江大学学报(人文社会科学版)》2012年第4期。

② 莫伟民：《使治理正当和合理的原则和方法——福柯视野中的自由主义和新自由主义》，《学术月刊》2012年第12期。

挪威、瑞典目前接近这种状态；(4)社会组织参与政府事务，成为政府的帮手，即所谓的法团主义模式①；(5)社会组织与政府是合作互补的关系，在提供公共服务和公共产品的过程中，社会组织更为精细和专业，而政府则从宏观层面进行引导和支持，在不同的领域各自发挥作用，美国目前就是将部分社会事务委托给社会组织，以服务购买的形式支持社会组织，而自身专注于重大经济民生问题。这五种关系模式都是基于“国家—社会”的理论框架之下所概括出来的，具有一定的代表性。由于各国国情和历史阶段的不同，不同的政社关系都在历史上发挥过积极作用，对于促进社会治理、提高民众福祉各自发挥着不可取代的作用。总结起来，历史上政社关系可分为以下三种：

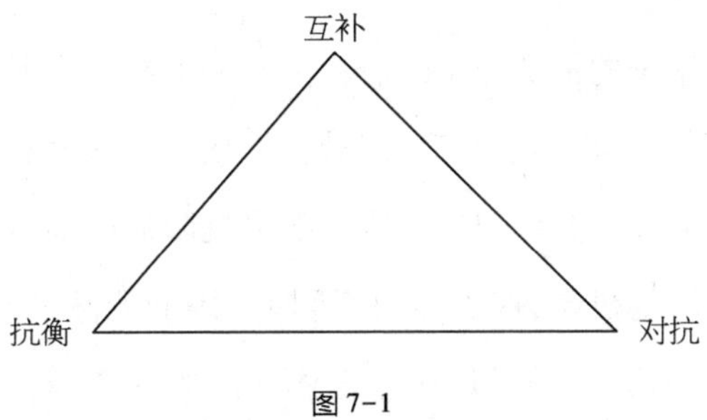

图 7-1

第二，当代中国政社关系发展的可行性路径。探讨中国的政社关系，只有根据当代中国的实际国情，而不是盲目照搬外国或历史上的经验，才能实现政社关系在新时期的和谐发展。中国实施改革开放政策四十年，市场经济体制的建立也才将近二十年，而政治体制的改革则远远落后于市场经济，因而探讨当代中国的政社关系，首先就要认识到目前政治尚处于民主的转型进程之中，而社会组织的发展也才刚刚起步，20 多年的发展时间也是反反复复历经波折，也就意味着

① 王建芹：《从自愿到自由——近现代社团组织的发展演进》，群言出版社 2007 年版，第 57 页。

政治改革的大幕只是扯开了边角,而社会组织仿如一株刚刚破土而出的嫩苗,两者的力量对比明显失衡。其次是西方等国家社会组织发展的示范效应也对我国产生着影响,以美国为代表的"小政府大社会"体制、以英国为代表的合作协商体制、以南美地区的支配合作体制等都是根据其自身国情而产生的,具有地域的局限性。当代中国的政社关系借用方国平的一句话可以形容,"以政社分开为前提、政府职能转变为基础、政府购买服务为纽带"①,也就是要实现从"政社合一"到"政社分离"的转变,来充分说明目前政社关系的现状。但这种现状在现阶段力量分布相对稳定的状态下可以保持一段时间的平衡,但从长远来看则欠缺稳定的保障机制和维持稳定的内在动力,因而在现有的发展状态下寻求突破和进一步发展的可能则成为当务之急。

目前政社关系紧张的根源在于政府权力扩张的冲动和其治理能力的限制,具体表现为:政府有扩张权力的冲动,但缺少放权的积极性;社会有索要权力的意愿,但缺乏社会动员能力,更遑论采取必要措施限制政府权力;政府与社会组织之间缺乏良性互动的机制,权责界限不明②。因而要发展和完善我国的政社关系,可从以下几个方面着手:(1)确立合作共治的理念,树立起"小政府、大社会"的理念,逐渐打破政府包办一切的偏见。党的十八届三中全会也提出"坚持系统治理,加强党委领导,发挥政府主导作用,鼓励和支持社会各方面参与,实现政府治理和社会自我调节、居民自治良性互动"③。(2)大力推进政社分离,推进社会组织"明确权责、依法自治、发挥作用",加快推进政府与社会组织在人员、财政、职能、场地上的分开,实现社会组织从"助手""下级单位""附属"到合

① 方国平:《新型政社关系的重构——上海市的探索与实践》,《中国行政管理》2010 年第 4 期。

② 张劲松:《政社关系的时代困境与协同途径》,《人民论坛》2014 年第 2 期。

③ 《中共中央关于全面深化改革若干重大问题的决定》辅导读本,人民出版社 2013 年版,第 49 页。

作者的转变,政府能够遏制自身扩张的冲动,从社会一些可以自我管理和自我服务的领域中撤退出来。(3)开辟社会组织政治参与的多元平台,构建起依法参与国家治理的制度保障。作为社会治理的重要主体,社会组织参与国家政治生活的正当性也就不言自明,将其纳入国家现代治理体系之中也就名正言顺。包括纳入党代会,将社会组织党员代表作为候选人;纳入人大会,增加社会组织代表的比例;而在政协层面,可增加公益性和公信力较强的社会组织代表名额①。(4)改善党对社会组织的领导方式。根据最新文件《关于加强社会组织党的建设工作的意见》,在对社会组织的社会职责首条就明确规定要“保证政治方向。宣传和执行党的路线方针政策,宣传和执行党中央、上级党组织和本组织的决议,组织党员群众认真学习中国特色社会主义理论体系,深入学习习近平总书记系列重要讲话精神”②,这也反映了未来一段时间里党与社会组织的关系,即首先要保证“东西南北中,党领导一切”的根本要求,保证党对社会组织的全方位领导,未来政社关系也必然会按照这个趋势发展。

二、完善公益生态

生态(ecosystem)是自然生态系统的简称,指的是在自然界的一定空间内,多种生物与环境之间构成的和谐统一体,在这个统一的系统内,生物与环境之间相互制约、相互发展,并在一定时期内维持相对稳定的平衡状态。这种系统具有相对的稳定性、发展性,但一旦系统内的某个要素力量过快增加或减少,这种平衡就会被打破,这种系统的稳定就不复存在。

目前社会上关于公益生态的论调较多,无论是“再造公益生态”(王振耀,

① 吴辉:《政社关系的探索与前瞻》,《中国党政干部论坛》2013 年第 5 期。

② 《关于加强社会组织党的建设工作的意见(试行)》,新华网 2015 年 9 月 28 日。

2014)，抑或是打造“益商圈”①(袁岳，2015)，从本质而言都属于伪命题。公益在我国属于一种新生事物，可以用“起步晚、底子差”来形容，再加上官办公益的压制，使得我国的公益事业还处于起步阶段，支撑要素少、各主体间呼应不足、社会环境相对不利，因而目前谈“公益生态”为时尚早。但公益生态作为一种发展趋势，代表着公益事业的最高发展水平，学界不仅应给予其应有的关注，还应从学理层面对其深入剖析。从理论层面讲，公益生态的搭建，需要社会多种主体的发展及相互间的互动，更需要政治环境与社会氛围的支撑，具体如下图所示：

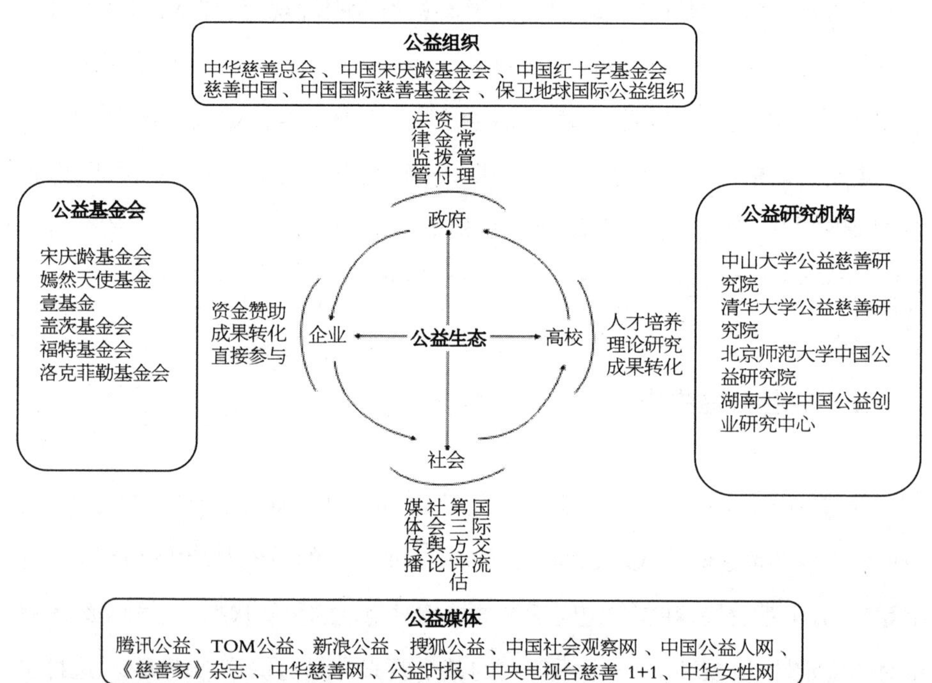

图 7-2

① 袁岳在中国公益论坛(2015)上谈到，公益的长续发展在于公益圈与商业圈达成共识，并通过组建社会企业、发展社会责任型公司、倡导公益活动等实现公益与商业的联手。

以上图示表明公益生态发展的理想状态，各要素充分发展、要素之间相互协作、互相补充，新的要素不断进来并逐步融合，旧的要素也不断得到更新，社会环境也在不断得到优化，越来越多的社会民众对此认可并参与进来。但与这种理想状态相比，目前我国的公益生态构建任重道远，为此可从以下几个主要方面着手：

第一，公益生态系统以动态的、发展的形式存在。公益生态作为社会的产物，必然以社会生产力的发展水平和人们的社会交往活动为基础，以人们的认识水平和实践能力为前提。公益生态系统的构建，不是一种主观的思维活动，而是现实的社会活动，因而要构建公益生态的整体系统，必须认识到公益生态系统的发展水平并不是随心所欲的，而是基于现实的生产力发展水平。在古代，封建专制权力成为社会的绝对主导，生产关系较为落后，生产工具低效而发展缓慢，社会对公益慈善的认识停滞不前，社会公益事业的整体发展有限，因而所呈现出来的公益生态系统较为单一、功能较为缺乏。而进入近现代社会以来，生产力的快速发展，市场经济的基本实现，使得社会公益事业不仅具备扎实的物质基础，而且由于人们认识水平的快速提升，公益创新也就成为可能，公益生态也就得到丰富。目前我国的公益生态就其整体而言，发展水平较低，各要素尚不健全，各要素之间的协作有限，生态系统的运转尚未进入自主阶段。这种判断主要基于当前官办公益仍然占据主导，公益行业的法制法规尚不健全，社会各界对于公益的认识模糊甚至混淆，公益组织的社会公信力较低，公益界的负面事件屡屡爆发，等等。

第二，公益生态发展的基础是各要素得到充分发展。公益生态系统作为一个整体，由多种不同的要素组合在一起并发挥整体性功效，在各要素得到充分发展的前提下，公益生态系统也才能表现出量和质的飞跃。（1）公益生态的基础要素得到充分发展，这些基础要素包括人的主观认识和社会实践能力、公益组织的治理水平、社会舆论的有效监督、国际公益组织的常规交流、高校公益人才的专业培养、社会企业公司的积极参与等，每一项都至关重要。这些基础要素的发展都有赖于社会的整体进步，包括政治民主的转型、市场经济的完善、法律制度的完善等，哪一个要素也不能离开这个时代而单独发展，必须尊重当时的历史条件和发展水平。(2)公益生态的关键要素要得到重点发展，这主要取决于公益生态发展的内在需要和当时的社会需要。当代中国公益生态中其关键要素就是专业人才的培养，既包括公益慈善领导型人才的培养，也包括服务型人才的培养，能够在公益基金会、公益组织、日常公益慈善活动中发挥领导和组织作用，提高公益组织的管理效率和社会水平。

第三，各要素相互支持，构成和谐运转的有机体。公益生态的良性运转，不仅在于各要素的充分发展，更在于不同要素间的协作运转，实现优势互补。(1)公益生态各要素各司其职，不能"越位"。各要素的发展有其内在的自身规律，都必须根据该要素所处的环境进行分析，而不能越俎代庖。(2)各要素间相互支持、共同协作，这种合作的动力既来源于主体间的功能互补，也来源于外在的有意识、有目的的安排和组织。随着公益事业走向现代化、制度化，这种合作也必然更多地以制度化的形式体现出来，权责分明。同时传统的风俗习惯和社会心理也仍将发挥着作用，这是公益生态走向制度化不可忽略的一个要素。如传统意义上基于地缘、血缘、宗缘的公益慈善必然要经历现代转型，但无论是在转型的过程之中还是成功转型后，这些传统因素都仍然会在公益生态的运转中发挥着支配性的作用。

三、鼓励跨界合作

跨界，本意是指一物进入另一物，具有某一属性的事物进入另一属性的他物的运作，其本质是具有开放性特征的资源进行整合，通过自身资源的某一特性与其他表面上不相干的资源进行随机的搭配应用，进而放大相互资源的价值。在互联网时代，信息得到更充分的流通，需求与供应也得到更充分的满足与释放。自2012年开始，公益领域的跨界合作也蔚然成风，社会各行各业纷纷涉足，这也为公益事业的社会化发展打开了局面，由下图可看出近年来公益行业的跨界合作：

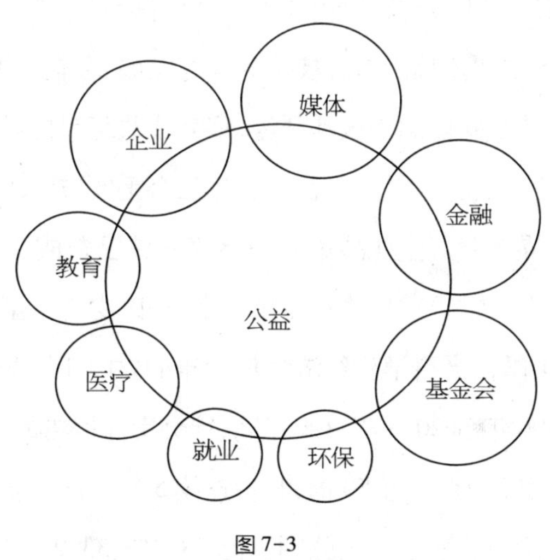

图 7-3

在此需要明确的是，公益跨界的内在动力不是公益圈的主动扩张，而是社会力量自觉参与进来的主动适应，社会力量基于道义帮扶或现实利益，以各种方式支持或直接参与公益事业，使得公益呈现出多种业态、多种模式，成为推动公益事业向前发展的根本动力。公益圈本身专注于社会问题解决，也缺乏对其他行业、其他领域的了解，只有其他领域的人参与进来，公益才可能和该领域实现较好的融合发展，如善于金融投资的人参与到公益基金会的运作之中，则能够提高资金的使用效率和保值升值，这样就实现了跨界的目的，公益事业有了充足的运转资金，而金融也有了投资的新蓝海，双方各取所得，资源也就可发挥出最大效率。

跨界合作让公益有了实现更大发展的可能，能够鼓励更多的社会力量参与进来，原来相对封闭的公益圈被打破，公益真正意义上成为了大众可以参与的公共事业，“人人为我、我为人人”的理念也得到落地实施。近年来公益跨界也成为诸多社会论坛、学术交流的主题，如由民政部举办的“世界慈善论坛”、由爱佑慈善基金会与《福布斯》中文版联合主办的“‘慈善+’2015 跨界公益论坛”、由《财经》杂志举办的“中国公益论坛（2015）”也将跨界作为分组讨论议题之一。目前我国公益跨界主要依赖于信息技术的快速发展、金融资本的大量涌入、民间力量的踊跃参与、社会媒体的积极呼吁等，都为公益跨界提供了可能。接下来重点探讨公益与企业、公益与媒体、公益与金融三个重要方面的跨界。

第一，公益跨界企业。企业涉足公益慈善领域已渐成常态，无论是国企、民企还是外资，均设有日常管理机构和专项基金，用以支持甚至直接参与社会公益慈善活动。根据中国社会科学院经济学部发布的《中国企业社会责任报告白皮书（2015）》，从 2006 年到 2015 年这十年间，社会责任报告的总量从 32 份增长到了 1703 份，10 年时间增长了近 50 倍；其中连续 5 年来国有企业都是社会责任报告发布的主力军，国企、民企、外企分别占比 58. 4%、33. 2%、8. 4%；另外有 12 家企业已经连续 10 次进行了发布，连续 7 次发布企业报告的数量最多，达 192 家，占了发布报告企业总量的 23. 4%。企业社会责任年度报告的持续发布，充分反映了企业希望与利益相关方进行充分而及时的沟通。目前发布企业社会责任报告的主要以中小规模的上市企业为主，但这些公司的税费占企业社会总贡献的绝大部分，这也就限制了企业开展公益慈善捐赠的活动空间。因而很多企业转而直接和公益慈善组织合作开展社会活动，如 2012 年宝洁（中国）公司和青少年发展基金会合作完成了对“希望小学”长达 15 年的支持，汇丰银行则和“地球观察”等环保组织合作进行“汇丰与气候伙伴同行计划”的活动，这些企业不仅直接出资，而且还派遣自己的员工作为志愿者参与其中。另外目前也有越来越多的企业将公益融合进企业的日常经济行为中，如阿里巴巴公司就在其淘宝购物网站上公开设置公益宝贝，每成交一笔就实现一次捐助，用于社会公益事业。根据阿里巴巴集团研究中心2014年所发布的《2011年公益宝贝数据研究报告》显示，2011年共有21.4万个卖家参与了淘宝公益宝贝计划，共捐赠814.4万元，实现捐赠次数达1.09亿次。但就目前而言，公益组织与企业的合作还处于权力不平衡的状态，由于企业是出资方，因而在合作中往往有更大的话语权，处于更强势的地位，因而一旦出现摩擦和冲突，公益组织的利益反而得不到保障。

第二，公益跨界媒体。就目前而言，公益跨界媒体已逐渐成为常态，目前主要有以下几种跨界方式：(1)电视公益广告，包括多种类型，如由电视台自己制作的广告，体现媒体的社会责任；由社会专门机构所制作的公益广告，如禁烟协会、联合国教科文组织、国际野生动物保护组织等；由企业制作发布的公益广告，将一定的社会诉求与自身产品的某种特性结合起来，既使产品提高了知名度，也树立了企业关爱社会的公益形象。电视公益广告目前数量最多、覆盖面最广、效果最好。由于我国的电视台一般是行政事业单位，其广告活动会受到行政力量的指导和管理，在黄金时段都会留出一定的时间播放公益广告，如地方旅游景点宣传、好人好事宣传、优良家风典型等，以提升地方和政府形象。(2)纸媒上的公益广告主要以报纸、杂志为主，目前影响力也日渐式微。(3)网络公益广告目前风头正盛，形式新颖多样、内容简洁有趣，容易得到年轻人的关注和喜爱。公益跨界媒体最典型的案例莫过于邓飞所创建的"免费午餐"项目，就是以邓飞为首的一大批媒体人，不仅通过各种媒体进行报道筹资，并制订行动计划亲身参与进来，带动了社会上一大批志愿者的加入①，从而使得"免费午餐"的地域覆盖从

① 邓飞：《柔软改变中国》，华文出版社2014年版，第212页。

地区走向全国。

第三，公益跨界金融。近年来公益跨界金融也成为社会热议焦点，以社会影响力投资（Social Impact Investment）、公益创投（Venture Philanthropy）、公益信托（Charitable Trust）、小额信贷、社会效益债券（SIBs）、互联网众筹等为代表的公益金融新业态层出不穷。2014 年 11 月下发的《关于促进慈善事业健康发展的指导意见》中，明确提出公益慈善要与金融创新跨界发展的新命题，倡导金融投资机构根据公益慈善事业的发展规律和现实需求来创新多种多样的金融产品和服务方式，并积极探索金融资本多渠道、多阵地来支持公益慈善事业实现快速发展的资源渠道、政策渠道、社会力量渠道。2016 年 3 月公布的《慈善法》，也明确对公益信托的管理细则，解决了公益信托实施的制度瓶颈，大大降低了信托产品审批难度。正如王名所说，公益金融区别于传统的商业金融，更强调社会责任、社会价值和社会影响力，公益金融在组织上既可采取公司形式，也可采取社会组织形式。大力发展公益慈善事业，如果能够与深化经济体制改革中的金融体制改革相结合，将有助于发挥经济体制改革的牵引作用，推动生产关系同生产力、上层建筑同经济基础相适应，推动经济社会持续健康发展①。

第三节　唤醒个体现代公民意识

公益创业教育的主体是人，是在一定历史环境和社会生产水平下，在一定社会关系中从事社会实践活动的活生生的人，个体的身上都不可避免地打上这个历史时期的烙印。在公益创业教育活动中，无论是教育者、受教育者、组织者、管理者，还是一般的社会民众，都是以“现代公民”的默认身份所进行的分析，也就

① 王名：《推动金融资本进入公益慈善领域》，《中国经济时报》2016 年 3 月 15 日。

是具有现代公民意识和公民能力的人，但这个默认前提在我国很难具有说服力。“现代公民”作为一个“舶来品”，并非本土发展起来的新兴事物，其“概念”和“内涵”是否一致目前仍存争议。但无论分歧如何，不容回避的一点就是，“公民”这一崭新的身份已经逐渐成为每个人身上撕不掉的标签，与此同时，“臣民”的身份就逐渐被抛弃到历史的垃圾桶里。要了解现代公民意识是什么，不妨先从臣民意识的内涵着手。正如刘泽华所概括的，臣民意识的核心特征是只讲义务不讲权利，“在‘君权至上’价值规则的规定下，作为臣民只有忠于君上的义务观念，而欠缺关于个人法定权利的自觉；因而在泯灭个人主体意识的‘忠君忠父忠夫’的观念束缚之下，人们的权利主体意识受到极大坑害，‘众人皆奴婢’就成为社会的普遍政治心态”①。现代公民身份可以通过法律的形式确认，如在宪法中就开宗明义地说明每个公民拥有平等的权利和义务，未经法律同意，个人的财产安全和人身安全不受任何组织和个人的非法侵犯和损害；但公民意识则是个体主观能力的发展的结果，是基于社会整体的进步和个体文明素质提升所产生的结果，非一日之功可实现的。公民意识发育程度直接决定着公益创业教育的好坏，也直接影响公益创业教育价值的内在矛盾转化。在现代社会，在学校开展公民教育，“能够在政府权威与限制之间，在公民权利和义务之间，建立起一种动态的均衡，既能够保持秩序和法治，同时又能够保证个人自由和创造力”②，而这种高超的智慧和平衡技巧就依赖于健全的公民教育。

根据“社会—教育—人”的分析逻辑，公益创业教育价值矛盾化解的根源在于人的主客观能力提升，包括认识能力的提升和社会实践能力的增强，这是矛盾得以化解的起点和根源。人的能力表现为多方面，在每个不同的历史阶段以不

---

① 刘泽华：《从臣民意识向公民意识的转变》，《炎黄春秋》2009 年第 4 期。

② 刘军：《通过教育捍卫民主——美国中小学公民教育的国家标准》，《开放时代》2006 年第 6 期。

同的社会身份表现出来，如在原始社会则分为奴隶和奴隶主，在封建社会分为臣民和君主，在现代社会则皆为公民。公益创业教育作为一种现代化的产物，是基于当代社会生产力发展水平和人的能力状况所出现的，根本还在于人的认识水平的提升。毫无疑问，首先是因为人的认识水平提升，尤其是对作为市民社会中的成员所应履行的社会责任，人们才对教育发展和创新有了更多的期待，公益创业教育才会应运而生。同样，现代公民意识的内涵丰富，包括参与意识、公共精神、平等意识、自主意识、法律意识等，但对于公益创业教育而言，最重要的可能是以下三点：一是个体合理需要得到充分尊重和满足，这是任何社会活动开展的首要前提；二是进行科学公益的理性，着重于说明公益创业的具体操作层面，以往"暴力公益"或"功利公益"的模式将遭到抛弃，而新型的市场化公益将主导未来公益的发展；三是关怀社会的德性，公益创业只是个体关怀社会的一种方式、一种手段，根本还在于驱逐政治上的犬儒主义、经济上的投机主义、文化上的消费主义等，以帮助个体更为深入和全面地关怀社会。

一、尊重现实需要的人性

在上文中初步探讨了公益创业教育满足个体的生存发展的价值，尝试性说明了公益创业教育何以可能满足个体的生存需要，但并未深入说明该论点背后的深刻社会历史原因。分析任何一项活动，首先都要分析人在其中的作用，而要分析人的作用首先则要分析人性，人性是人的一切社会活动的动机和起源。分析人性，首先要分析的就是人的衣食住行，而非单纯的形而上的善与恶。

在中国传统文化中，一直存在着忽视个人、轻视个体利益的倾向，无论是儒家还是道家均如此，这种影响绵延至今。儒家中最著名的当属荀子，其基本观念为"公正无私""志爱公利"，具体观点体现为以下几个方面：(1)公与私为两种完全对立的价值取向，公道、公利与私欲、私利之间完全对立，公私不仅是区分圣臣与篡臣、公士与小人的标志，更是区别明君与昏君的重要标志。奉行公道维护公利的人臣“上则能尊君，下则能爱民，政令教化，如影随形”；而追求私欲培植私利的人臣“上不忠乎君，下善取誉乎民，朋党比周以危”。（2）应大力推崇公道、公义、公利等正价值，反对私欲、私见、私利等负价值，因而道德上主张“公义胜私欲”，政治上主张“公道达而私门塞”。（3）“公”具有普遍的价值意义，不仅可应用到政治领域中的君臣关系处理，还应推广到社会生活中的其他领域。几千年的封建社会，统治阶级的专制权力对社会领域无孔不入，个人的财产与人身自由均受到政治权力的控制。正如刘泽华所说，“在理念上公私的对立是公共理性与私人的对立，在社会关系上则是君主、国家与民间社会和个体之间的对立。而在思想文化方面的体现，抑私说则是禁绝民间社会活动最彻底和最极端的行为，禁私说意在控制人们的思想，将人变成只会说话的工具而已”①。甚至于法家将这一思想推至极致，在立公灭私的现实思路上，提出“断于法，核心是赏罚分明，疏导人们对利的取舍；依法办事，上至王侯将相，下至黎明百姓，都要遵从法律；国家是公的理性体现，是一种更高的存在”②。从这个意义上，将法律作为社会生活的根本准则，而君王是法律的制定者、执行者、解释者，彻底沦为君王统治的工具。新中国成立后，公私之间的界限被彻底摧毁，公权力全方位介入私人领域，“单位”作为进行社会控制的基本手段和形式，全面渗透进个人的衣食住行，个人私欲就被认为是不道德的、无理的、腐朽落后的。再加上计划经济的全面实施，个体没有属于自己的财产利益，“大公无私”的理念就发挥到了极

① 刘泽华：《春秋战国的“立公灭私”观念与社会整合（下）》，《南开学报》2003 年第 5 期。

② 刘泽华：《春秋战国的“立公灭私”观念与社会整合（上）》，《南开学报》2003 年第 4 期。

致，以雷锋、焦裕禄等为代表的道德榜样就被树立起来，“毫不利己、专门利人”的价值取向为官方广泛宣传。

因此，公益创业教育要得到充分发展，首先就要解决好对公益创业教育的认识问题，摆脱传统观念的束缚，包括对人的合理需要的满足与尊重、对公益从业人员的私德与公德的认识、培养宽容的心态保护从业者等，只有社会个体的认识水平提高，才会创造良好的社会舆论环境，更多的普通人才会参与进来。

第一，承认和尊重人的合理需要、多样需要。人的需要是理解人的一切行为的起点，人的合理需要会激励人不断地提升改造主观世界和客观世界的能力与水平。现代社会之所以称之为文明社会，不仅表现为物质财富的极大丰富和生活水平的提高，更重要的在于人的认识水平的发展，包括对处理与自身、与他人、与集体、与社会、与自然、与宇宙之间的关系，有了更为理性与科学的认识，但其中最重要的是对“人之为人”的认识趋于全面与深刻，而这就包括对人的不同层次、不同种类需求的尊重与包容。有的人追求个人名誉、社会地位，有的人追求生活品质，有的人追求物质财富，这些追求没有高低之分，只要是在法律允许的范围内可以采取一切手段去追求，这也是资本主义发展的“秘诀”，即充分调动人的主观能动性，尊重个体的需要，保护个体的人身安全和合法财产。在社会主义的初级阶段，历史也证明只有尊重个体需要、满足个体需要的社会制度才能促进社会生产力的极大发展，在俄国成立之初所采取的“新经济政策”是如此，在中国改革开放后实现的家庭联产承包责任制、多种所有制经济等措施，亦是如此。否定人的合理需要，一味地强调集体利益和社会利益，以牺牲个体的生活和利益为代价，这种观念以前具有一定的市场，加之以政府强权，能够在一定时间内说服一部分人，但从长远来看其市场会越来越小。在当代则显得不合时宜。例如，在子女教育的问题上，有的人更欣赏西方的教育模式，以培养小孩的创造性、领导能力，有的人则希望小孩接受中国传统文化的教育，这两种教育理念均有其一定的合理性，只要有足够的财力就可以根据自己的意愿选择，而不是以集体意志来决定。

第二，尊重人的自由选择，在法律允许的前提下，道德上可以有争议，但只要有好的社会影响则未尝不可尝试。正如民政部前某领导人所说，“行善的方式既有共同点，又有个性化，无论是高调行善，还是低调行善，都对慈善事业的发展有利”。(1)个人公益行为不因为捐助金额的大小、服务时间的长短而受到区别对待，只要是愿意参与公益并为之做出贡献的，都需要得到认可与尊重。(2)私德与公德没有必然联系，将人置于“道德高地”，将其私生活与公共行为挂钩，认为个人生活不检点，就不可能对社会做出积极贡献，这种观念具有一定的迷惑性和极端性。天性浪漫的法国人，就充分尊重公众人物的隐私权，只要其公共行为能够为社会创造价值，则对个人隐私抱以较大宽容。(3)个人的生活方式并不受道德绑架，慈善家、公益者能否享受优良的生活品质？有些人就质疑社会上的慈善家、公益者不能用苹果手机、出行不能坐头等舱、子女接受教育不能出国、平时不能游玩、节假日不能休息等，这种将私人生活方式与个人品德绑架的方式，难免会让许多人产生抗拒心理。

尊重人性，就是要充分尊重主体的自主性与积极性，让公益创业教育闪耀着人性光辉，让公益创业教育成为弘扬人性、发展人性的重要途径和手段。在人类几千年的发展历史上，任何扼杀人性、抑制人性的理论和实践都被证明是反动的、落伍的，是注定会被抛入历史的垃圾箱，无论是思想家所提出的理论，还是君主所实施的公共政策，莫不如此。而公益创业教育不仅尊重了人性、弘扬了人性，更关键的是发展了人性，个体的同情之心、慈悲之心不再是一味的主观情感表达，而是具备坚实的实施基础和丰富的实施途径，改变了以往“有心无力”的窘状。

二、崇尚科学公益的理性

在前文论述西方近现代公益思想时，提及了自西塞罗开始的科学公益思想，对西方社会公益事业的发展产生着深远而深刻的影响，这也为公益创业教育的实施提供了准备条件。但在中国，科学公益的理念尚未普及开来，公益的现代内涵尚未得到社会的普遍认同。

第一，目前有几种主要的非科学公益理念。(1)暴力公益，即采取以现金救穷人的方式，以牺牲受助者的尊严为代价而开展的慈善活动，其一般做法就是在捐助现场堆积大量现金，让受助者出席并接受物质或现金捐助。学者当然可为其背书，但必须基于科学的事实之上，用感性的言辞、夸张的情感和没有依据的数据，则显得滑稽可笑。(2)公益绑架，以行善的名义对他人进行胁迫，包括以求助的名义胁迫捐助者进行捐助，以及以施助的名义胁迫受助者从事违背其意愿之事，体现为民众、媒体、政府、陷入困难的人对捐助者的慈善绑架，表现为各种"逼捐""索捐""摊捐"等活动。如果说暴力公益伤害的只是受助者的尊严，那么公益绑架则威胁到参与其中的每一个人，政府、企业的一般员工因为摊派指标而根据级别决定捐款金额多少，富商、富豪则需根据个人的资产多少按比例进行捐赠，否则就会招致舆论批判，这种道德上的压力无处不在，使得参与其中的每个人备受身心煎熬。正如武晓峰所说，"个人公益行为应是超政治性和超义务性的，是出于内在的实践理性法则，是基于个体的良心自觉，是一种超义务，一旦被外力强制则不能称之为真正的公益行为"①。(3)公益殖民，即将一种模式完全照抄照搬到另一个地方，认为先进的模式必然具有强大的应用性、普遍的适

① 武晓峰：《情感、理性、责任：个人慈善行为的伦理动因》，《道德与文明》2011年第2期。

应性，而不顾发展条件和社会环境的差异。这种公益发展模式目前具有一定的市场，主要是由于国外 NGO 组织的大量涌入，以及国际公益组织之间的交流日益频繁，而国内公益组织自身治理能力孱弱，因而不得不抄袭甚至照搬国外的公益模式，这不仅不能有效解决问题，相反会伤害一些人的情感，拉大民众与公益组织间的隔阂，加剧社会公信力的紧张与对峙。这三种主要现象目前较为常见，是理论界和实务界都应该关注并采取切实行动的重要方面。

第二，科学公益从经济学的层面讲是一种理性的合作行为。在前文(6.2.3)中谈及“强互惠”(strong reciprocity)时就谈论到公益本质上是一种互惠互利的行为，让遵守合作规范的人得到相应的回报，让那些违反合作规范的人受到惩罚，但不足之处在于，将公益视为一种主观的道德品质，而非个人内生的一种行动偏好。在经济学中，“囚徒困境”“搭便车”“公地悲剧”都表明了个人理性行为与集体理性结果之间的冲突，个人自利行为无法解释所有的社会活动，而生活中大量利他主义的事实也让我们不得不承认，“某些人之所以比其他人表现出更多的利他行为，并不是他们天生更为慷慨和更具同情心，而仅仅是因为通过利他行动能够得到他所希望的‘受人尊重’程度的最有效行为”①。这种理性的合作行为，主要体现为动机理性，即实现对简单互惠的超越，“对双方关系的理解必须立足于个人与个人、个人与社会之间的具体情境而相互联系的根本性质之上”②，也就是说公益中的“混融”③性，其所期待和追求的更多的是具有普遍主义取向的相互性。

---

① 杨春学:《利他主义经济学的追求》,《经济研究》2001 年第 4 期。

② 李荣荣:《作为礼物的现代公益——由某公益组织的乡土实践所引发的思考》,《社会学研究》2015 年第 7 期。

③ 归根结底便是混融，人们将灵魂融于事物，亦将事物融于灵魂。人们的生活彼此相融，在此期间本来已经被混同的人和物又走出各自的圈子再相互混融。(参考:Mauss, Marcel 1990, *The gift: the form and reason for exchange in Archnic Societies*, Trans.by W.D.Halls, foreworded by Mary Douglas.New York: W.W.Norton and Company.)

第三，公益创业的科学手段就是采用市场化的运作方式解决社会问题。目前，一些陈旧传统的观念严重束缚了慈善公益事业的发展。比如，有人认为公益行业就是资金的“二传手”，把资金和物质给予受益人进行资源再分配，本身并不需要创造价值；还有些人认为，做慈善的资金只能存在银行，不能拿去投资，因为善款必须要零风险。按照新的公益理念，做公益的资金如果通过商业的方式和投资得到增值，更多更好地用于公益事业，公益和商业很好地结合产生更好的效应。

我国目前引入企业化管理的公益组织也越来越多，如阿拉善基金会、爱幼基金会、中国扶贫基金会、壹基金等，都有鲜明的企业管理的思维。主要做法有：一是制定愿景和目标一致的差异化竞争战略。例如，壹基金明确在机构业务方面实施平台战略，其战略的核心是以参与最大化为目标，实现转化和服务两个平台；转化是把社会捐赠的资源有效地转化为公益发展的资源，服务是在平台的入口和出口把捐款人和民间公益组织当作客户，就像商业银行给自己的客户服务那样尽心尽力，每个人不管钱多钱少，都可以为公益做出贡献。二是以市场化的管理制度来激发机构的活力。比如制定激励约束机制，量化地考核员工的绩效，并给予适当的激励。同时，按照上市公司的原则、标准，加强信息披露和内审外审。三是强化深入人心的文化建设。对于公益企业化而言尤为重要，只有当文化深入人心的时候，制度才能被自觉地执行；当制度和文化结合起来以后，员工就有献身公益事业的内心激动和动力。用商业化、企业化的思维做公益，这是我国公益事业发展上一个重大的理念创新。做企业和做公益有很多类似之处，特别是在精英管理的层面，两者没有太大的区别，比如都追求效益的最大化，都追求成本的最小化，都需要明晰战略目标，都需要制定强劲战略措施，都需要有效的制度和良好的文化激励等。尽管其最终目标有差别，商业机构寻求经济效益的最大化，而公益组织寻求社会效益的最大化，但是从长远的视角看，两者的结果将会殊途同归，都会实现让人类的生活变得更美好这样一个目标。

三、养成关怀社会的德性

"德性"一词古今中外均有学者论述，在中国文化的传统里一般理解为个人道德品质与道德理想，如"仁、义、礼、智、信"，西方文化里诸多学者如柏拉图、亚里士多德、麦金泰尔等人将其定义为道德品格，包括正义、诚实、仁爱、节制等。总体来说，可认为德性"是一个人真正的内在的本质规定，以内在的精神动力表现出来，是人类自觉自愿的一种意识，最终体现为个体道德意识与道德行为的统一"①。其核心内涵是道德，以文化品质的形式存在，具体表现为真善美。正如陈根法所呼吁的，"在这个宣扬'知识就是力量'的时代里，我们决不能忽视甚至低估德性的价值。德性作为个体精神性的内在品质，是作为人的灵性生命得以生长的'源泉'，也是生命力得以延续和发展的'启动器'和进行自我规范的'自动器'，被视为人类所有物质活动和精神活动的终极价值归宿"②。

公益创业教育得以发展的根源在于个体良好德性的养成，在于个体普遍将真、善、美作为行为准则和人生信条，逐步养成求真的科学理性、向善的道德良心和求美的理想目标，这既是人类社会得以发展的根本保障，也是人类社会发展的终极目标。而关于德性认知的具体途径，景怀斌认为"德性认知本质上是对生命存在价值的体悟与现实。人通过终极性的意义理解与构建，建立起个体的德性认知与行为品性，这个过程既是智力的，也是直觉的、情感的，其持续发展至老年乃至生命结束"③。个体德性的养成，主要根源于主观认识世界水平的提升，

① 刘芳：《论德性养成》，东北师范大学博士学位论文，2013 年。

② 陈根法：《论德性的意义和价值》，《复旦学报（社会科学版）》2002 年第 3 期。

③ 景怀斌：《德性认知的心理机制与启示》，《中国社会科学》2015 年第 9 期。

但主观世界的改造则是与现实世界的实践同步进行，因而与其提倡个体的德性自觉，不如鼓励个体在实践中践行良好的德性品质。但在德性实践的过程中，“真、善、美”的概念过于抽象，对于一般人而言可操作性不强，容易陷入形而上的无谓争论之中。在此可借鉴“反对性策略”，即当行动的目标不够明确和具体时，首先可反对对自己可能产生危害和破坏的对象，再根据事态的发展明确目标。因此个体德性的养成内容，也可借鉴这种思路，在实践中反对非德性的观点和行为，进而不断明确德性的现实内容。根据公益创业教育的性质和作用，及现实中所遇到的主要障碍和困难，可围绕以下三个方面展开：

第一，求真，反对道德虚伪和犬儒主义。所谓“真”，通常“被视为某种关系的表述，是理解与事物的一致，对对象所形成的判断与该对象之间的关系。它承载于判断之中，在认识论的语境下讨论‘真’多与话语、陈诉、命题及信念有关，通常与‘假’和‘伪’相对，表明其状态和属性”①。这种学术层面的概念理解，更多地呈现的是一种学术态度、学术信念，但将“真”应用于生活世界、人生世界，那么对“真”的理解宜更为宽泛。在处理与自身、与他人、与社会、与自然、与世界的关系中，这种“真”表现为对事实的还原、对真理的坚持、对正确价值观的捍卫、对人类共同利益的坚守等。在我国的一个历史时期，“集体无意识”的状态成为众人画像，虚伪道德横行、犬儒主义泛滥。正如2014年人民论坛的调查显示，当前社会中常见的13种病态中就有“鸵鸟心态”，即“逃避现实，掩耳盗铃，面对压力与困难采取回避态度”②。这种“鸵鸟心态”在当前大有市场，这种犬儒的无为策略成为许多人所奉行的人生信条。那些所谓“优秀的人”是那些最精于算计、长于为自己打算、善于享受生活、明白“不作死就不会死”道理的人。因此，这种以装糊涂为聪明、以寻求真理为耻辱的价值取向，也就是尼采所提到

① 方环非：《求真主义：知识、真与实践》，《哲学研究》2013年第11期。

② 徐艳红、袁静、谭峰：《当前社会病态调查分析报告》，《人民论坛》2014年第9期。

的一种人“末人”(和“超人”相对的一个概念),这也就意味着“放弃了对他人和社会的责任,也不在乎自己当公民或做人的权利,只会声称拥有享受‘快乐’的权利”①。在当前社会中,道德虚伪和犬儒主义表现最为突出的就是政治领域,也就是所谓的“两面人”,台上一套台下一套,人前一副面孔人后一副面孔,今天在台上做报告对腐败奢侈咬牙切齿,明天就可能身陷囹圄成为大腐巨贪,由政治领域所带来的不良风气也直接影响着社会各个领域的道德选择、价值取向。

第二,向善,反对道德冷漠和颓废主义。古人云“为善如登,为恶如崩”,人之本性乃善恶两面,恶得不到及时有效的制止就会引发更多、更大的恶,所以才有“不以恶小而为之,不以善小而不为”的劝诫。正如张绪山所担忧的,“在一个正常的社会,普遍的善行犹如健康之人的肌体,不能被视为特殊状态,而恶行即使少之又少,也会被视为不容姑息的恶瘤,因而恶行具有极强的传染力。当个别的的、零散的、偶然的恶行被熟视无睹时,本该疾恶如仇的心灵就会变得麻木;当恶可以不接受惩罚时,人们必然视恶行为常态之物;当恶行可以带来变现的利益时,人们必然会不择手段竞相为恶”②。我们在谴责社会冷漠的时候,我们往往忘记了对那些作恶的人进行有效惩罚,才让恶行屡屡得逞,例如马路碰瓷、老人假摔、医院诈骗、医闹、拐卖儿童、儿童性侵等,作恶者付出的代价太小,没有让其丧失再次作恶的能力或可能,所以才会屡教不改、屡屡作恶,让有心行善的人敬而远之,“多一事不如少一事”,这种风气的蔓延必将带来社会道德的滑坡。

第三,至美,追求文化格调和道德境界。正如习近平在文艺座谈会上所痛斥的,目前我国的文艺作品主流是向上、向善、向前的,但少部分作品“有的以丑为美、善恶不辨、是非不分,过度渲染社会阴暗面;有的一味媚俗、搜奇猎艳、低级趣

① 徐贲:《颓废与沉默:透视犬儒文化》,东方出版社 2015 年版,第 159 页。
② 张绪山:《向善而行为何如此艰难》,《炎黄春秋》2016 年第 5 期。

味,把作品视为追逐金钱利益的‘摇钱树’,当作刺激感官的‘摇头丸’”①。以低俗、恶俗为卖点,追求感官刺激,大肆宣扬奢靡享受,人与人的关系理解为简单的利益关系、欲望关系,这种价值导向无论在报纸、电视还是电影中都大量呈现,对青少年的成长也潜移默化地进行错误引导。所谓“美”,并非形式上的、材质上的,而是价值上的、情感上的、主题上的,例如电影《甲方乙方》中男女主角之所以得到观众的喜欢,不仅仅因为他们精湛的演技,还因为这个角色所承载的情感、价值,是积极的、正面的、温暖的、细微的,是普通人生活中烦恼与甜蜜的凝聚,才给人以“乐”的愉悦、“美”的享受。

① 习近平:《在文艺工作座谈会上的重要讲话》,人民网2015年10月15日。

第八章 公益创业教育价值提升的现实选择

实践是价值的根源，实践是价值创造的根本途径，实践也是价值得以提升的根本手段。公益创业教育价值的研究，既要从理论上说明价值为何、价值何为，还要在实践上说明如何实施，否则价值研究就无法落地。因此本章将着重说明公益创业教育实践，也就是公益创业教育如何实施以及公益创业如何实施的问题。

本章内容在设计时，考虑到公益创业教育及公益创业均为新兴事物，社会对其的了解也不够深入，因此在安排本章结构时着重突出公益创业教育实践、公益创业实践这两个部分，说明其在现实中的发展形态，以更现实的形态对其说明，能够促进更形象、更具体的理解。同时在第三节采用案例分析的形式说明当前公益创业中的热点、亮点，特别是公益创业充分利用时代机遇所进行的创新实践，包括社会创新纷呈、网络技术日新月异、法律法规不断完善，都为公益创业教育及公益创业发展提供了重大机遇。

第一节 公益创业教育的主要类型

公益创业教育是一个集教学、科研、实践为一体的系统工程，每一个环节的运行状况均直接关系到人才培养的质量，影响到公益创业教育的效果好坏。因此不能将公益创业教育理解为狭隘的教学活动，只有理论研究不断深化、实践形式不断深入，教学内容的科学性和全面性才得以保证，教育方法和手段才得以不断完善和发展。

一、课堂教学

课堂教学是实施公益创业教育的最基本和最主要形式。目前在商学和公共管理的学科中已尝试性开设相关学科，受教育者也不只针对全日制学生，也包括公益界人士、社会组织成员、政府机关职员等社会人士。根据国内外公益创业教育实践，目前的课堂教学可从以下几个方面展开分析。

（一）教育理念：培养有社会责任感的高素质人才

公益创业教育发端于创业教育，如果说创业教育是“培养学生开拓事业的精神与能力”①，那么公益创业教育则是培养学生的社会使命意识和社会责任履行能力，用市场化的运作手段解决传统的社会问题，在创造社会价值的过程中实现个人价值。这种教育理念具有一定的超前性和理想性，但其科学性和合理性也十分明确。在日益增多的社会问题面前，传统的公益慈善组织也难以为继，在日益重视个人道德与精神的社会中，过分空洞或实用的教育理念也逐渐失去存在的基础，呼唤一种新的教育理念的出现，既充分尊重个人的发展意愿，又符合社会经济发展的规律。

为此可从“责任能力—责任意识—责任价值”的维度展开思考。实现学生

① 韩力争：《创业教育的本质和落实关键》，《中国高等教育》2013 年第 2 期。

的“知行合一”，不仅使学生掌握扎实的专业理论知识，也提高学生实现学术资源向“学术资本”①的转化能力，从而提高学生践行社会责任的能力；让学生“道器并重”，不仅要为未来职业生涯做好技能培训的准备，更重要的是在于促进学生对于生命意义的理解、对于自我发展与实现的认识，在个人与社会的关系中培养全面的责任意识；让学生“义利并举”，培养学生正确的义利观，处理好个人价值与社会价值、个人利益与集体利益、局部利益与整体利益之间的关系，这也是社会责任的价值所在。正如马克思所言“人的本质不是单个人所固有的抽象物，在其现实性上，它是一切社会关系的总和”②。只有将满足“现实的人”的发展需求和“理想的人”的实现可能结合起来，公益创业教育的理念才具备深厚的现实基础。

（二）主要内容：公益精神、创新意识、创业能力

公益创业教育的超越性体现在对于公益精神和创新意识的强调，也是传统创业教育所无法比拟的。为此组织公益创业教育内容，既要吸收国外教材对于案例分析、实证调查的先进成果，也要将我国传统公益慈善文化吸纳进去，以提高教育的实效性。为此可从以下几个方面考虑：

第一，培育公益精神③。公益是中国近现代历史的产物，由西语 philanthropy

---

① “学术资本”概念由美国学者 S Slaughter 和 L Leslie 于 1997 年在其著作 *Academic Capitalism：Politics，Policies and the Entrepreneurial University* 中提出，指“个人或组织通过所拥有的高深知识，逐步形成学术成就和威望，并以商品的形式进行交换，从而实现价值增值的资源总和”（胡钦晓，2015）。

② 《马克思恩格斯选集》第 1 卷，人民出版社 1995 年版，第 56 页。

③ 国内学界对于“公益精神”的概念莫衷一是，目前影响力较大的分别有杨罐琼（2000）认为“对公共问题和公益的普遍和明智，以及各式各样的关心，意味着人们或群体不仅对特定利益而且对‘总的’思想和主张都抱有更加灵活的态度”；以及卓高生（2009）认为“指的是公益主体基于公共关怀和利他意识，受主体偏好影响而面向特定社会群体或人类共同关注的发展问题而持有的一种心理态度、价值观念、人格品质和行为倾向”。这两种定义分别从公共管理学和教育学的角度进行理解，具有相当的参考价值。

经日语转译而来,更遑论公益精神。将公益精神作为公益创业教育内容之首,就是要强调其所包含的社会责任感、公共事务参与、人与人之间的团结互助等,在平衡公益与私益之间进行正确引导。这方面可从源远流长的中华传统慈善和西方公益文化中汲取养料。中国传统公益慈善思想尤其是儒家的仁义学说强调"仁爱""泛爱利他""恻隐之心"等,成为近代公益慈善事业的重要精神动力;而西方近代已降的"科学公益""理性慈善""全民公益"理念则成为我国公益慈善转型升级的重要借鉴。

第二,发展创新意识。公益创业教育所倡导的创新意识,主要指对社会问题的发现及找到解决该问题的新模式。S Wessel(2004)强调进行公益创业教育的意义在于"强化学校、社区与学生之间的联系,为解决社会问题提供更加有效的办法"①。公益创业教育中的创新意识,主要体现为包括识别机会、转化机会的意识,这种机会是指所发现的社会问题能够与个人所长结合起来,这种开拓意识是非常宝贵的;资源的整合使用能力,充分提高有效资源的使用程度,将不同资源进行整合发挥"1+1>2"的功效,目前"互联网+"则提供了崭新的发展思路。目前国内外也提出了诸多创新性概念,如社会企业(Social Enterprise)公益创投(Venture Philanthropy)、社会影响力投资(Social Impact Investment)、公益金融(Philanthropic Finance)等,这些公益模式拓展了公益创业的内涵,有利于推动公益事业的时代化发展。

第三,提高创业能力。国内外对于创业能力的培训已拥有丰富的经验,主要包括建立战略性的服务愿景,制定企业式的竞争战略,建立合作伙伴与联盟的合作战略,构建董事化的企业化管理模式,制定可行的收益战略,组织发展与变革

---

① Stacy Wessel、Veronica M.Godshalk.*Why teach Social Entrepreneurship*:*Enhancing Learning and University-Community Relations through Service-Leaning Outreach*, *Journal of Higher Education Outreach and Engagement*,2004(09),p. 25.

的管理能力，等等，在此不再赘述。但关于“行政管理支出”是目前诸多公益组织难以破解的难题①，这也是公益创业与一般创业行为之间的主要差别。目前社会对公益事业的理解，存在“左倾”的理解误区，认为“无论是公益机构，还是从业个人，都不可以和商业有任何干系，也不应该把收入或薪酬纳入自己的追求范围”（张涛，2013）。如果提高管理人才待遇，公益组织的社会信誉则会受到质疑。由此，在中国进行公益创业，既要充分考虑到创业的可能性，也要考虑到创业所处的社会文化背景，特别是中国社会对于公益事业的敏感点和容忍度，否则即使能够有所突破但也会为“道德批判”所累。

（三）实施方法：“产—学—研”的高度融合

实施公益创业教育，必须走出传统教育范式的窠臼，运用创新思维以提高教育的实效性。根据国外目前的发展经验，必须坚持“产—学—研”高度融合的发展模式，也就是通过社会实践强化理论教育、通过科学研究助推课堂教学。

在具体的教育设计中，公益创业教育既要尊重传统的经典的具体方法，也要不断突破和创新。（1）课堂教学：理论传授+案例分析，将传统教室（Classroom）改造为思想碰撞室（Clashroom），鼓励学生间的大胆发言和激烈讨论。团队协作取代个人的单打独斗，鼓励学生与其他学科的学生进行跨界合作，成立兴趣讨论小组，使思维得到充分发散。也要将生搬硬套的知识灌输变为“做中学”（Learning by Doing），增强学生的实践体验，注重就地取材，从日常生活中提炼好的案例和教学素材。（2）习练实践：创业实训+试错机制，实践活动强化理论教

① 嫣然天使基金联合创始人李亚鹏在中国公益论坛（2015）上提道：“在过去十年中，我们从来没有提过一分钱的管理费，因为我是一个公众人物，行政人员的工资都是我个人支付的。”

学，两者相得益彰。20 世纪 90 年代以来兴起的“服务—学习”法（Service-Learning），强调将人类与社区的需要结合在一起，有助于学生去识别机会、树立远大目标，从而实现有价值的学习①。通过参与社会服务，学生可以在冲突解决、人际沟通、角色扮演、目标确立、项目等管理方面有所收获。建立创业试错机制，支持学生根据个人兴趣、特长等进行尝试，筛选出创业潜质大、创业能力突出的学生，进一步加大培养力度，为下一阶段的重点培育做好准备。（3）社会实战：孵化中心+重点扶持，以具体项目推动科学研究，推动“产—学—研”融合发展，从而让研究具有扎实的现实基础。美国杜克大学与孟加拉国的格莱珉银行深度合作，邀请诺贝尔和平奖获得者穆罕默德·尤努斯作为客座教授进行授课，与学生进行面对面交流；同时派驻学生到孟加拉、印度等国家，参与格莱珉银行的小额贷款工作，帮助该地区消除贫困与疾病。

这种教育方法从 MPA 的培养模式发展而来，课堂作为传统阵地在系统传授知识的过程中发挥着不可替代的作用，但以实践教学为代表的新型教学方式正受到青睐，这种教育方式将学理性的文化知识与实践性的社会问题结合起来，以体验代替灌输、以领悟代替传授，从而充分调动学生的主观能动性。

（四）教师队伍：内援为主，外援为辅

目前国内的公益创业教育教师队伍主要由“学院型”“管理型”和“社会型”三股力量组成，其各具特点、相互补充，但不足也十分突出。来自不同体系的教师其教育理念也不尽相同，容易造成学生的认识混乱，败坏教学的实效性；另外，混合型的教师编制不易管理。

---

① Jacoby B. *Service-Learning in Higher Education: Concepts and Practices. The Jossey-Bass Higher and Adult Education Series*[M]. Jossey-Bass Publishers, 350 Sansome St., San Francisco, CA 94104, 1996.

国务院文件明确"允许高等学校和科研院所设立一定比例流动岗位，吸引有创新经验的企业家和企业科技人才兼职。试点将企业任职经历作为高等学校新聘工程类教师的必要条件"。这也从制度上开启了可能，为思考教师队伍组建提供了思路：(1)内部挖潜，以专为主。通过组织定向培训、专题进修等方式，提高专职教师的创业素养与能力，鼓励专职教师积极创业，以实践带动教学、以实践促进教学。内部挖潜的方针有利于提高专职教师的积极性，提高教学的实效性，同时也一定程度上降低改革的成本。(2)引进外援，以兼为辅。与具有社会影响力的创业人士建立常规的合作机制，传授创业理念和创业意识，并通过分享自身经验，以榜样的力量鼓励学生坚定创业的新兴。邀请社会人士作为兼职老师开展主题沙龙、经验分享、项目指导等活动，需建立完善的管理机制，既要保障对方的合法利益，又要注重学生素质的全面提高。

二、科学研究

进入 21 世纪后，以哈佛大学教授笛茨(Dees，J.G)为代表的学者开始了公益创业教育学科化的探索，试图将公益创业教育学定位为一种特定研究领域的同时，并对其学科性质予以更规范、严谨的探索。公益创业教育作为一种教育现象，理应实现从"学问"到"学科"的转化，不仅要回答现实问题，更要"通过自身认知结构与客体结构(包括原结构和次级结构)的互动而形成的一种具有一定知识范畴的逻辑体系"①，从而促进科学知识的系统发展。

(一)主要研究机构

正如伦敦商学院的劳拉·安德鲁所言"仅仅经过十多年的发展，公益创业

① 孙绵涛：《学科论》，《教育研究》2004 年第 6 期。

教育便走进了世界各地大部分的顶尖商学院”①。目前全球公益创业教育研究机构主要分布在发达国家，集中于美、英、加、法等国，特别是依附于顶尖高校的商学院如哈佛大学、牛津大学、斯坦福大学、欧洲商学院等。而发展中国家和欠发达地区较少分布。哈佛大学商学院于 1993 年创办了第一个公益创业研究机构——The Social Enterprise Initiative，随后美国其他高校及社会团体先后组建了 12 个研究机构；在欧洲国家中，目前主要分布在德、英、法、瑞士等国，其中以牛津大学的斯科尔公益创业中心最为著名；在发展中国家中，目前在印度、韩国、中国、巴西等国家有零星分布，但发展水平相对较低；中国目前尚未出现具有国际影响力的研究机构。

（二）主要著作

自 20 世纪开始进行公益创业教育实践以来，便开始了专著的编著工作。该领域的开拓者笛茨教授先后在 2001 年分别出版，奠定了该领域的学科发展基础。目前影响力最大的当属伯恩斯坦的《如何改变世界：用商业手段更好地解决社会问题》(2003)，目前被引用次数已达 1362 次。这些著作从理论与实践两个方面对公益创业教育进行了较为系统的阐述。笛茨(2000，2001)的开创性贡献主要在著作中充分论述非营利企业与社会企业家的关系；伯恩斯坦(2003)则侧重通过“更新个体企业家的故事，展示社会企业家的概念是如何演变的”；尼克尔斯(2006)着重强调公益创业模式在实现社会可持续发展的创新性；梅尔等人(2006)基于 2005 年 3 月在巴塞罗那的 IESE 举行的国际公益创业研究大会，主要是关于公益创业组织机会识别、策略管理、产出结果、组织可持续性等方面

① Brock D D. *Social entrepreneurship teaching resources handbook*, Available at SSRN 1344412, 2008.

的论文;法约勒(2010)关于公益创业研究方法的著作,该书结合具体案例,着重介绍了行动研究法、案例分析法、话语分析法、社会网络分析法四种研究方法。这些著作成为公益创业教育的重要参考内容。

表 8-1

序号	书　名	作　者	出版社	出版时间
1	*Social Entrepreneurship: New Models of Sustainable Social Change*	Alex Nicholls	Oxford University Press	2006
2	*Social Entrepreneurship*	Johanna Mair, Jeffrey Robinson	Palgrave Macmillan	2006
3	*Handbook of Research on Social Entrepreneurship (Elgar Original Reference)*	Alain Fayolle Harry Matlay	Edward Elgar Publishing Limited	2010
4	*Values and Opportunities in Social Entrepreneurship*	Kai Hockerts, Johanna Mair, Jeffrey Robinson	Palgrave Macmillan	2010
5	VSocial entrepreneurship: theory and practice	Ryszard Praszkier, Andrzej Nowak	Cambridge University Press	2012
6	*Social Entrepreneurship Case Studies and Other Teaching Materials*	Not Clear	Harvard Business School IESE; Kellog School of Management; Richard Ivey School of Business; Stanford Graduate School of Business University of Hong Kong	

(三)主要论文①

通过对该领域在过去二十年的发文情况进行统计,发现在进入 2000 年以后

① 由于笛茨的"the meaning of social entrepreneurship"论文并不是以期刊的形式公开发表,所以在诸多统计中没有将其纳入,为体现数据完整性将其纳入,故二级标题为"主要论文"而不是"主要期刊论文"。

该领域的论文逐渐涌现，尤其是进入 2006 年以后，对比图 8-1 和图 8-2 可发现这是该领域研究发展的关键节点，不仅在论文数量上有了大幅度的提升，从每年不到 10 篇跨步到每年至少 30 篇，由于时滞性因素每年的被引数在 2010 年后开始飞升至 400 篇以上，一定程度上也表明了该领域的学术影响力。

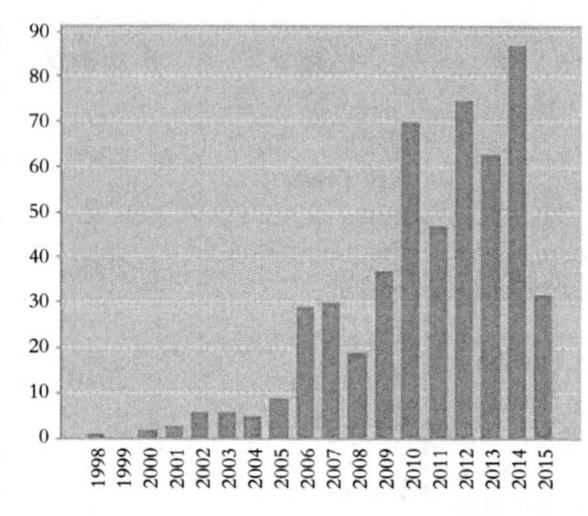

图 8-1　每年出版的文献数

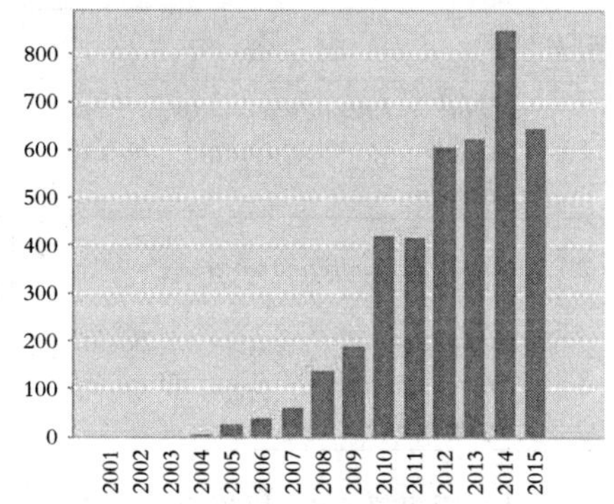

图 8-2　每年的引文数

数据来源：Web of Science。

为了说明公益创业教育的研究主题，也就是要充分梳理该领域研究的前沿与重难点问题，对年平均引用次数排名前 70 的文献内容进行梳理。通过分级编码对数据加工，形成关于公益创业研究主题的三级编码数据库（见下表）。具体步骤为：

表 8-2　公益创业教育研究主题三级编码体系

一级编码（48 个）	二级编码（24）	三级编码（6 个）
商业创业比较、概念研究、创业、新理论、关键主题与概念第三部门、企业社会责任	公益创业概念、社会企业概念、社会企业家概念、公益创投、研究综述	概念分析

续表

一级编码 (48 个)	二级编码 (24)	三级编码 (6 个)
机会转化、多元支持、组织角色、过程转化、社会投资、案例分析、创新策略、动机分析、可持续发展策略	机会识别与转化、资源获取、组织化、	过程分析
非政府组织、合法性、个人情感、政策、组织化、资源转移、共同体、政府发展策略、城市资源支持	合法性、政府关系、个性、资源	影响因素
创新、个人价值、价值确证、个性发展、可持续发展、社会转型、本地经济发展、资本主义转型、改变商业方式、创新就业、创业性慈善	社会创新、个人发展、本地经济、促进就业、新型慈善	价值判断
发展不足与前景、发展图景、正确认识、发展类型、多维、公益创业教育、挑战、发展前沿、研究综述	发展现状、前沿、前景、不足	发展状况
研究现状与展望、研究新成果、三种研究方法	研究现状、研究前沿、研究方法	研究状况

(1)提取原文的主旨思想和关键概念,形成全部文献的高频数据库,构成一级编码;

(2)将一级编码整理,结合 70 篇文献,归纳出 24 个具体的研究主题,形成二级编码;

(3)根据二级编码,并借鉴管理学研究中主题的划分归纳出公益创业研究的主题,形成三级编码,该层次主题具有抽象性和概括性。在得到编码数据后,对三级编码中公益创业的研究主题进行统计分析。

研究发现,目前对于公益创业教育领域的研究主题主要集中于概念分析、过程分析、影响因素、价值判断、发展状况及研究状况 6 个方面,尤以对价值分析的文献数量居多,占比 24. 29%。通过这 6 个方面,可以初步判断,目前学界对于公益创业教育的一些基本理论问题已经趋向达成共识,但对于发展模式、价值判断等实践性研究则莫衷一是，不同地方的实践由于历史文化背景差异也不尽相同。笔者试图从以下几个方面对目前公益创业教育相关研究进行尝试性总结。

1.尽管有关公益创业的内涵、特征、理论基础等受到了当代学界的重视（因此，在公益创业的实质上已经获得了很多有价值的见解），但由于只是将重点放在某一方面的因素上，研究视野相对狭隘（Marten J.Witkamp，Lamber M.M.Royakkers，Rob P.J.M.Raven，2011）。

2.当前公益创业相关研究借鉴其他学科领域的研究较少。Dees（1998）曾指出公益创业应该借鉴创业学、创新学等学科的知识，但在具体研究时则主要以非营利组织、志愿组织的社会学研究视角进行剖析，而从管理学、创业学、伦理学、教育学等学科的角度的论述相对较少，一定程度上限制了其进一步发展。

3.定量研究和实证分析逐渐占据主导。例如 Joan R.Sanchis-Palacio、Vanessa Campos-Climent、Antonia Mohedano-Suanes（2013）利用 Strategic Management 工具来定量分析公益创业的组织效率问题；Jo Barraket、Craig Furneaux（2012）通过在大量收集澳大利亚公益创业实践案例的基础上进行数据分析；Janelle A.Kerlin（2006，2010）先后通过数据分析对西欧、中欧、日本、美国、赞比亚、阿根廷、东南亚等国家及地区的公益创业进行比较分析，这些定量研究取得了丰硕成果。但定性研究不足的问题也随之凸显，例如从社会伦理角度来阐述其合理性、从历史发展角度来阐述其产生必然性，等等，这些研究领域都有待继续开拓。

4.不同国家与地区的公益创业虽然已经研究并取得了初步成果，例如 Joan R.Sanchis-Palacio、Vanessa Campos-Climent、Antonia Mohedano-Suanes（2013）以 SM 工具分析西班牙公益创业组织绩效评估问题；Malin Gawell（2014）对瑞典的公益创业发展所遇到的障碍探索；Sougata Ray、Anjan Ghosh（2014）以 CINI 为例分析印度关于公益创业相关法律建设的问题；Robert B.Hayhoe、Andrew Valentine

(2013)对加拿大公益创业法律框架进行了探讨;等等。但整体来看缺乏统一性和多样性,学界尚未根据不同地区的社会经济发展情况,探索出不同的发展模式,以便更好地指导不同地区和不同类型的公益创业实践。

(四)国际学术会议

举行学术会议是加强学术交流与社会影响力的重要途径,通过举办会议阐述该领域的实践价值与发展前景,并搭建跨界合作的平台,有利于提高社会各界对于公益创业教育的认可度。目前国际影响力靠前的分别有牛津大学举办的斯科尔公益创业国际论坛、哈佛大学举办的 IEEE 国际会议、纽约大学举办的伯克利研究中心社会企业家年度会议、INSEAD 大学举办的国际公益创业会议、意大利米兰举办的社会企业国际论坛等,这些国际会议广泛邀请世界各地的学术研究领袖、公益组织精英、青年创业者、知名公益基金、各国政要、天使投资人等,探讨解决全球发展问题的新思路、新模式、新载体,寻求国际与地区间的合作。目前中国的北京师范大学、中国人民大学、中山大学等每年均有学者参会。

三、社会实践

关于知行合一、勤学笃行,中国有很多熟知的古语,如“纸上得来终觉浅,绝知此事要躬行”,“看万卷书,不如行万里路”,“士虽有学,而行为本焉”,“一语不能践,万卷徒空虚”,等等,都在说明一个道理,知识只有在实践中才能得以深化,只有通过实践才能得到检验,否则只是纸上谈兵。公益创业教育本身是一门以实践性为主的学科,其教育的基本方式在实践中深化学习、在学习中反复实践。目前在公益创业教育的教育实践中,主要采取的形式有以下几种:

（一）参与社会公益慈善活动

这是一种最简单、最常见的社会实践方式，既包括一次性的金钱捐助和物质捐助，也包括临时性的义工活动、社区服务等。这种方式不受时间、地点的限制，可操作性较强，专业门槛低，灵活性较强。如湖南大学依托校学生会、学生社团联合会等学生组织，整合学院力量，指导和鼓励学生积极开展“阳光交通协管”“关爱留守儿童”“电子义务维修”“博物馆义务外语讲解”“岳麓书院义务导游”等已有的品牌性志愿服务活动，不仅为学生提供了种类繁多的实践机会，也为培养学生的公益精神和社会责任感提供了良好途径。

（二）公共项目合作

目前国外高校与政府、企业的合作已成常态，政府或企业以项目委托或购买的方式，与高校的专业机构合作，解决理论或实际中的问题。目前我国也广泛采用“PPP”合作模式，为此还以国务院的名义下发了《公共服务领域推广政府和社会资本合作模式指导意见》，鼓励社会组织在能源、交通运输、水利、环境保护、农业、林业、科技、保障性安居工程、医疗、卫生、养老、教育、文化等公共服务领域参与进来。学校与政府签订合作协议，不仅负责专门人才的培养，还提供社会问题的解决方案和具体措施，这样人才也就有了用武之地，而政府的公共服务水平也得到相应提高，可谓是一举两得。但我国目前政府与企业合作更多，而与高校合作仅限于智库作用，也就是提供政策建议，而深度参与较少，这也与高校的人才培养质量和政府的执政思维有关。

（三）参与国际公益组织

目前大量的国际公益组织为提升自身话语影响力，纷纷参与到国际活动中来，尤其是一些成功的大型公益组织，会在美国、英国、法国等发达国家的知名高校活动，与专门科研机构合作，寻求解决方案或现有方案的优化工作，甚至于在当地开设分支机构，或邀请优秀的本地公益组织参与进来。

（四）创办公益组织

目前有少数学生在校期间或毕业后就直接创办公益组织，也成为大学生就业的新风景线。其中的一部分大学生结合自己的专业知识，运用专业技能来解决社会问题，如环境工程类的可能成立环保类公益组织，教育类的可能成立青年发展公益组织，法学类的可能成立公益诉讼组织等，充分发挥专业特长；也有一部分人根据自己的兴趣成立公益组织，如废旧电器回收、LGBT 群体关怀、森林保护、历史文物复原等，也取得了很大成绩。但成立公益组织的难度很大，不仅涉及组织运营和管理，还要保持在业务上的差异性和创新性。例如湖南的绿色潇湘公益组织，2011 年正式在民政部门注册，其使命是致力于湖南省生态环境保护，提倡有价值的环保生活。其主要成员就是以大学毕业生为主，成为大学生实践、创业孵化的重要平台。2015 年被评为湖南省的第一家 AAAA 级公益组织，其组织内部的财务运营状况健康，业务不断深化和拓展，同时社会公信力和影响力也在不断增强。

第二节　公益创业实践的主要类型

根据对公益创业的广义理解，公益创业不仅包括日常的公益志愿活动，如捐款济物、假期支教，也包括创建公益组织所进行的社会活动，甚至于包括企业所进行的社会公益活动。为此可参考阿特罗（Kim Alter）可持续性发展光谱：

传统非营利组织	非营利组织参与创收	社会企业	社会责任型企业	盈利企业，兼具社会责任	传统型盈利企业

图 8-3　社会企业光谱（Social Enterprise Typology）

该光谱清晰表明一家承担社会责任的企业和社会企业(Social Enterprise)之间的区别,由此可根据是否以盈利为目的对公益创业的类型进行划分:

以是否盈利作为对公益组织分类的标准,是目前国际上普遍流行的做法。但该分类是在相对狭隘的理论视野下所进行的,未将一般的公益慈善活动纳入范围,缩小了公益创业范围。由此可根据公益活动的发展形态,从初级发展阶段到高级发展阶段,分为公益志愿活动,这是最初级的公益创业形式,能够让所有人在所有岗位,并在每个人生阶段,以力所能及的帮扶方式去关爱他人,这种传统古已有之;非营利组织型,即通过成立非营利型组织,以系统化的解决方案,通过开展长期治理进而解决某一局部性的社会问题;而建立社会责任型企业,则是一种更为高级的公益创业方式,在兼顾企业利润的同时,也能直接参与社会问题的解决,而企业能够以其高效、创新的优势,成为公益领域行动的主力军。

一、公益志愿活动

公益志愿活动古已有之,但历经千年其性质、内容、形式、参与方式也发生了翻天覆地的变化。志愿者(volunteer)一词来源于拉丁文中的“voluntas”,意为“意愿”。联合国将其定义为不以利益、金钱、扬名为目的,而是为了近邻乃至世界进行贡献的活动者。1985 年 12 月 17 日,第 40 届联合国通过决议,从 1986 年起,每年的 12 月 5 日为“国际促进经济和社会发展志愿人员日”(简称“国际志愿人员日”)。无论是东方还是西方,人类的利他性活动源远流长,我国有“仁者爱人”、乐善好施、扶贫济困、尊老爱幼的历史传统,西方在宗教“原罪说”“救赎说”的基础之上所产生的博爱与慈善思想,为公益志愿活动奠定了深厚的思想文化基础。如今,公益志愿服务已覆盖到社会的方方面面,成为公民参与公共生活的重要平台。在现实中,志愿者将自己的实践贡献给广泛的社会事业。公益志愿活动在不同的社会情境下发生，包括学校、宗教团体、环境组织、动物保护所等。因此，和社会人力市场一样，公益志愿领域也被分为不同的部门。例如，一位家庭妇女经常去看望隔壁独居的老人，可能因为两人是同一教会的信徒；一位年轻男性通过电话野生动物保护组织募款，等等。这两人都愿意无偿奉献自己的实践。因此，接下来将选取三种最常见的公益志愿活动形式，分别捐助物质、社区服务和假期支教三种主要类型，对公益志愿活动进行介绍。

（一）捐助物质

物质捐助是最常见的公益形式，也是最简单的公益形式，指以一次性或多次性的方式将现金或物质捐赠给公益慈善机构，用于帮扶他人或改善公共服务，因此所捐赠的包括金钱、物资、服务、身体器官、时间、名誉等。中国的公益捐款发展迅速，2014 年全年的捐赠额达 660 余亿元，二十年的时间将近翻了 20 倍。

在西方国家，公众物质捐赠是公益慈善组织募集资金的主要来源之一。在美国，公众个人的物质捐款几乎占到私人慈善捐款的 80%左右。几乎全国每个人每年都要为一个或几个组织捐款，捐款金额的多少则根据个人的收入、年龄、教育、性别及其他特征而有所不同。根据美国第三部门的统计，1998 年美国 70%的家庭都有过捐赠的经历，其中平均捐款数额超过 1000 美元的占 21%。根据美国施恩基金会与印第安纳大学慈善研究中心的调研报告，2011 年美国慈善捐款总额达到 2984. 1 亿美元，其中近 3/4 为个人捐款。

在我国，公众捐赠占公益慈善组织资金总额的比例较低。根据中民慈善捐助信息中心的调查，2012 年中国个人捐赠 263 亿元，占当年捐赠总额的比例约为 32. 7%，远远落后于美国等西方发达国家。我国公众个人捐赠比例低的原因在于中国是一个发展中国家，人们的收入水平还很低。再加上我国目前的减免税、遗产税措施没有到位，政策法规在鼓励个人捐赠方面还很不足。另外，部分公众对公益慈善组织的诚信缺乏信心,担心自己的捐款没有被真正用于慈善事业,也是其中原因之一。然而,这并不意味着中国缺乏公众个人小额捐赠的基础,中国的公益慈善组织就可以忽略公众捐赠市场。随着中国经济的发展、慈善捐赠法的进一步完善、公益慈善组织的社会公信力提高,中国公益慈善组织的公益捐赠市场前景也十分广阔。特别是网络等信息技术的快速发展,个人通过网络捐赠更为便捷、快速,公众个人捐赠的比例势必逐步提高。

目前公益捐赠的种类繁多,不同的捐赠者往往有不同的捐赠偏好。目前公益捐赠的常见方式有以下几种:

(1)一次性捐赠。在我国,一次性捐赠是较为常见的捐赠方式之一。然而,对于公益慈善组织而言,偶然的一次性捐赠并不理想。这是因为,为获得一次性捐赠所花费的开支往往会超过募捐的成本。

(2)连续性捐赠。对于公益慈善组织而言,理想的公众捐赠是那些能够提供连续资助的捐赠人。连续性捐赠不仅可以大大降低公益慈善组织募款的成本,而且可以提高公益慈善组织资金的稳定性。因此,公益慈善组织不仅要发展新的捐赠者,更应当争取捐赠者的连续资助。

(3)实物捐赠。以实物形式提供资助是我国公众捐赠的一种重要方式。特别是国家开展经常性社会捐助以来,实物捐赠的方式更为普遍。通常,公益慈善组织在接受实物捐赠后发放给受助群众,也可以通过拍卖的形式将实物转化为现金。

(4)发行彩票。发行彩票是国内外公益慈善事业常用的一种资金募集方式。一方面,公众可以通过购买彩票抽彩活动,并有机会获得重奖;另一方面,公益慈善组织也可以通过发行彩票募集公众的资金。虽然有的公众购买彩票,主观上并不是出于为公益事业捐赠的目的,但是客观上起到了资助公益慈善事业的效果。

(二)社区服务

目前国外的公益活动鼓励公众奉献自己的休闲时间,来参与社区公益活动,这不仅能够改善社区内部的成员关系,也能促进社区的治理。因此,我们在新闻上可以看到西方国家的法院,对一些轻微的违法行为进行惩处时,要求违法人员参与一定时间的社区服务,并有专人负责监督。相比较省时的物质捐助,将自己的时间用于服务社区、帮助他人,不仅能够提升个人的地区归属感,也能够通过友好的人际交往来提高个人的公共参与意识和能力,对于促进市民社会的发展意义重大。

社区服务目前已成为我国一种重要的公益形式,其优势明显,如地理位置临近、参与成本低、获得感强等,同时其意义同样重大,参与公益性的社区服务活动对于构建和谐社区、缓和社会矛盾、弘扬社会正气等作用明显。社区服务(Community Service)起源于19世纪的英国,其起因是工业革命的普遍发展,使得城市的就业问题和贫困问题日益严重,由此出现了一系列的社区服务包括"社区照顾""社会服务""儿童及青少年服务"等。在我国,1987年年初民政部第一次在官方文件中正式提出"社区服务"的概念,由此也有力促进了社会服务在中国的发展。

目前我国的社会服务主要分为以下四种类型:

(1)救济型,即对社区成员中的弱势群体予以物质的资助,从而帮助其解决生存的问题。如孤寡老人和重度残疾人,由于微薄的经济收入甚至无收入来源,生活自理的能力较差,容易沦为社会的边缘群体,使其生命处于极其脆弱的状态。社区志愿者的介入,为这批贫困群体带来物质和服务上救济,增强了对社区的认同感。随着社区服务水平的提高和服务对象需求层次的发展,已从单纯的物质救济发展到精神慰藉与情感互动,这是现代公益的发展理念所在。

(2)互助型,随着人口寿命的提升,大量"低龄老年人"出现,他们富有知识和经验，会渴望继续参与社会、发挥专长，因此，他们有广泛参加志愿服务的愿望和能力，这也成为促进志愿服务普及化、构建完善的社区互助网络的新契机。在社区建设的过程中，非正式的互助关系逐渐发展成完善的互助网络或组织。如在区或街道相应政府部门的支持下，很多社区成立了“居民互助救助站”“社区博爱互助中心”等民间综合互助组织。由组织出面搭建交流平台、建立志愿者档案库、设立互助基金等，使单向服务逐步转化为“服务链”和“服务网”。

（3）公共服务型，所谓社区公共服务，一般指的是现代社会为了社区的需要而提供的社会公共服务，以及社区本身为满足自己的需求自行安排的共有服务，如社区保安、物业管理、保洁、绿化等工作。在中国志愿服务的最初发展中，诸如环卫整治、交通协管等延续的传统学雷锋项目，都属于公共服务类型的志愿行为。但志愿者较明确和成体系地介入社区公共服务，应以 2000 年团中央启动青年志愿者社区发展计划为标志。按这一计划，青年志愿者深入社区，依托社区综合服务中心等既有服务设施，构建由社区志愿者服务中心、服务站、服务队组成的基层组织网络。并通过介入、扩展社区互助组织，促成完善的公共型志愿服务体系的建立。

（4）公民参与型，志愿服务有意识地介入社区公共事务管理和社区体制构建，始于 1995 年 5 月团中央实施“大中学生志愿者社区援助行动”。这项行动在一开始，是动员和组织大中学生利用周末课余时间，发挥自身的知识、智力优势，在社区开展多种内容的专业援助志愿服务。一些致力于公民发展的 NGO（非政府）组织也会从公民参与角度介入社区志愿服务，他们往往从微观和日常生活管理的参与入手，并取得一定的成果。

（三）假期支教

假期支教是具有鲜明中国特色的公益形式，主要包括长期型和短期型两种形式，大学生支教行为最早是一种单纯的个人行为或集体行为。其动机主要多是出于一种理想的追求或是道义上的责任感。

（1）长期支教型。随着农村教育问题的凸显、个人支教行为的引导作用和高校扩招后就业日益困难等原因，中央政府开始大力号召、引导和支持大学生支教，在政策上不断地通过资金奖励、公务员考试加分、保送研究生等方式鼓励支教活动，使得大学生支教人数猛增。仅 2003 年一年，团中央、教育部就面向全国招募 5000—6000 名志愿者。西部计划是服务西部大开发战略、人才强国战略和科教兴国战略中的一项重要战略举措。西部计划实施近 2 年来，通过志愿服务的方式合理配置了人才资源，促进了西部基层的经济社会发展，也促进了大学生转变就业创业观念，在基层实践中锻炼成长，在广大青年学生中进一步树立起到西部、到基层、到祖国最需要的地方建功立业的积极导向，取得了阶段性成果。

（2）短期支教型。主要指利用假期（1—3 个月内），主动联系需要帮助的学校，无偿地提供教育帮助。近年来大学生支教得到了突飞猛进的发展，已经成为比较常见的大学生公益实践活动。短期支教作为其中参与最为广泛的一种支教类型，条件要求更为宽松，从而更适于在校学生参与，成为大学生支教活动经常选择的项目。

但其不足也非常明显，如支教时间不固定，可能集中在周末或假期，但平时参与人数较少；空有热情而缺乏认真准备，对学生的现实需要未进行深入细致的分析；生活和安全的保障不到位，教育资源匮乏地区大都地形复杂、自然灾害频发；动机不端正，少数学生将支教理解为单纯的体验生活、丰富个人阅历或是荣誉奖励等；缺乏沟通，与当地政府和学校未建立顺畅的沟通渠道，对当地的民俗、文化等缺乏了解，容易与当地居民产生摩擦。

二、非营利组织参与(NPO)

自20世纪70年代以来,在“全球性的社团革命”的大背景下,市场和国家之外的非营利组织或称“第三部门”得到了空前的发展。从社会治理的角度来看,公民社会是实现善治的现实基础,而非营利部门是公民社会的主要物质和组织实体。因此,非营利组织的健康发展对于公民社会的形成和完善,进而导致善治的出现,可谓至关重要。从实践的角度来看,20世纪后半叶西方国家相继出现的“市场失灵”和“政府失灵”所造成的危机,也使越来越多的人将目光转向了独立于政府和私人企业之外的“第三部门”,以追求此前国家和市场的力量未曾实现的目标。

与世界上大多数国家相比较,目前我国的非营利部门总体上并不发达,还存在着相当大的差距。这种差距主要表现在两个方面:其一,我国非营利组织的规模比较小,筹措资金的能力比较低,社会公信度和影响力也比较差;其二,非营利组织的生存和发展环境,特别是法律制度环境并不有利,这使得我国的非营利组织尚处在较为困难的创业时期。但是从历史上看,我国非营利组织的发展并非始自今日,而是有着悠久的历史和漫长的过程。

目前,我国的非营利组织可分为社会团体、民办非企业单位和基金会。该分类标准主要依据是与非营利部门管理相关的法律法规。

(一)社会团体

在国务院1998年10月25日发布实施的《社会团体登记管理条例》中,对我国的社会团体作出了如下定义:“本条例所称社会团体,是指中国公民自愿组成,为实现会员共同意愿,按照其章程开展活动的非营利性社会组织。”目前我国的社会团体可分为学术性社团、行业性社团、专业性社团、联合性社团四大类，具体包括各种协会、学会、联合会、研究会、联谊会、促进会、商会等形式。随着市场经济的进一步发展和社会政治环境变得更为宽松，我国的社会团体正在以令人难以置信的速度扩大其规模，并在社会经济生活中扮演着越来越重要的角色。

中国消费者协会于1984年12月经国务院批准成立，是对商品和服务进行社会监督的保护消费者合法权益的全国性社会组织。目前全国县以上消费者协会已达3000多个。其所指定的《中华人民共和国消费者权益保护法》(以下简称《保护法》)是消费者维权的有力武器，《保护法》的颁布实施，催生和强化了消费者的权利意识和自我保护意识，标志着我国以消费者为主体的市场经济向法制化、民主化迈出了一大步。随着《保护法》的贯彻实施，越来越多的消费者开始知晓并注重维护自己应有的合法权益，《保护法》也因此成为知名度最高的法律之一。

(二)民办非企业单位

我国《民办非企业单位登记管理暂行条例》规定："民办非企业单位，是指企业事业单位、社会团体和其他社会力量以及公民个人利用非国有资产举办的，从事非营利性社会服务活动的社会组织。"它主要包括各种民办的医院、学校、养老院、福利院、研究所、图书馆、美术馆、剧团、体育机构等，涉及教育、科技、文化、卫生、体育、社会福利等诸多领域。

截至2014年年底，全国共有民办非企业单位29.2万个，比上年增长14.7%。其中：科技服务类15110个，生态环境类398个，教育类163681个，卫生类23404个，社会服务类42244个，文化类14148个，体育类11901个，商务服务类5915个，宗教类82个，国际及其他涉外组织类4个，其他15308个。全年共查处民办非企业单位违法违规案件1920起，其中取缔非法民办非企业单位41起，行政处罚1879起。

（三）基金会

基金会的概念可以追溯到柏拉图学院的时代，柏拉图把学院以及学院的农场土地捐赠给其外甥，同时规定他们应该为柏拉图的追随者们的利益服务。此后这种为他人利益管理和使用一项捐赠的传统不断发展演化，而对捐赠管理的困难和发生的问题也不断被发现、认识。1601年，英国通过《慈善使用法》，该法案奠定了慈善基金会的理念基础，即将私人捐赠通过公开认可的身份转化为实现公共利益的工具。当今世界，民间基金会的发展已经成为各国政府扶持社会公益事业的重要助手。据估计，全世界大约有20万家各种基金会，总资产上万亿美元，每年提供的资助总额与国家拨款的基金会在同一个等量级，显示出依靠社会集资扶持社会公益事业的力量。基金会不仅减轻了各国财政的负担，而且使大量的资金进入融通领域增值，对于稳定金融市场也有重要的作用。

截至2014年年底，全国共有基金会4117个，比上年增加568个，增长16.0%，其中：公募基金会1470个，非公募基金会2610个，涉外基金会9个，境外基金会代表机构28个。民政部登记的基金会（含涉外基金会）227个。公募基金会和非公募基金会共接收社会各界捐赠374.3亿元。全年对基金会作出行政处罚13起，取缔1起。

总体而言，非营利组织已成为推动我国经济社会发展的重要力量，但就其发展现状而言仍不够理想，主要体现在：第一，自治性相对不足，对"自上而下"成立的非营利组织而言，由党政职能部门转变或是党政部门直接成立，对"自下而上"的非营利组织而言，双重登记管理制度要求非营利组织必须有挂靠单位，因此这一类组织也会受到政府各方面的限制和干涉。第二，资源严重缺乏，根据清华大学NGO研究所的调查结果，"资金缺乏"和"人才缺乏"分列其所面临困难的第一位和第二位，资源缺乏不仅仅是中国非营利组织的主要问题，也是世界各国非营利组织所面临的问题。第三，能力低下，指非营利组织的综合能力，包括创新能力、管理能力、扩张能力、活动能力等，中国的非营利组织规模普遍较小，资源整合能力有限，社会动员能力不足，加上组织管理缺乏透明度，使得非营利组织的社会公信力广受质疑。

三、社会企业创办（Social Enterprise）

从国际发展经验来看，社会企业在世界上不同地区的称呼也千差万别，在比利时被称为"社会目的企业"，在意大利被称为"社会合作社"，在芬兰被称为"社会公司"，在法国被称为"工作整合社会企业"，在德国被称为"另类企业"（Alternative Enterprise），在英国社会企业包括志愿组织、社区商业、信托行、劳动市场等，在美国则包括公司、协会、信托机构、社会发展公司等。不同名称的差别体现了社会、文化、历史、民族心理的地区性差异，也与该地的法律制度、公益事业、社会支持等密切相关。

社会企业的形式与名称虽各有不同，但可透过纷繁的表象去捕捉背后的内在联系，从而对社会企业的表现形式有较为系统的理解。根据笛茨的社会企业光谱理论（Social Enterprose Typology），从组织动机的导向出发，可将社会企业分为使命中心型（Mission Centric）、使命相关型（Mission Related）、使命无关型（Unrelated to Mission）三种类型①。从社会创新的角度可分为就业型社会企业与创业型社会企业②，这个分类较好理解，前者着重于吸收贫困、残疾、边缘人群就业，帮助其获得工作机会，创造自立自强的能力；后者则采用创新的办法，使固定的、单一的、弱小的社会资产流动起来，不仅能够扩大社会的财富总量，还能将受

① Dees J.Gregory.*New Definitions of Social Entrepreneurship*：*Free Eye Exams and Wheelchair Drivers*，2003.http://www.fuqua.edu/admin/extaff/news/faculty/dees_2003.htm.

② 舒博：《社会企业的崛起及在中国的发展》，天津大学博士学位论文，2010 年。

益群体扩至那些长期被排除在市场之外的个人和群体。也可根据社会项目与商业活动之间的一体化程度①，分为嵌入型社会企业（Embedded Social Enterprises）、整合型社会企业（Integrated Social Enterprises）和外部型社会企业（External Social Enterprises），在嵌入型社会企业中，组织以社会使命为中心，实现经济与社会利益的双赢；在整合型社会企业中，社会项目和商业活动重叠，两者是协同发展的关系；而在外部型社会企业中，社会项目与商业活动往往有明显区别，商业活动作为企业实现利润的根本途径，支持着企业开展各种社会项目②。这几种分类方法各有千秋，为后来者提供了多个思考角度。

由于世界各地的社会发展程度、政治经济体制、文化等差异，各国的社会企业运营模式也各有特色。北美地区包括美国、加拿大的社会企业主要采用小规模的独立运营方式，数目多、规模较小，普遍采用垂直式的直营模式，往往采用垂直式的管理方式。而欧洲则普遍采用合作社的方式发展社会企业，无论是早期在意大利的“社会合作社”，还是后来在英国兴起的“社会企业联盟”和“社会企业小组”，都可以看到社会主义的影子在发挥作用。而在亚洲，以韩国和中国台湾地区为代表的社会企业则通过政府立法的方式直接推动；孟加拉则相反，以格莱珉银行为代表的社会企业倒逼政府的支持和配合；新加坡和中国香港地区则采用资本运作的模式，通过公益创投为社会企业创造发展空间。

中国的社会企业目前还是以工商企业的形式注册，并不享受政策税收等方面的优惠，因此无论是采用自身运营管理的垂直式或者加盟式，还是在宏观层面利用政府力量推动，抑或是利用民间资本力量，都可以在中国试点运用，通过社会企业自身的发展倒逼政府政策的调整，进而为社会企业赢得发展空间。无论是现有的“双重管理”体制，还是配套的税收、财政等方面的具体政策，都需要在

---

① Kim Alter, *Social Enterprise Typology*, http://www.virtueventures.com/typology, 2007.

② 刘小霞：《社会企业研究综述》，《华东理工大学学报（社会科学版）》2012年第3期。

一定的实践基础之上进行调整。

四、社会责任型企业（CSR）实践

成立企业履行社会责任，是公益创业的最高形式。根据在于企业通过市场化的运作方式获得利润，更以市场化的方式分配利润和使用利润，有利于提高社会资源的使用效率，并降低社会运转的成本。

社会责任企业（CSR）是指企业对包括股东在内的利益相关方履行经济、法律、道德和愿景等方面的责任。其目的在于通过平衡利益相关方的利益，实现企业的可持续发展。其实质是在新的历史发展时期，企业创造财富理念和方式的变化。现代社会生产力发展到一定阶段，人们的价值观、道德观及发展观发生变化，从而对企业提出新的发展要求。早在1923年，欧洲的一位学者在美国即已提出企业社会责任的概念，但近数十年才被欧美的主流社会接受和推崇，其原因在于20世纪70年代以来的经济全球化过程为世界带来巨大财富的同时，也带来了世界发展的不平衡。

一组数据显示，自20世纪70年代末至今，全球的经济财富每10年增加10万亿美元，2002年为32万亿美元，但发展中国家与发达国家之间的差距也在进一步拉大。从微观的角度讲，近几十年的发展中，消费市场上出现责任消费者，投资市场上出现责任投资者。同时在西方社会，基于各种信仰和道德观念，形成不同NGO。截至2009年，全世界有9万多家不同理念的非政府组织，这些责任的消费者和投资者，通过自己的理念购买或投资符合其道德和价值观念的产品。同时，互联网的发展为这些非政府组织在对企业社会责任的监督上提供了更多便利。这些因素正在改变公司的获利机制。主动承担社会责任和环境责任的公司将会受到责任消费者和投资者的青睐，否则就会在消费市场和投资市场遭到唾弃,公司也就难以发展。

(一)被动反应型

许多著名的大公司都属于这一类。“随机应变型”企业在不可抗拒的公众压力下承担社会责任,许多举足轻重的大企业,如美国电话电报公司、杜邦公司、通用电气公司、通用汽车公司和壳牌石油公司等,都委托特定机构就各自的问题向公众进行调查,调查结果归这些客户所有,从不对外公布。调查机构对大公司订购其服务的目的从不隐讳,了解公众在哪些方面会对企业施加新的压力,以便采取相应措施。

(二)长期战略型

这类企业认为,公司的利益和公众的利益可以是并行不悖的。它们在制定政策和计划时,十分注重满足公众利益。在进行经营活动时,它们强调处理好多边关系。在今天,企业自愿更多地把资源投入更广泛的社会计划中,已成为大势所趋。可以期待的是,“公私一致型”企业会越来越多。然而,衡量企业社会责任履行得好与坏,并不像评估企业的财政状况那样容易,也没有一个为人广泛接受的标准。社会科学家正为此做出不懈的努力,以制定一个这样的标准。也许可以把这一工作称为“社会会计”和“社会审计”。前者对企业的社会行为做出评估,后者则用以辨明企业对社会所做出的承诺的真伪。

第三节　案例:公益创业实践的新机遇

近年来随着社会公益事业的发展,公益创业越来越引人关注,这是一种将公益服务与创业发展相结合的全新理念。但与发达国家相比,我国公益组织发育有限,公益创业尚处于萌芽状态。相对于商业创业,公益创业以满足社会需求提供社会服务为主要目标,以公益性社会组织和社会企业为运行载体,强调社会价值最大化。傅振邦(团中央书记处书记)表示,公益创业把实现社会价值和企业化运营有机结合在一起,在创新社会治理模式、增进弱势群体福祉、促进社会公平、为政府公共服务职能提供补充、扩大社会就业等多个方面发挥着十分重要的作用。

在我国公益创业发展过程中,大学生群体起到了不可忽视的推动作用。但目前我国公益创业仍处于摸索过程中,规模和影响有限,远远不能适应社会服务的需求和扩大青年就业的需要。当前我国公益创业除了服务机构不多、公益创业组织小微化、公益创业层次整体较低外,还存在着全社会对公益创业的认识不足、政府对公益创业的服务管理在观念上和政策实践上基本是空白的问题。

一、社会创新模式多样,推动公益创业本土化

社会企业是一种为实现既定的社会目标和可持续发展而进行商业交易的新型组织形态①。对于其性质,王民认为"社会企业既不是企业也不是非营利组织,它是对企业传统盈利机制的超越,也是对非营利组织的公益机制的否定和超越"②。社会企业所具有的双重特征,使得它在解决社会问题、改进公共服务供给、推动经济持续发展、促进社会融合等方面发挥了无可替代的重要的作用,创造性地弥补了政府不足所带来的空白以及传统营利组织和非营利组织所固有的内在缺陷。

社会企业产生是与社会创新特别是社会福利机制创新联系在一起的。它提

---

① 沙鹏:《中国社会企业研究》,中央编译出版社 2013 年版,第 36 页。
② 王民、朱晓红:《社会企业论纲》,《中国非营利评论》2010 年第 2 期。

倡运用新知识去改造非政府组织缘由的社会福利模式与服务流程，以满足大众日益增长的公益需求。从根本上说，社会企业不同于一般商业企业，它是要创造新的价值而不是简单地复制已经存在的组织或活动。而且社会企业注重创新，不断学习、借鉴、吸收企业界先进的管理经验与成果，注重自身竞争实力的培养，成为具有独立资金来源和具备可持续发展能力的经济实体。

格莱珉银行（孟加拉乡村银行）是一个发行微型贷款的机构，此组织与其创始人穆罕默德·尤努斯（Muhammad Yunus）一起获得了 2006 年的诺贝尔和平奖。如今在孟加拉国全国有 2200 个分店，职员约 18000 人。贫农及女性等可以无担保地进行贷款，每年可以 50 次分期返还，返还有相关友人等 5 人的连带责任。返还率达到了 98%。作为救济贫困的模式之一在国际上得到了好评，在非洲等发展中国家，有更加扩大发展的趋势。正如我国学者所评价的，“格莱珉银行的成功在于制度创新，即穷人借贷不需要抵押，也无须签署任何法律文件，不需要小组担保或承担‘连带责任’，而是借助于同伴压力、社会舆论等方式创造了微型金融的成功”①。

20 世纪 70 年代初，刚独立的孟加拉国千疮百孔。解放战争中巴基斯坦军队造成的破坏，再加上洪水、干旱和季风的摧残，使数百万人陷入了绝境。而饥荒也接踵而至。当可怕的饥荒在教室外肆虐时，课堂上所讲授和科研所所发明的经济学理论也无能为力，只能任由毁灭性的饥饿和贫困在祖国各地造成越来越大的灾难。作为教师的尤努斯毅然走出课堂、走进村庄，试图要为灾难中的同胞做一点事情，希望自己每天能做的至少能对一个人有所帮助。

为此尤努斯走访乔布拉村，了解到许多居住在当地的贫困人民，看到一名妇女从一个放贷商人那里贷了 5 塔卡（约合 10 美分）时，感到十分震惊。这名妇女

① 唐柳洁、崔娟：《制度视角下发展中国家小额贷款运营机制研究——以格莱珉银行为例》，《经济问题》2010 年第 4 期。

用这笔微不足道的钱去购买竹子,用以制作凳子出售。这类贷款的利率相当高,每周10%,但更糟糕的是强加在这笔贷款上的特殊条件:她必须将其所有产品以放贷者制定的价格卖给放贷人。这5塔卡的贷款实际上将这名妇女变成了一个奴隶。不管她如何努力,她和她的家庭都永远无法摆脱贫困。

为了解这个村到底有多少人拥有此类贷款,尤努斯制作了一份借款人员名单。这个名单共收录了42个借贷者,而他们从房贷者那里共借款856塔卡——以当时的汇率计算约合27美元。为了将这42个人从房贷者的束缚中解放出来,尤努斯自掏腰包为她们还清了借款。然后尤努斯开始尝试着说服学校里的那家银行向穷人贷款。但银行经理拒绝这样做,他说:“穷人没有资格获得银行贷款。他们没有信用。”尤努斯与许多银行不同级别的主管见面,以期找到某个人能为穷人打开银行借贷的大门。这种努力持续了数月之久,但最终还是无法改变他们的想法。

最后尤努斯想出一个主意——自己主动做这些穷人的贷款担保人。银行经过很长时间的考虑后同意了这个提议。1976年年中,银行要求尤努斯在所有贷款担保文件上签名以后,自己开始以非正式银行家的身份向村里的穷人发放贷款。为了让那些贫穷的贷款人可以轻松偿还贷款。尤努斯想出了一些方法,比如让人们按周分期偿还贷款,让银行高级职员造访村民,而不再让村民去银行找他们。这些方法很有效,人们都能按时偿还贷款,每次都是如此。

因此尤努斯认为借钱给穷人似乎并非像通常想象的那样困难,为这些穷人提供资金方面的帮助可能会成为一种新的商业形式。最终,尤努斯决定创立一家面向穷人的独立银行。这是一个漫长而艰辛的过程。但在当时的孟加拉财政部部长的支持下,尤努斯创建了一家银行,一家致力于服务穷人的银行,称之为格莱珉银行,或是孟加拉语中的“乡村银行”。如今格莱珉银行已经成为一个能为孟加拉每个村庄的穷人提供服务的全国性银行,其800万名贷款者中有97%是女性。

二、社交网络技术深入，促进公益创业大众化

互联网的革命性正如其字面的含义，是一张网，将分散的人网络交织起来。如果说单独的一台台计算机如同孤岛般星散在人类社会的海洋，那么互联网就是沟通其的桥梁。最初我们可能追求的只是孤岛之间的互联，但当星罗棋布于大洋上的孤岛被一座座桥梁通过各个角度得以沟通的时候，一片新的大陆始料不及而又自然地呈现在我们面前，此时它的意义不再是桥梁本身。正如王秀丽所认为的，社交网络给公益带来的“红利”众多，包括“社会化媒体的迅速发展和普及为基金会等公益组织提供了高校、便捷、多元、低成本的传播工具；促进了中国公益理念与实践的变革；社会化媒体的发展有助于提高中国公益组织的公信力，促进中国公益事业的良性发展”①。

我国公益传播的发展，按照公益信息的传播主体来分，大体经历了四个时期的变化，分别体现为政府主导、企业主导、传统媒体及公益组织主导，再到当前社会化媒体语境下的公众主导。社会化媒体的发展普及使我国公益传播的主体及传播渠道与以往相比发生了巨大变化，它颠覆了以往有钱人大笔捐款做公益的模式，转而由草根发起，普通人身体力行，从最简单、最小的事情做起。其作用具体包括：(1)提升中国公益组织的互联网应用于社交媒体的使用能力；(2)促进组织之间的协作；(3)增强组织项目执行的效率；(4)帮助组织获取网络营销的知识，并学习在社交网络上如何进行品牌宣传与社会公众有效地沟通②。社会化媒体独特的平台属性正在影响我国公益传播的发展，社会化媒体鼓励公众对

① 王秀丽：《微行大益——社会化媒体时代的公益变革与实践》，北京大学出版社 2013 年版，第 4 页。

② 王瑾、周荣庭：《互联网+公益：玩转公益新媒体》，电子工业出版社 2016 年版，第 9 页。

公益话题的自主选择、自主传播及自主参与，激发了社会各群体参与公益传播的热情。

“微博打拐”是由薛蛮子、邓飞、于建嵘、华楠等人联合中华社会救助基金会、新浪网、腾讯网共同发起的，打击拐卖儿童的犯罪行为、救助被拐儿童的公益活动。行动口号是：“解救乞讨儿童，传递寻子信息，微博在行动。”2011 年 1 月 25 日，由于于建嵘教授在微博上发起“随手拍解救乞讨儿童”而引起广泛关注，随后在全国掀起了“微博打拐”的热潮。

从 2011 年 1 月开始，“微博打拐”吸引了上百万网友的关注，成为中国当下极具号召力的民间微公益代表之一。目前，全国各地已经有许多志愿者、义工团体参与到“微博打拐”活动中，共同帮助被拐儿童回家、打击拐卖儿童犯罪行为。“微博打拐公益基金”于 2012 年 5 月成立，进一步促进“微博打拐”常规化、持久化运作。

2008 年，湖北人彭高峰 3 岁半的儿子彭文乐在深圳被人抱走，这位父亲从此开始了揪心的寻子之路。2010 年 9 月 27 日，收到求助信息的邓飞在新浪微博上第一次发了彭文乐的照片，开头的第一句话是：“互联网能再创奇迹吗?”之后每次逢年过节他都会再发一遍。至 2011 年春节，这条微博已被全国网友转发了 6000 多次，包括赵薇、王菲、郑钧、马天宇等在内的多位明星也转发了这条微博。终于，一位回乡探亲的大学生发现村里一个小男孩像极了那张在网上被转发两年多的寻人启事，他迅速通过寻亲网站传递消息。最后，在警方的陪同下，彭高峰终于找到了魂牵梦萦的儿子。全国网友的接力创造了互联网上新的奇迹。

“微博打拐”让更多的人、组织积极投入打拐的行动中，真正吸引了全民关注和热情。同时，也让许多原来忙碌在线下的打拐工作者开始注意到社会化媒体这种高效的传播平台，并且在打拐工作中加以运用。有许多全职参与到打拐行动中的志愿者就是受到“微博打拐”活动的影响而投身其中的。在真实记录打拐行动的公益微电影《寻找失去的孩子》中，就有一些这样的故事。同时，广东、江苏常州等公安官方微博发布公告，号召辖区网友参与"微博打拐"活动，佛山公安、珠海公安等多家公安微博均加入强力转发行列。"微博打拐"也引起公安部打拐办主任陈士渠的高度关注。陈士渠在微博上对此表示了支持，欢迎网友们提供拐卖犯罪线索。

国内原有的一些打拐寻亲组织也开始广泛利用社会化媒体开展工作。例如，国内最大寻子网站"宝贝回家"就与其他志愿者团体、义工团体合作，开设了专门的微博、微群，并且指导网友在微博上发布寻亲信息，同时将这些信息整合成线上资料库。

三、国家法规政策出台，保障公益创业制度化

自 2014 年中国共产党十八届四中全会作出推进依法治国的重大战略部署以来，推进我国治理现代化、促进公益事业法制化就成为题中之义。目前公益创业的标准模糊、准入条件低、评选标准执行不严，组织性质模糊甚至混乱，其自创收入在总收入比例中较低，主要依靠财政拨款、社会募捐等途径，缺乏具有市场竞争力的产品或公共服务。直接原因在于有关公益创业的"小法"相对欠缺，根本原因在于我国公益慈善事业的"大法"还有待完善。通过"小法"带动"大法"，通过"大法"促进"小法"，以法律法规的完善带动公益创业组织的组织化、制度化发展，显得尤为必要。

随着 2015 年由国务院所发布的《关于促进慈善事业健康发展的指导意见》出台，规范公益慈善事业发展的法制进程就逐渐加快，特别是 2016 年 3 月审议通过的《慈善法》，成为推动公益创业法制化发展的根本依据和保障。2016 年 3 月 22 日，是中国慈善事业历史性的一天，《中华人民共和国慈善法》（以下简称

《慈善法》）在全国人大十二届四次会议上通过。作为我国第一部慈善法，这部法律的突出意义，在于系统规范全社会的慈善行为。法律拟定的各项规范，既针对各级政府的管理行为，也针对社会组织的运行管理与每个公民的慈善方式，是依据我国实际并借鉴国际经验，从而全面系统地确立起国家慈善事业发展所需要的现代规范。

第一，《慈善法》颁布的重大作用。一是引领作用。《慈善法》明确指出，慈善活动是指自然人、法人和其他组织以捐赠财产或者提供服务等方式，自愿开展的包括扶贫、济困、扶老、救孤、恤病、助残、优抚，以及救助自然灾害、事故灾难、公共卫生事件等突发事件造成的损害，促进科教文卫体育发展、保护环境等活动在内的公益活动。国家对这些活动予以保护和促进。二是促进作用。慈善法对促进慈善事业发展提出了详尽的促进措施。如在宏观政策方面明确提出，国家对开展扶贫济困的慈善活动，实行特殊的优惠政策；在慈善活动用地方面明确提出，开展扶贫济困扶老助残等慈善活动，可以依法申请使用国有划拨土地或者农村集体建设用地；在慈善税收优惠方面明确提出，企业慈善捐赠支出超过法律规定的准予在计算企业所得税应纳税所得额时当年扣除的部分，允许结转以后三年内在计算应纳税所得额时扣除；在捐赠方面明确提出，捐赠实物、有价证券、股权和知识产权的，依法免征权利转让的相关行政事业性费用；等等。三是规范作用。慈善法设专章对慈善组织等慈善活动主体明确了法律地位和权利义务，对慈善募捐、慈善捐赠、慈善财产信息公开等慈善领域已知存在的许多问题一一回应，对慈善信托这个一直以来没有解决的落地问题也设了专章规定。尤其明确了民政部门为慈善工作的行政主管机关，并对如何监管慈善活动有了比较详细的规定。

第二，《慈善法》的主要内容。《慈善法》共 12 章、112 条，具体而言规定了十一个方面的内容，包括明确了慈善活动的定义和范围、建立慈善组织登记认定制度、明确开展慈善募捐的主体范围、鼓励和规范慈善捐赠、规定慈善信托、规范慈善组织财产使用管理、将志愿服务纳入慈善立法、强化了信息公开义务和责任、完善慈善活动税收优惠政策等促进措施、打造全方位综合监管体系、构建全面系统的法律责任规范等内容。该法律不仅有效规范了公益慈善活动,同时明确了政府在监管和促进等方面的责任,保障和动员社会力量积极参与慈善事业。

结　论

公益创业教育作为一种新型的学科形态，其出现和发展都伴随着各种争议。无论是政府层面、社会层面，还是高校层面，一部分人信心满满，一部分人疑虑重重。从学理层面探讨公益创业教育的价值，则为公益创业教育的发展提供了合理性论据，充分说明了其作为一种学科形态，对于人才培养的直接作用和对于推进社会发展的间接作用，为其学科化发展找到了依据，有助于社会各界释疑解惑。但同时也要对这种新兴事物保持谨慎的乐观，对价值内部的矛盾和分歧要有充分而全面的认识，以更好处理实际中所面临的困难与藩篱。

本书主要研究的问题是公益创业教育价值“何以存在”，也就是从学理上说明这一新兴事物的存在根据与现实表现形态。为此首先系统梳理中西历史上的公益慈善思想，以说明公益创业教育价值在发展中的来龙去脉；其次尝试性对核心概念包括“公益”“公益创业”“公益创业教育价值”进行界定，以保证研究的统一；在对公益创业教育价值的表现形态进行具体分析时，不仅从构成要素及其互动进行分析，更重要的是从个体和社会两个层面对价值的现实形态进行分析，以充分说明公益创业教育本身的合理性与必要性；随后进一步对公益创业教育价值的内部矛盾及其化解路径展开分析，说明这种价值内在的作用机制，以更为深刻和科学地把握与理解公益创业教育价值。由此，就实现了对公益创业教育价值的构建。

另外，为更好地佐证“公益创业教育价值”，本研究也在几个具体知识点上进行了尝试性努力：(1)较为系统、科学、全面地梳理了国内外公益创业教育发展概况，有助于更深刻地理解这一崭新的学科形态；(2)在一些具体概念上进行了尝试性厘清和界定，包括“公益创业教育价值”“马克思主义公益观”等均为首次提出，对“公益”“公益创业”、中西方公益慈善思想梳理等进行了厘清和整理；(3)在构建公益创业教育价值的过程中，对深入价值内部中的矛盾各要素展开具体分析，能够从根源上说明公益创业教育现实中的矛盾与分歧，为彻底解决问题提供思路。

本书论证的具体过程中所坚持的研究方法：(1)始终坚持逻辑的严密性与顺序性，即保证言之有理、言之有物，包括在章、节、目的安排上，在具体论点的佐证上；(2)在论证材料的组织上，保证最新、系统、权威，包括案例选用的典型性、数据的严肃性、观点的客观性等，充分了解各领域的主要代表人物及研究者，经常性学习权威期刊的经典和最新论文；(3)保持与同行及相关专家学者的经常性沟通，包括与马克思主义哲学、西方哲学、工商管理学、非营利组织学、政治学、中国历史学等专业领域的学者进行沟通。

参考文献

[1]《马克思恩格斯文集》,人民出版社 2009 年版。

[2]《马克思恩格斯选集》,人民出版社 1995 年版。

[3]《马克思恩格斯全集》,人民出版社 1979 年版。

[4]《列宁选集》,人民出版社 2012 年版。

[5]《毛泽东选集》,人民出版社 1991 年版。

[6]《邓小平文选》,人民出版社 1993 年版。

[7]《江泽民文选》,人民出版社 2006 年版。

[8]《胡锦涛文选》,人民出版社 2016 年版。

[9]《习近平总书记系列重要讲话读本》,人民出版社 2016 年版。

[10]王海明:《伦理学原理》,北京大学出版社 2009 年版。

[11]赵敦华:《西方哲学简史》,北京大学出版社 2001 年版。

[12]于海:《西方社会思想史》,复旦大学出版社 2015 年版。

[13]王浩斌:《市民社会的乌托邦》,江苏人民出版社 2011 年版。

[14]邓正来:《国家与社会:中国市民社会研究》,北京大学出版社 2008 年版。

[15]王名:《社会组织论纲》,社会科学文献出版社 2013 年版。

[16]俞可平:《论国家治理现代化》,社会科学文献出版社 2015 年版。

[17]杨国荣:《成己与成物——意义世界的生成》,人民出版社 2010 年版。

[18]袁贵仁:《价值学引论》,北京师范大学出版社 1991 年版。

[19]马俊峰:《马克思主义价值理论研究》,北京师范大学出版社 2012 年版。

[20]张楚廷:《教育哲学》,教育科学出版社 2006 年版。

[21]孙伟平:《价值哲学方法论》,中国社会科学出版社 2008 年版。

[22]李连科:《哲学价值论》,中国人民大学出版社 1991 年版。

[23]王玉樑:《当代中国价值哲学》,人民出版社 2004 年版。

[24]李德顺:《价值论:一种主体性的研究》,中国人民大学出版社 2013 年版。

[25]赵馥洁:《中国传统哲学价值论》,人民出版社 2009 年版。

[26]张耀灿:《现代思想政治教育学》,人民出版社 2006 年版。

[27]陈万柏:《思想政治教育学原理》,高等教育出版社 2007 年版。

[28]项久雨:《思想政治教育价值论》,中国社会科学出版社 2003 年版。

[29]朱有渔:《中国慈善事业的精神》,商务印书馆 2016 年版。

[30]费孝通:《乡土中国》,人民出版社 2008 年版。

[31]资中筠:《财富的责任与资本主义演变:美国百年公益发展的启示》,上海三联书店 2016 年版。

[32]唐亚阳:《公益创业学概论》,湖南大学出版社 2009 年版。

[33]严中华:《社会创业》,清华大学出版社 2008 年版。

[34]彭柏林:《当代中国公益伦理》,人民出版社 2010 年版。

[35]资中筠:《财富的责任与资本主义演变》,上海三联书店 2015 年版。

[36]朱健刚:《中国公益发展报告(2012)》,社会科学文献出版社 2013

年版。

[37]秦晖:《政府与企业以外的现代化——中西公益事业史比较研究》,浙江人民出版社1999年版。

[38]王秀丽:《微行大益——社会化媒体时代的公益变革与实践》,北京大学出版社2013年版。

[39]王振耀:《现代慈善与社会治理:2013年度中国公益事业发展报告》,社会科学文献出版社2014年版。

[40]沙鹏:《中国社会企业研究》,中央编译出版社2013年版。

[41]陈迎炜:《中国社会创业案例集》,北京大学出版社2013年版。

[42]邓国胜:《公益慈善概论》,山东人民出版社2015年版。

[43]中国青年报社:《中国青年公益创业报告》,清华大学出版社2015年版。

[44]邓正来、杰佛里·亚历山大:《国家与市民社会——一种社会理论的研究路径》,世纪出版集团、上海人民出版社2006年版。

[45]谢志平:《关系、限度、制度:转型中国的政府与慈善组织》,北京师范大学出版社2011年版。

[46]师曾志、金锦萍:《新媒体赋权:国家与社会的协同演进》,社会科学文献出版社2013年版。

[47]王建芹:《从自愿到自由——近现代社团组织的发展演进》,群言出版社2007年版。

[48]徐家良、廖鸿:《中国社会组织评估发展报告》,社会科学文献出版社2013年版。

[49]杨团:《中国慈善发展报告》,社会科学文献出版社2015年版。

[50]耿云:《国外慈善事业简论》,中国社会出版社2014年版。

[51]徐贲:《统治与教育:从国民到公民》,中央编译出版社 2016 年版。

[52]徐贲:《颓废与沉默:透视犬儒文化》,东方出版社 2015 年版。

[53]唐昊:《中国式公益:现代性、正义及公民回应》,中国社会科学出版社 2015 年版。

[54]周秋光:《中国慈善事业简史》,人民出版社 2006 年版。

[55]王卫平:《中国慈善史纲》,中国劳动社会保障出版社 2011 年版。

[56]王振耀:《现代慈善与社会治理:2013 年度中国公益事业发展报告》,社会科学文献出版社 2014 年版。

[57]姜彦福等:《创业管理学》,清华大学出版社 2005 年版。

[58]陈国权:《责任政府:从权力本位到责任本位》,浙江大学出版社 2009 年版。

[59]康晓光等:《NGO 与政府合作策略》,社会科学文献出版社 2010 年版。

[60]邓国胜:《民间组织评估体系》,北京大学出版社 2007 年版。

[61][德]尼采著,钱春绮译:《查拉图斯特拉如是说》,三联书店 2014 年版。

[62][德]弗里德里希·尼采著,李秋零译:《不合时宜的沉思》,华东师范大学出版社 2007 年版。

[63][德]雅思贝尔斯著,邹进译:《什么是教育?》,三联书店 1991 年版。

[64][美]托马斯·库恩著,金吾伦译:《科学革命的结构》,北京大学出版社 2003 年版。

[65][美]罗伯特·帕特南著,刘波等译:《独自打保龄——美国社区的衰落与复兴》,北京大学出版社 2011 年版。

[66][美]戴维·米勒编著,邓正来编译:《布莱克维尔政治思想百科全书》,中国政法大学出版社 2011 年版。

[67][美]罗伯特·L.佩顿、迈克尔·P.穆迪著,郭烁译:《慈善的意义与使

命》,中国劳动社会保障出版社 2013 年版。

[68][美]哈瑞·刘易斯著,侯定凯等译:《失去灵魂的卓越》,东北师范大学出版社 2012 年版。

[69][美]德雷克·博克著,侯定凯等译:《回归大学之道——对美国大学本科教育的反思与展望》,华东师范大学出版社 2008 年版。

[70][美]马克斯·韦伯著,张云江译:《新教伦理与资本主义精神》,中国社会科学出版社 2012 年版。

[71][美]保罗·C.莱特:《社会企业家精神》,社会科学文献出版社 2011 年版。

[72][美]格利高里·迪斯:《社会企业家的战略工具》,社会科学文献出版社 2011 年版。

[73][美]安东尼·克龙曼著,诸惠芳译:《教育的终结:大学何以放弃了对人生意义的追求》,北京大学出版社 2013 年版。

[74][美]杜威,傅统先译:《人的问题》,上海人民出版社 2014 年版。

[75][美]罗伯特·L.佩顿:《慈善的意义与使命》,中国劳动社会保障出版社 2013 年版。

[76][美]亚瑟 C.布鲁克斯著,李华晶译:《社会创业:创造社会价值的现代方法》,机械工业出版社 2009 年版。

[77][美]戴维·伯恩斯坦著,张宝林译:《如何改变世界:用商业手段更好地解决社会问题》,中信出版社 2013 年版。

[78][美]霍华德·A.奥兹曼等:《教育的哲学基础》,中国工业出版社 2006 年版。

[79][英]约翰·穆勒著,徐大建译:《功利主义》,上海人民出版社 2008 年版。

[80][法]托克维尔著,董果良译:《论美国的民主(上卷)》,商务印书馆1989年版。

[81][古希腊]亚里士多德:《尼各马可伦理学》,商务印书馆2003年版。

[82][古罗马]西塞罗著,徐奕春译:《论老年 论友谊 论责任》,商务印书馆1998年版。

[83][西]费尔南多·萨瓦特尔:《教育的价值》,北京大学出版社2012年版。

[84][阿根廷]方迪启:《价值是什么——价值学导论》,台北联经出版事业公司1986年版。

[85]胡馨:《什么是"Social Entrepreneurship"(公益创业)?》,《经济社会体制比较》2006年第2期。

[86]陈劲、王皓白:《社会创业与公益创业者的概念界定与研究视角探讨》,《外国经济与管理》2007年第8期。

[87]唐亚阳、邓英文:《高校公益创业教育:概念、现实意义与体系构建》,《大学教育科学》2011年第5期。

[88]姜雪、严中华:《社会创业组织价值创造模式研究的意义与思路》,《技术经济与管理研究》2010年第8期。

[89]苏海泉:《高校创业教育与人才培养环节相嵌入的思考》,《当代青年研究》2009年第6期。

[90]陈俐帆:《公益创业:公共服务提供的新思路》,《福建论坛》2011年第8期。

[91]汪忠等:《公益创业促进湖南"两型"社会建设研究》,《湖南大学学报(社会科学版)》2011年第2期。

[92]王燕霞:《拓展公益创业形式的思想政治教育新途径》,《中国青年研

究》2011 年第 5 期。

[93]唐作斌等:《我国公益创业经济法律制度若干问题的探讨》,《广西社会科学》2011 年第 9 期。

[94]苏海泉、周志强:《大学生公益创业的社会支持探究》,《青年探索》2012 年第 3 期。

[95]潘家军、刘焕明:《基于公益创业实践基础上的大学生就业推进模式探讨》,《湖南科技大学学报(社会科学版)》2012 年第 2 期。

[96]湛军:《全球公益创业现状分析及我国公益创业发展对策研究》,《上海大学学报(社会科学版)》2012 年第 4 期。

[97]严中华等:《社会创业与创业的比较研究及其启示》,《探索》2007 年第 3 期。

[98]梁海霞等:《社会创业组织与政府的关系研究及其思考》,《技术经济与管理研究》2009 年第 3 期。

[99]李勇:《社会建构的新形式:三大部门的融合——兼评〈社会创业——可持续社会变革的新模式〉》,《中国非营利评论》2010 年第 7 期。

[100]彭剑君:《社会创业研究》,《社会保障研究》2011 年第 3 期。

[101]林海等:《社会创业组织双重价值实现的博弈分析》,《技术经济与管理研究》2011 年第 3 期。

[102]林海等:《社会创业组织商业模式研究综述及展望》,《科技管理研究》2011 年第 20 期。

[103]马凤歧:《教育价值的理论问题》,《北京师范大学学报(社会科学版)》1994 年第 6 期。

[104]王卫东:《教育价值概念的历史考察与理论分析》,《北京师范大学学报(社会科学版)》1996 年第 2 期。

[105]诸洪启:《关于教育价值与教育价值观问题的讨论》,《北京师范大学学报(社会科学版)》1996年第3期。

[106]张巽根:《教育价值的辩证概念》,《华中师范大学学报(社会科学版)》1997年第3期。

[107]王坤庆:《论价值、教育价值及价值教育》,《华中师范大学学报(社会科学版)》2003年第4期。

[108]谢宜城:《论当前我国高等教育价值取向问题》,《湖南科技大学学报(社会科学版)》2008年第1期。

[109]陈桂生:《教育价值的缺失与寻求》,《北京大学教育评论》2010年第2期。

[110]樊改霞、田养邑:《教育哲学是实践哲学:教育价值的角度》,《国家教育行政学院学报》2012年第6期。

[111]俞可平:《当代西方社群主义及其公益政治学评析》,《中国社会科学》1998年第5期。

[112]周秋光:《道家、佛家文化中的慈善思想》,《道德与文明》2006年第4期。

[113]陈刚:《罪恶与救赎——基督教的基本精神及其嬗变》,《江海学刊》1995年第12期。

[114]陈世柏:《海外华人的慈善理念及其思想渊源》,《中国宗教》2011年第7期。

[115]冯平:《杜威价值哲学之要义》,《哲学研究》2006年第12期。

[116]林强、姜彦福、张健:《创业理论及其架构分析》,《经济研究》2001年第9期。

[117]段鸿:《中国企业家对社会责任的变迁——1870年以来的考察》,《经

济管理》2011 年第 1 期。

[118]袁祖社:《社会价值范畴研究》,《哲学动态》1997 年第 12 期。

[119]吴松:《教育者与受教育者》,《高等教育研究》2000 年第 2 期。

[120]唐松林、徐厚道:《教师素质的实然分析与应然探讨》,《高等师范教育研究》2000 年第 6 期。

[121]王名:《中国公益慈善:发展、改革与趋势》,《中国人大》2016 年第 7 期。

[122]贺天平:《哲学视野下主客体关系的嬗变》,《科学技术与辩证法》2009 年第 1 期。

[123]侯才:《从主、客体关系的理解来看的马克思哲学——对马克思哲学的一种历史透察》,《哲学研究》1991 年第 4 期。

[124]彭兰:《从网络媒体到网络社会——中国互联网 20 年的渐进与扩张》,《新闻记者》2014 年第 4 期。

[125]杨河:《马克思认识论基本思想的形成及其历史意义——从〈1844 年经济学哲学手稿〉到〈德意志意识形态〉》,《北京大学学报(哲学社会科学版)》2002 年第 1 期。

[126]鲁洁:《教育的原点:育人》,《华东师范大学学报(社会科学版)》2008 年第 4 期。

[127]姚姿如、杨兆山:《"以人为本"教育理念的意蕴》,《教育研究》2011 年第 3 期。

[128]丁学良:《马克思的"人的全面发展观"概览》,《中国社会科学》1983 年第 3 期。

[129]于海:《志愿运动、志愿行为和志愿组织》,《学术月刊》1998 年第 11 期。

[130]周庆智:《当代中国的政治参与——政治现代化意义上的讨论》,《哈尔滨工业大学学报(社会科学版)》2015年第3期。

[131]罗峰:《渐进过程中的政府职能转变:价值、动力与阻力》,《学术月刊》2011年第5期。

[132]陈伟东、尹浩:《合力与互补:英国社会企业发展动力机制研究》,《华中师范大学学报(人文社会科学版)》2014年第3期。

[133]周中之:《慈善公益与社会主义核心价值观的培育与践行》,《思想理论教育》2015年第6期。

[134]王怡红:《围观研究初探》,《新闻与传播研究》2013年第8期。

[135]马一德:《论协商民主在宪法体制与法治中国建设中的作用》,《中国社会科学》2014年第11期。

[136]鲁品越:《当代中国价值冲突的哲学透视——创价活动的永恒矛盾及其当今表现》,《江苏社会科学》1994年第2期。

[137]王海明:《利他主义与利己主义辨析》,《河南师范大学学报(哲学社会科学版)》2001年第1期。

[138]萧成勇:《费尔巴哈:从合理利己主义到集体主义之桥》,《南京社会科学》2007年第8期。

[139]董志强:《纯粹利己主义反思与经济学方法论的二重性》,《学术月刊》2006年第8期。

[140]唐皇凤:《"中国式"维稳:困境与超越》,《武汉大学学报(哲学社会科学版)》2012年第9期。

[141]刘威:《冲突与和解——中国慈善事业转型的历史文化逻辑》,《学术论坛》2014年第2期。

[142]唐昊:《"公益的"必然是"政治的"》,《南风窗》2014年第10期。

[143]黎红雷:《人性假设与人类社会的管理之道》,《中国社会科学》2001年第2期。

[144]唐凯麟、陈世民:《伦理的视阈:从金融危机看"经济人"的偏执及其危机》,《道德与文明》2009年第5期。

[145]杨叔子:《是"育人"而非"制器"——再谈人文教育的基础地位》,《高等教育研究》2000年第2期。

[146]刘威:《冲突与和解——中国慈善事业转型的历史文化逻辑》,《学术论坛》2014年第2期。

[147]林卡、吴昊:《官办慈善与民间慈善:中国慈善事业发展的关键问题》,《浙江大学学报(人文社会科学版)》2012年第4期。

[148]莫伟民:《使治理正当和合理的原则和方法——福柯视野中的自由主义和新自由主义》,《学术月刊》2012年第12期。

[149]方国平:《新型政社关系的重构——上海市的探索与实践》,《中国行政管理》2010年第4期。

[150]张劲松:《政社关系的时代困境与协同途径》,《人民论坛》2014年第2期。

[151]吴辉:《政社关系的探索与前瞻》,《中国党政干部论坛》2013年第5期。

[152]王建南:《把立德树人作为大学的根本任务》,《求是》2014年第8期。

[153]王晓莉:《"立德树人"何以可能?——从道德教育角度的审思与建议》,《全球教育展望》2014年第2期。

[154]唐亚阳、杨超:《公益创业教育:大学生社会责任感培养的新抓手》,《国家教育行政学院学报》2015年第10期。

[155]杨超、唐亚阳:《公益概念辨析》,《伦理学研究》2015年第6期。

[156]杨超、唐亚阳:《公益创业——一个概念性考察》,《中国非营利评论》2016 年第 1 期。

[157]张汝伦:《义利之辩的若干问题》,《复旦学报(社会科学版)》2010 年第 3 期。

[158]刘泽华:《从臣民意识向公民意识的转变》,《炎黄春秋》2009 年第 4 期。

[159]刘军:《通过教育捍卫民主——美国中小学公民教育的国家标准》,《开放时代》2006 年第 6 期。

[160]刘泽华:《春秋战国的"立公灭私"观念与社会整合(下)》,《南开学报》2003 年第 5 期。

[161]刘泽华:《春秋战国的"立公灭私"观念与社会整合(上)》,《南开学报》2003 年第 4 期。

[162]西北风:《"暴力慈善"是个伪命题》,《时代人物》2011 年第 5 期。

[163]武晓峰:《情感、理性、责任:个人慈善行为的伦理动因》,《道德与文明》2011 年第 2 期。

[164]李荣荣:《作为礼物的现代公益——由某公益组织的乡土实践所引发的思考》,《社会学研究》2015 年第 7 期。

[165]陈根法:《论德性的意义和价值》,《复旦学报(社会科学版)》2002 年第 3 期。

[166]景怀斌:《德性认知的心理机制与启示》,《中国社会科学》2015 年第 9 期。

[167]方环非:《求真主义:知识、真与实践》,《哲学研究》2013 年第 11 期。

[168]徐艳红、袁静、谭峰:《当前社会病态调查分析报告》,《人民论坛》2014 年第 9 期。

[169]张绪山:《向善而行为何如此艰难》,《炎黄春秋》2016 年第 5 期。

[170]韩力争:《创业教育的本质和落实关键》,《中国高等教育》2013 年第 2 期。

[171]孙绵涛:《学科论》,《教育研究》2004 年第 6 期。

[172]王民、朱晓红:《社会企业论纲》,《中国非营利评论》2010 年第 2 期。

[173]唐柳洁、崔娟:《制度视角下发展中国家小额贷款运营机制研究——以格莱珉银行为例》,《经济问题》2010 年第 4 期。

[174]盛南:《社会创业导向及其形成机制研究》,浙江大学博士学位论文,2009 年。

[175]林文伟:《大学创业教育价值研究》,华东师范大学博士学位论文,2011 年。

[176]刘芳:《论德性养成》,东北师范大学博士学位论文,2013 年。

[177]舒博:《社会企业的崛起及在中国的发展》,天津大学博士学位论文,2010 年。

[178]Handbook of research on social entrepreneurship[M].Edward Elgar Publishing,2010.

[179]Ziegler R. An introduction to social entrepreneurship[M].Edward Elgar Publishing,2011.

[180]Duhl L J. The social entrepreneurship of change[M]. Cogent Publishing,2000.

[181]Ellis T.The New Pioneers:Sustainable business success through social innovation and social entrepreneurship[M].John Wiley & Sons,2010.

[182]Kickul J, Lyons T. Understanding social entrepreneurship: The relentless pursuit of mission in an ever changing world[M].Routledge,2012.

[183] Stryjan Y. The practice of social entrepreneurship: notes towards a resource-perspective[M].Cheltenham:Edward Elgar,2006.

[184] Social entrepreneurship in the Middle East: Toward sustainable development for the next generation[M].Wolfensohn Center for Development at the Brookings Institution,2010.

[185] Praszkier R,Nowak A.Social entrepreneurship:Theory and practice[M]. Cambridge University Press,2011.

[186] Dees J G.The meaning of social entrepreneurship[J]. 1998.

[187] Mair J,Noboa E.Social entrepreneurship:how intentions to create a social enterprise get formed[J]. 2003.

[188] Cyril Glasses,The Concise Encyclopedia of Islan,New York:Harper and Row,1989,431.

[189] Higgenbotham J.Cicero on moral obligation:A new translation of Cicero's "De Officiis"with introduction and notes[M].Berkeley:University of California Press, 1967,54.

[190] Frank Dekker Waston,The Charity Organization Movement In The United States,New York Macmillan,1922,12.

[191] Humanism in the Encyclopedia of Philosophy, vols3 - 4 [M]. New York,1972.

[192] J.Barry and C.Jones,Medicine and charity before the welfare state,London 1991,p. 190.

[193] N.Alvey,from charity to Oxford:a short history of charity and charity legislation.London 1995,p. 8.

[194] Redlich F.The origin of the Concepts of"Entreprineur"and"Creative En-

trepreneur" [M].Explorations in Entrepreneurial History,1949.

[195] Schumpeter J A. Essays: On entrepreneurs, innovations, business cycles, and the evolution of capitalism[M].Transaction Publishers,1951.

[196] Putnam, Robert D. Bowling alone: The collapse and revival of American community.Simon and Schuster,2001.

[197] Michael Taylor, Community, Anarchy, and Liberty, New York: Cambrige University Press,1982,28-29.

[198] Boulding. K. E, A preface to grants economics: The economy of love and fear, New York: Praeger, 1981.

[199] David Hume, Treatise of Human Nature, book 3, part 2, section 5, 1740.

[200] Mair J, Marti I.Social entrepreneurship research: A source of explanation, prediction, and delight[J].Journal of world business,2006,41(1):36-44.

[201] Cho A H.Politics, values and social entrepreneurship: A critical appraisal [J].Social entrepreneurship,2006,280.

[202] Peredo A M, McLean M.Social entrepreneurship: A critical review of the concept[J].Journal of world business,2006,41(1):56-65.

[203] Martin R L, Osberg S.Social entrepreneurship: The case for definition[J]. Stanford social innovation review,2007,5(2):28-39.

[204] Weerawardena J, Mort G S.Investigating social entrepreneurship: A multi-dimensional model[J].Journal of world business,2006,41(1):21-35.

[205] Austin J E.Three avenues for social entrepreneurship research[J].Social entrepreneurship,2006:22-33.

[206] Thompson J, Alvy G, Lees A. Social entrepreneurship-a new look at the people and the potential[J].Management decision,2000,38(5):328-338.

[207] Dacin P A, Dacin M T, Matear M. Social entrepreneurship: Why we don't need a new theory and how we move forward from here [J]. The academy of management perspectives, 2010, 24(3): 37-57.

[208] Defourny J, Nyssens M. Conceptions of social enterprise and social entrepreneurship in Europe and the United States: Convergences and divergences [J]. Journal of social entrepreneurship, 2010, 1(1): 32-53.

[209] Baron D P. Corporate social responsibility and social entrepreneurship [J]. Journal of Economics & Management Strategy, 2007, 16(3): 683-717.

[210] Dees J G, Anderson B B. Framing a theory of social entrepreneurship: Building on two schools of practice and thought [J]. Research on social entrepreneurship: rstanding and contributing to an emerging field, 2006, 1(3): 39-66.

[211] Haugh H. A research agenda for social entrepreneurship [J]. Social enterprise journal, 2005, 1(1): 1-12.

[212] Spear R. Social entrepreneurship: a different model? [J]. International journal of social economics, 2006, 33(5/6): 399-410.

[213] Light P C. Reshaping social entrepreneurship [J]. Stanford Social Innovation Review, 2006, 4(3): 47-51.

[214] Santos F M. A positive theory of social entrepreneurship [J]. Journal of business ethics, 2012, 111(3): 335-351.

[215] Dacin M T, Dacin P A, Tracey P. Social entrepreneurship: A critique and future directions [J]. Organization Science, 2011, 22(5): 1203-1213.

[216] Dees J G. Taking social entrepreneurship seriously [J]. Society, 2007, 44(3): 24-31.

[217] Nicholls A. "We do good things, don't we?": "Blended Value Accounting"

in social entrepreneurship [J]. Accounting, organizations and society, 2009, 34 (6): 755-769.

[218]Luepker R V,Perry C L,McKinlay S M,et al.Outcomes of a field trial to improve children's dietary patterns and physical activity: the Child and Adolescent Trial for Cardiovascular Health(CATCH)[J].Jama,1996,275(10):768-776.

[219]Hibbert S A,Hogg G,Quinn T.Consumer response to social entrepreneurship:The case of the Big Issue in Scotland[J].International Journal of Nonprofit and Voluntary Sector Marketing,2002,7(3):288-301.

[220]Sud M,VanSandt C V,Baugous A M.Social entrepreneurship:The role of institutions[J].Journal of business ethics,2009,85(1):201-216.

[221]Nga J K H,Shamuganathan G.The influence of personality traits and demographic factors on social entrepreneurship start up intentions[J].Journal of Business Ethics,2010,95(2):259-282.

[222]Mair J.Introduction to Part II:Exploring the intentions and opportunities behind social entrepreneurship[J].Social entrepreneurship,2006:89-95.

[223]Mair J.Social entrepreneurship:taking stock and looking ahead[J]. 2010.

[224]Massetti B L.The social entrepreneurship matrix as a"tipping point"for economic change[J].E:CO,2008,3(10):1-8.

[225]Dees J G.Social entrepreneurship is about innovation and impact,not income[J].Social edge,2003.

[226]Mair J, Marti I. Social entrepreneurship: What are we talking about? A framework for future research[R].IESE Business School,2004.

[227]Thompson J L.Social enterprise and social entrepreneurship:where have we reached? A summary of issues and discussion points[J].Social Enterprise Journal,

2008,4(2):149-161.

[228]Dey P,Steyaert C.The politics of narrating social entrepreneurship[J].Journal of enterprising communities:people and places in the global economy,2010,4(1):85-108.

[229] Nicholls A. Measuring impact in social entrepreneurship: new accountabilities to stakeholders and investors? [J].2005.

[230]Nicholls A.Institutionalizing social entrepreneurship in regulatory space:Reporting and disclosure by community interest companies[J].Accounting,Organizations and Society,2010,35(4):394-415.

[231]Dees G.Resource mobilization in international social entrepreneurship:Bricolage as a mechanism of institutional transformation[J].Entrepreneurship Theory and Practice,2012,36(4):727-751.

[232]Dees J G.Philanthropy and enterprise:Harnessing the power of business and social entrepreneurship for development[J].innovations,2008,3(3):119-132.

[233]Hulgård L.Discourses of social entrepreneurship - Variations of the same theme? [J].SE Field,2010.

[234]Brock D D,Steiner S.Social entrepreneurship education:Is it achieving the desired aims? [J].Available at SSRN 1344419,2009.

[235]Huybrechts B,Nicholls A.Social entrepreneurship:Definitions,drivers and challenges[M]//Social entrepreneurship and social business.Gabler Verlag,2012:31-48.

[236] Dey P.6.The rhetoric of social entrepreneurship: paralogy and new language games in academic discourse[J].2007.

[237]Choi N,Majumdar S.Social entrepreneurship as an essentially contested

concept:Opening a new avenue for systematic future research[J].Journal of Business Venturing,2014,29(3):363-376.

[238]Dees J G.A tale of two cultures:Charity,problem solving,and the future of social entrepreneurship[J].Journal of business ethics,2012,111(3):321-334.

[239]Zahra S A,Newey L R,Li Y.On the frontiers:The implications of social entrepreneurship for international entrepreneurship[J].Entrepreneurship Theory and Practice,2014,38(1):137-158.

[240]习近平:《在文艺工作座谈会上的重要讲话》,人民网 2015 年 10 月 15 日。

[241]习近平:《在中央党校建校 80 周年庆祝大会暨 2013 年春季学期开学典礼上的讲话》,人民网 2013 年 3 月 4 日。

[242]习近平:《在全国科技创新大会、两院院士大会、中国科协第九次全国代表大会上的讲话》,2016 年 5 月 30 日。

[243]《关于加强社会组织党的建设工作的意见(试行)》,新华网 2015 年 9 月 28 日。

[244]《中共中央、国务院关于深化体制机制改革加快实施创新驱动发展战略的若干意见》,2015 年 3 月 13 日。

[245]袁贵仁:《深化教育领域综合改革》,来源:中华人民共和国教育部。

[246]唐亚阳:《以公益创业教育为抓手,着力培养大学生社会责任感》,人民网访谈,2016 年 8 月 1 日。

[247]张涛:《中国公益界的“左倾”怪现象》,《华尔街日报中文版》2013 年 5 月 25 日。

[248]周中之:《中国慈善伦理的现代变奏》,在上海师范大学的演讲,2015 年 2 月 7 日。

[249]《烟企公益捐款被指洗白形象》,中国广播网 2013 年 5 月 31 日。

[250]话题:你怎么看待那些抱着功利目的去做公益的人? 知乎 2013 年 11 月 29 日。

[251]阳锡叶:《公益创业教育“叫好不叫坐”?》,《中国教育报》2013 年 7 月 6 日。

[252]唐亚阳:《公益创业——高校创业教育的新天地》,《人民日报》2009 年 6 月 7 日。

[253]张澍军:《作为理念和模式的创新创业教育》,《光明日报》2013 年 3 月 14 日。

[254]洪大用:《创新创业教育不能本末倒置》,《中国教育报》2015 年 12 月 9 日。

[255]王名:《推动金融资本进入公益慈善领域》,《中国经济时报》2016 年 3 月 15 日。

[256]张烁:《立德树人是根本》,《人民日报》2012 年 11 月 30 日。

[257]赵婀娜:《“扶还是不扶”成热词:抉择之时,不妨尊重内心》,《人民日报》2014 年 2 月 20 日。

[258]贞元:《扶老人,也要扶人心》,《人民日报》2015 年 9 月 30 日。

|附 录| 调查问卷

首届公益创业赛获奖项目评估问卷

各获奖项目团队负责人：

您现在打开的评估问卷为实名制问卷，由各获奖项目团队负责人填写，每个项目仅能填写一份。填写问卷时要以实际情况为依据，认真负责反馈情况。

注：问卷中涉及的“项目”均指问卷填写人负责的获奖项目。

1. 您的获奖项目名称是?

○ 北京市邻里守望阳光行动之聋儿“梦想体验馆”

○ 北京市“德才邦”中青企协志愿者职业发展与招聘服务平台

○ 天津市和平区阳光行动助残・助困・创业联合项目

○ 辽宁省蒲公英计划《七彩周末》志愿者体验营项目

○ 上海复旦大学“听花开的声音”

○ 上海市艺途无障碍工作室“寻找中国的梵高”(再次)

○ 江苏省大公校园公益综合体

○ 江苏省助力憨豆——“艺启未来”

○ 浙江省壹加壹基层公益组织孵化器

○ 山东省春雨义工“高山爱心诊所”项

○ 河南省技能与梦想——残障青年创业行动

○ 湖北省本禹志愿服务队· 甘露工程“筑梦黔方”园丁计划

○ 湖南省“天才戏剧家”融合性戏剧教育——悦纳残障,社会共融项目

○ 广东省明月云屋残疾人网上创业与就业孵化基地

○ 广西苗绣妈妈反哺“护身铠”、护航苗族深山留守儿

○ 重庆市酉阳自治县楠木桩市民学校留守儿童之家

○ 重庆市“绿色梦想低碳重庆——益心益易”闲置物品循环使用项目

○ 甘肃省西北师范大学“‘爱·尚’微公益——拍卖愿望”实践项目

○ 青海省七彩织梦——互助县农村妇女公平贸易项目

○ 宁夏驼铃文艺中心

2.您的姓名?性别?联系电话?请填写200字以内的本项目简介:________

3.您团队的组织信息是否已经依法正式注册?

○ 未注册

○ 参赛前已注册

○ 参赛后组织注册

若注册,注册类型:

○ 高校

○ 基金会

○ 社会团体

○ 民办非企业

○ 机关事业单位

○ 企业

○ 研究院所

○ 其他

4.您的团队现有志愿者总人数为________人,2015 年 12 月以来新增志愿者人数为________人。

5.您的团队中参加本项目志愿服务的志愿者人数为________人,2015 年 12 月以来总的参与人次为________人次。

6.自项目开展以来,您的团队开展本志愿服务项目活动的总次数为________次;2015 年 12 月以来,您的团队开展本志愿服务项目活动的次数为________次。

7.自项目开展以来,您的团队开展本志愿服务项目活动的累计总时长为________小时;2015 年 12 月以来,您的团队开展本志愿服务项目活动的累计时长为________小时。

8.自项目开展以来,您项目实施中累计受益的总人数为________人;2015 年 12 月以来,您项目实施中累计受益的人数为________人。

9.本项目如何确定受益对象?(可多选)

○ 受益对象自行申请

○ 执行单位直接挑选

○ 当地政府部门确定

○ 区域全覆盖

○ 其他,请注明 ____________________

10.本项目受益对象参与了以下哪些项目过程?(可多选)

○ 无参与　○ 需求调查　○ 方案讨论　○ 方案决策

○ 方案实施　○ 满意度调查　○ 其他

11.您的志愿服务项目对于参与的志愿者开展专业性培训情况：

○ 尚未开展　○ 1—5 次　○ 6—10 次　○ 10 次以上

若开展，人均参与专业性培训的时间为________小时。

12.您的志愿服务组织是否有规范的管理制度？

○ 没有　○ 正在草拟形成中

○ 有比较成熟的管理制度

13.您的志愿服务是否有以下服务？（可多选）

○ 给志愿参与者购买保险

○ 有法律顾问　○ 有专业指导

14.您的项目参与志愿者构成中：

○ 专业人士所占比例为________%

○ 有经过专业培训的非专业人士所占比例为________%

○ 没有经过培训的人士所占比例为________%

（合计 100%）

15.您的志愿服务对象是否愿意继续接受服务？

○ 愿意

○ 不愿意

○ 不知道

16.请评价您的志愿服务对象对项目服务的满意度

○ 不很满意

○ 一般满意

○ 非常满意

17.自项目开展以来，本项目被社会媒体报道的总次数为________次，其中县级为________次，地市级为________次，省级为________次，国家级为

________次;2015 年 12 月以来,本项目被社会媒体报道的总次数为________次,其中县级为________次,地市级为________次,省级为________次,国家级为________次。

18.自项目开展以来,本项目获得相关政府表彰和奖励的总次数为________次,其中县级为________次,地市级为________次,省级为________次,国家级为________次;2015 年 12 月以来,本项目获得相关政府表彰和奖励的总次数为________次,其中县级为________次,地市级为________次,省级为________次,国家级为________次。

19.您是否已经收到赛会全国组委会发放的项目奖金?

○ 已经收到赛会的全部奖金

○ 没有收到赛会的奖金

○ 收到赛会的部分奖金,请注明数额____________________ *

20.您当前的项目获奖资金支出情况是?

○ 按计划支出 50%以下

○ 按计划支出 50%以上

○ 已经超支

21.项目当前的资产构成情况

○ 固定资产____________________(万元)

○ 流动资产____________________(万元)

○ 无形资产____________________(万元)

○ 其他资产____________________(万元)

○ 总资产____________________(万元)(自动计算加总)

22.项目资金来源构成明细

○ 本大赛支持资金____________________(万元)

○ 创业收入__________________（万元），来源：__________________

○ 社会融资__________________（万元），来源：__________________

○ 自有资金投入______________（万元），来源：______________

○ 政府购买服务所获资金____________（万元），来源：____________

○ 其他资金__________________（万元），来源：__________________

○ 项目总收入__________________（万元）（自动计算加总）

23.获奖后资金增量（自 2015 年 12 月起至今）

○ 本大赛支持资金__________________（万元）

○ 创业收入______________（万元），来源：______________

○ 社会融资增量______________（万元），来源：______________

○ 政府购买服务所获资金增量______________（万元），来源：______________

○ 自有资金投入增量______________（万元），来源：______________

○ 其他资金增量______________（万元），来源：______________

○ 获奖后总收入__________________（万元）（自动计算加总）

24.获奖后资金支出情况（自 2015 年 12 月起至今）

○ 公益志愿服务活动的支出__________________（万元），去向：

○ 志愿服务工作开展支出__________________（万元）

○ 为志愿服务对象购买物品支出__________________（万元）

○ 给志愿服务对象发放现金支出__________________（万元）

○ 志愿服务保障支出（保险、培训）__________________（万元）

○ 志愿服务条件改善支出（设备、器材）__________________（万元）

○ 创业活动开展的成本__________________（万元），去向：__________________

○ 其他费用____________________（万元），去向：____________________

○ 获奖后总支出____________________（万元）

25.通过该项目，您的组织和团队有明显改善的是哪些？（可多选）

○ 项目管理能力

○ 资源动员和整合能力

○ 专业服务能力

○ 硬件条件改善

○ 没有明显改善

○ 其他，请注明 ____________________ *

26.在志愿服务中您认为困扰志愿者的主要问题是

○ 缺乏专业化的志愿精神

○ 缺乏专业化的志愿技能

○ 缺乏专业化的志愿形象

○ 缺乏专业化的激励机制

○ 缺乏专业化的评价体系

○ 缺乏专业化的教育培训

27.您的项目如果有微信图文宣传，请填写链接以便于推广

○ 无

○ 有，请填写链接地址 ____________________ *

后　记

落叶满麓山，秋风抚湘江。搁笔掩卷，窗外星光点点，万家灯火。此时夜深人静，云淡霜重，薄纱不抵寒意；回首漫漫求学路，亦苦亦乐，不禁心生感慨。光阴如弓，岁月似箭，白驹过隙间五载光阴已逝，廿一载求学生涯至此，忆往昔岁月，小子哀乐本不足为道，然愚深受师长提携灌顶之恩，唯值此搁笔之时，谨以微言片语，敬表谢忱。

辛卯年初暑至百年学府——湖南大学，恩师唐亚阳教授，不以小子愚钝笨拙，毅然收至门下，自此以朽木雕琢、泥土垒墙之功，教之育之。教愚以为人处世之道，诚以待人、宽以待人，思彼之难，虑彼之忧，以勇于担责为荣、以敷衍推责为耻；教愚以笃行快行之道，注重顶层设计、宏观思维，统筹兼顾、重点突出，突出快半拍、克服等拖靠；教愚以求学治学之道，悬梁刺股以概览古今，上下求索而达真理殿堂，模之仿之，偶有小作，亦精心点拨、反复讨论。先生之恩，如日月星光，吾将一生回望；先生之誉，如岳麓之巅，传遍三湘大地；恩师之功，如书院之博，必将流传千古。与恩师朝夕相处四年有余，愚生常叹：高山仰止，景行行止。

湘女多情，三湘大地多妖娆；湘人多才，九州大地洒光辉。五载光阴，幸得名师专家释疑解惑，愚得以日有所进、年有所长。陈谷嘉教授、柳礼泉教授、龙佳解教授、汪忠副教授、吴增礼副教授等，严谨治学、厚以待人，不以后生愚笨，有疑必解、有问必答，以毕生经验传人，以自身言行育人。另，彭文军、吴红艳、李琪、彭莉、吴江雄等老师细心服务，亦感激不尽！

古人云，“读万卷书不如行万里路”，愚以为然。幸得恩师支助，先后访学于清华大学、复旦大学、武汉大学、上海交通大学、吉林大学、长安大学、山西财经大学等，结识 Gary King 教授、李家华教授、邓汉慧教授、郭永圆博士、周光俊博士等，亦师亦友，一句两句，常有醍醐灌顶、拨云见日之感。君子之交，以义走天下；学者之谊，求真至永远！

师门同济，四海之内聚星城，皆智勇聪慧之士，平日多蒙相助。大师兄杨果，学富五车、才高八斗，学识渊博、为人正气，亦师亦兄；二师兄刘宇，俊朗帅气，业精技专，为人和气，亦兄亦友；陈三营与吾皆为辛卯年入校，同窗五载，共事颇多，以宽容之心接人待物，深受启发。师弟汉华、安琪、凌云、王信、冯杰等才气过人，皆为良才；师妹彩霞、青鹰、李璐、慧琳等勤奋善良，各有专攻。其他一众兄弟姊妹皆为人中吕布、马中赤兔，不一一细表。今辞师门而去，千里之外亦常怀感荷之心，同门之谊、手足之情必不相忘！

吾生于寒门，长于农家，求学廿载，全仗父母以微薄之资。家父已近花甲，仍为犬子终日奔波劳累；家母生性温和，以绵绵之情励小儿志在四方。无父何怙，无母何恃？父兮生我，母兮鞠我。拊我畜我，长我育我。欲报之德，昊天罔极。唯荣其子焉！大姐二姐，同气连枝，同血共脉！幼时不知亲疏，如今嫁做人妇，唯有相互帮扶。红兰有叶旁托、微雨有风婀娜，秋去冬来风寒尽，叶落随花共蹉跎。

借某网友高论，“今日之势，社会各群体中最不应悲观者是年轻人”。吾虽燕雀，鸿鹄之志从未忘；虽为学人，报国之心溢笔尖。众人皆云，寒门难出贵子，然吾以为今日中国正历经五千年之大变革，危与机并存，难与易相对，乃建功立业好时局。嘲讽无益，悲愤有害。吾辈当秉持青云之志，以此时、此地、此身为诚守，以立德、立功、立言为追求。

自古最难离别，离别之际，百种思绪迸发，千言衷肠难述，唯有万分感激，谨表万一。

就此搁笔。

杨　超

2017年2月第一稿，于长沙

2018年5月第二稿，于西安

责任编辑:汪　逸
封面设计:汪　莹

图书在版编目(CIP)数据

公益创业教育价值研究/杨　超　著. —北京:人民出版社,2018.11
ISBN 978－7－01－020072－9

Ⅰ.①公…　Ⅱ.①杨…　Ⅲ.①慈善事业-创造教育-研究　Ⅳ.①C913.7

中国版本图书馆 CIP 数据核字(2018)第 273725 号

公益创业教育价值研究

GONGYI CHUANGYE JIAOYU JIAZHI YANJIU

杨　超　著

人民出版社 出版发行
(100706　北京市东城区隆福寺街 99 号)

北京汇林印务有限公司印刷　新华书店经销

2018 年 11 月第 1 版　2018 年 11 月北京第 1 次印刷
开本:710 毫米×1000 毫米 1/16　印张:20.75
字数:276 千字

ISBN 978－7－01－020072－9　定价:69.00 元

邮购地址 100706　北京市东城区隆福寺街 99 号
人民东方图书销售中心　电话 (010)65250042　65289539